宿迁学院教材项目资助

U0853087

土木工程制图

罗海艳　主　编

刘守庄　孙焱焱　吕慧慧
施　云　巩　艳　程进生　副主编

湘潭大学出版社
XIANGTAN UNIVERSITY PRESS

版权所有 侵权必究

图书在版编目（CIP）数据

土木工程制图 / 罗海艳主编. -- 湘潭 : 湘潭大学出版社, 2022.5
ISBN 978-7-5687-0941-5

Ⅰ. ①土… Ⅱ. ①罗… Ⅲ. ①土木工程—建筑制图 Ⅳ. ① TU204

中国版本图书馆 CIP 数据核字 (2022) 第 223930 号

土木工程制图

TUMU GONGCHENG ZHITU

罗海艳 主编

责任编辑： 丁立松
封面设计： 清 清
出版发行： 湘潭大学出版社
社 址： 湖南省湘潭大学工程训练大楼
电 话： 0731-58298960 0731-58298966（传真）
邮 编： 411105
网 址： http://press.xtu.edu.cn/
印 刷： 长沙创峰印务有限公司
经 销： 湖南省新华书店
开 本： 787 mm×1092 mm 1/16
印 张： 11
字 数： 235 千字
版 次： 2022 年 5 月第 1 版
印 次： 2022 年 5 月第 1 次印刷
书 号： ISBN 978-7-5687-0941-5
定 价： 49.00 元

前　言

PREFACE

土木工程制图课程应该以社会需求为依据，优化教学体系，以学生应用能力培养为核心，强调学以致用。作为一门实践性较强的课程，专业识图与制图部分与工程实际联系紧密，训练学生的识图与绘图技能是该课程的重点。学生在学习的过程中，需要通过绘制一定数量的工程图来加深对有关理论知识和有关规定的理解，在学习知识和训练技能的过程中日积月累，逐渐形成和发展制图能力，潜移默化地将各种制图标准牢记于心，养成一种良好的习惯。

本书分为五章。第一章介绍土木工程制图的一些基本知识，包括土木工程制图课程概述和我国土木工程制图发展简史。第二章介绍制图的相关基础知识以及技能要求。第三章介绍点、直线、平面的投影，在分类论述后，还有投影变换的操作。第四章介绍工程形体的投影。第五章介绍土木工程专业制图。

土木工程制图是土木工程各专业的必修课，也是后续各专业课的基础课。本书可作为一本面向土木工程类各专业的工程素质教育的基础性教材。土木工程专业主要培养基础理论扎实、实践能力强、具有较强创新意识的高素质复合型人才，为了满足土木工程类各专业的教学需要，我们组织多所学校的教师，在总结多年教学经验的基础上编写了本书。

在编写本书的过程中，除了参考相关的文献资料，还得到了许多专家学者的帮助指导，在此表示真诚的感谢。本书尽量做到内容系统全面、实证分析翔实，因作者水平有限，书中难免有疏漏之处，希望同行学者和广大读者予以批评指正，以求进一步完善。

作者

2022 年 11 月

目录

CONTENTS

第一章
导　论

本章为全书导论，主要介绍土木工程制图课程的相关内容，以及我国工程制图发展简史，以了解土木工程制图，更好地学习土木工程制图知识。

第一节　土木工程制图课程概论

一、课程的性质及任务

设计和建造一项工程，不论是房屋建筑、工业建筑，还是道路、桥梁、隧道等，都需要将其尺寸、形状、布置和材料等内容清晰地表达出来，而这些内容即使用最为详尽的文字描述或语言说明，也不可能使人充分领会而得出关于该工程对象的完整而明确的概念，即用一般语言是无法表达清楚的。工程图样却可以将这些内容及其他施工要求等准确详尽地表示出来，作为施工的依据。因此，按照国家或部门有关标准绘制的工程图样，被称为“工程界的技术语言”，是工程施工或制造的重要依据。

土木工程制图课程主要研究阅读和绘制工程图样的理论和方法，培养学生绘制和阅读土木工程图样的基本能力，同时，也为学生更好地学习后续专业课程打好基础。具体地说，本课程的主要任务包括以下几个方面：

（1）学习制图的国家标准及其他有关规定；

（2）正确使用绘图仪器和工具，掌握熟练的绘图技巧；

（3）掌握有关专业工程图样（包括建筑施工图、结构施工图、道路路线工程图、桥梁及隧道工程图等）的图示内容和要求；

（4）培养绘制和阅读专业工程图样的基本技能；

（5）掌握利用计算机绘图的基本能力，能采用绘图软件熟练绘制专业工程图样。

二、课程的内容与方法

（一）课程的主要任务

（1）学习投影法（主要是正投影法）的基本理论和方法；

（2）培养对三维形状与相关位置的空间逻辑思维和形象思维能力；

（3）培养空间几何问题的图解能力；

（4）培养绘制和阅读土木建筑工程图样的初步能力；

（5）培养利用计算机生成图样的初步能力。

此外，在教学过程中还必须有意识地培养学生的自学能力、分析问题和解决问题的能力，以及严谨细致的工作作风和认真负责的工作态度。

（二）课程的学习方法

（1）通过由物到图、由图到物、图物对照等方法，逐步培养空间想象能力，能从二维图形想象出三维形状；

（2）认真学习投影理论，注意理论联系实际，由浅入深，想象空间形体和投影之间的对应关系；

（3）课后多做习题，做题时概念要明确，解题要有依据，思路要清晰；

（4）掌握学习方法，根据个人的特点选择恰当的方法，不断总结经验，提高学习能力。

第二节　我国工程制图发展简史

工程制图在我国的形成和发展，从远古粗略的绘画到形成制图技术体系，历经了漫长的历史岁月。它是社会生产力发展到一定阶段，人们为了设计制造器具、机械、建筑等产生的。随着生产力的不断发展和科学技术的进步，器具和机械制作日渐复杂，建筑规模日益扩大，工程制图逐步完善起来的。

从大量的史料来看，早期的工程图样大多是和建筑工程联系在一起的。根据历史记载，我国在春秋战国时的著作中曾述及绘图与施工画线工具的应用，如在墨子的著述中就有“为方以矩，为圆以规，直以绳，衡以水，正以垂”，矩是直角尺，规是圆规，绳是木工用于弹画直线的墨绳，水是用水面来衡量是否水平的工具，垂是用绳悬挂重锤来校正铅垂方向的工具。战国中晚期的《兆域图》、秦代的阿房宫、宋代的《营造法式》《新仪象法要》及明代的《天工开物》等，反映了我国古代劳动人民对工程图样及其相关几何知识的掌握已达到了非常高的水平。

画法几何学是研究在平面上用图形表示形体和解决空间几何问题的理论和方法的学科，它吸收了解析几何、投影几何、视觉几何等学科的成就。1799 年，法国数学家加斯帕·蒙日发表《画法几何学》，首次提出了投影原理及投影方法、几何变换理论，建立了多面投影体系，用多面正投影图在平面上表达空间形体，从而为画法几何奠定了理论基础。以后各国学者又在投影变换、轴测图及其他方面不断提出新的理论和方法，使这门学科日趋完善。

第二章
制图基本知识

本节主要介绍《房屋建筑制图统一标准》中关于图纸幅面、图纸格式，以及标题栏、会签栏、图线、字体、比例和尺寸标注的相关规定（这些规定也是其他各类工程图必须遵循的），以及常用的绘图工具，其他标准在介绍相关专业图纸时再具体介绍。

第一节　国家制图标准基本规定

对工程图的基本要求：正确、完善、清晰、规范、符合生产要求。制图标准是全体工程技术人员画图和看图的统一准则。制图标准类别有国际标准（ISO）、国家标准和行业标准。

为了便于管理和技术交流，原国家质量监督检验检疫总局与原建设部联合发布了有关房屋建筑制图的 6 种国家标准：《房屋建筑制图统一标准》（GB/T 50001—2017）、《总图制图标准》（GB/T 50103—2010）、《建筑制图标准》（GB/T 50104—2010）、《建筑结构制图标准》（GB/T 50105—2010）、《建筑给水排水制图标准》（GB/T 50106—2010）、《暖通空调制图标准》（GB/T 50114—2010）。

此外，还有《道路工程制图标准》（GB/T 50162—1992）、《桥梁用结构钢》（GB/T 714—2015）等。

第二节　常用的绘图工具

常用的绘图工具和用品有图板、丁字尺、绘图仪器、三角板、铅笔、图纸、橡皮。正确使用绘图工具才能保证绘图的质量。

一、绘图工具

（一）图板

图板是用胶合板制作的，用来安放图纸及配合丁字尺、三角板等进行绘图。

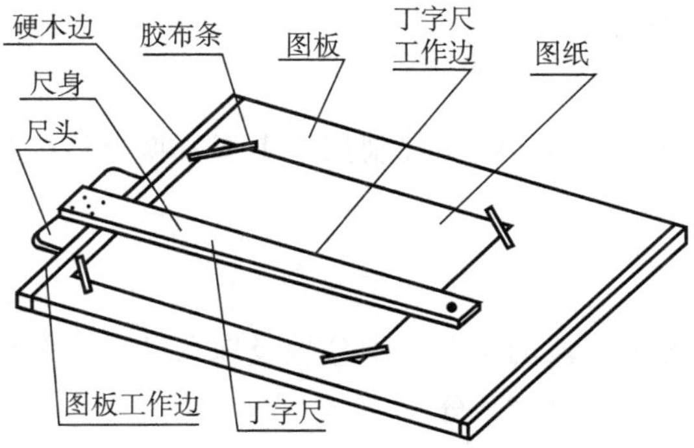

图 2-1　图板

图板有 4 种规格，尺寸见表 2-1。

表 2-1　图板规格及尺寸（mm）

图板规格代号	0	1	2	3
图板尺寸（宽×长）	920×1 220	610×920	460×610	305×460

（二）丁字尺

丁字尺由尺头和尺身两部分组成，主要用于画水平线。使用时，要使尺头紧靠图板左边缘，上下移动到需要画线的位置，自左向右画水平线。丁字尺的使用方法见图 2-2。

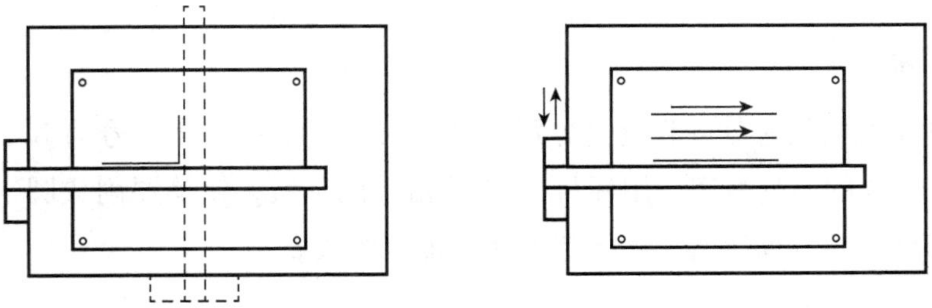

（a）虚线所示为错误的使用方法　　（b）正确的使用方法

图 2-2　丁字尺的使用方法

（三）三角板

绘图用的三角板是由两块直角三角板组成一副，其作用是配合丁字尺画竖线和斜线。画线时，使丁字尺尺头与图板工作边靠紧，三角板与丁字尺靠紧，左手按住三角板和丁字尺，右手画竖线和斜线。丁字尺和三角板配合使用，可绘制垂直线，30°、45°、60°及与水平线成 15°角的直线。

（四）比例尺

常用的比例尺是三棱比例尺，有六种刻度，画图时可按所需比例，用尺上标注的刻度直接量取，不需要换算。

（五）圆规

一般装上铅芯插腿画图，换上鸭嘴插腿用于上墨，换上针尖插腿可作分规用，加延伸杆用于画大圆。

（六）分规

分规是用来量取或等分线段的工具。用分规量取尺寸，再画到图纸上。当等分线段时，先估计一等份的长度，再进行试分。

（七）曲线板

曲线板用来画非圆曲线。描绘曲线时，先徒手将已求出的各点按顺序轻轻地连成曲线，再根据曲线曲率大小和弯曲方向，从曲线板上选取与所绘曲线相吻合的一段与其贴合。描绘时，每次至少对准四个点，并且只描中间一段，前面一段为上次所画，后面一段留待下次连接，以保证连接光滑流畅。

（八）建筑模板

为了提高制图速度和质量，将图样上常用的符号、图形刻在有机玻璃板上，做成模板，方便使用。模板的种类很多，如建筑模板、家具模板、结构模板、给排水模板等。

二、绘图用品

（一）铅笔

绘图用的铅笔按铅芯软硬程度，分别用 B 和 H 表示。一般用标号为 B 的铅笔画粗实线，用标号为 HB 的铅笔写字，用标号为 H 的铅笔画细线。铅笔要削成圆锥形，尖锥形铅芯用于画稿线和注写文字等，楔形铅芯用于加深图线。

使用铅笔应注意：

（1）铅笔应从无标志的一端开始使用，以便保留标志，易于辨认软硬。

（2）铅笔应削成长度 20~25 mm 的圆锥形，铅芯露出 6~8 mm。

（3）画线时运笔要均匀，应向运动方向倾斜 75°缓慢转动，并使笔尖与尺边距离始终保持一致，这样线条才能画得平直准确。

（二）其他用品

（1）擦图片。擦图片（图 2-3）是为擦去铅笔制图过程中不需要的稿线或错误图线，并保护邻近图线完整的一种制图辅助工具。

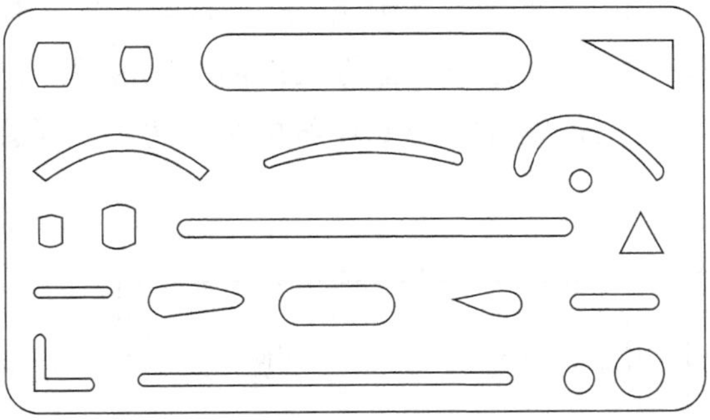

图 2-3　擦图片

（2）橡皮。橡皮有软硬之分。修整铅笔线多用软质橡皮，修整墨线则多用硬质橡皮。

第三节　土木工程制图基础

一、图样

土木工程制图是从事土木建筑工程的专业人员必修的一门技术基础课，主要研究绘制、阅读土木建筑工程图样的理论和方法。

工程图样是把具体或想象的建筑物的形状和尺寸，根据投影方法并遵照国家标准的规定绘制成的用于建筑工程施工的图。图样是表达设计意图、交流技术思想的重要手段。建筑工程图就是表达房屋的建筑、结构、设备等内容的工程图样，是建筑施工中重要的技术依据。

二、图纸的幅面规格

（一）幅面尺寸和图框格式

图纸幅面的基本尺寸有 5 种，其代号分别为 A0、A1、A2、A3 和 A4。各号图纸的幅面尺寸和图框形式、图框尺寸都有明确规定，具体规定见表 2-2。

表 2-2　图框及尺寸（mm）

图幅 尺寸	A0	A1	A2	A3	A4
$B \times L$	841×1 189	594×841	420×594	297×420	210×297
c	10			5	
a	25				

图 2-4 中用细实线表示外边框，它是画完图后的裁剪边线，画图时可用细实线绘制。图上的内边框是图框线，用粗实线绘制。图框线以内的区域是作图的有效范围。位于图纸左侧内、外边框之间的 25 mm 宽的长条是图纸的装订边。不需要装订的图纸可不留装订边。

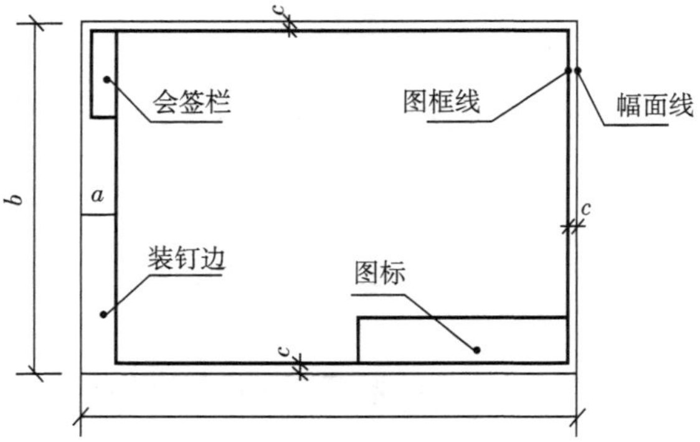

图 2-4　A0~A3 横式

（二）标题栏

每张图纸都必须画出标题栏。它是用来填写工程名称、设计单位、图纸编号、设计人员等内容的表格。标题栏位于图纸的右下角，其具体的格式由绘图单位确定，如图 2-5 所示。

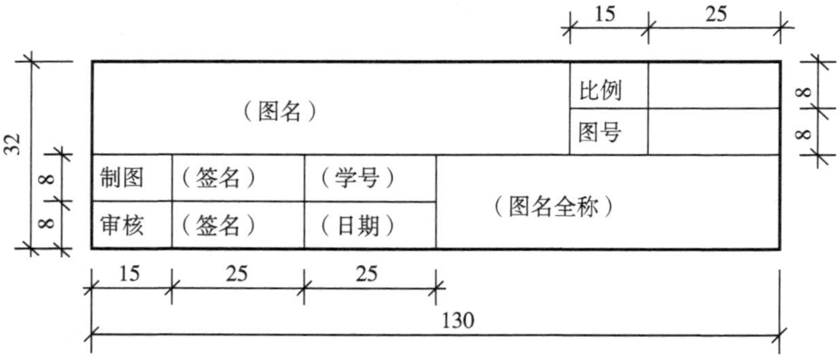

图 2-5　标题栏（mm）

三、线型

线型有实线、虚线、单点长画线、双点长画线、折断线和波浪线等，其中有些线型还分粗、中、细三种。各种线型的规定及其一般用途详见表 2-3。

表 2-3　线型和宽度

名称		线型	线宽	用途
实线	粗		b	主要可见轮廓线
	中		0.5b	可见轮廓线
	细		0.25b	可见轮廓线、图例线
虚线	粗		b	见各专业制图标准
	中		0.5b	不可见轮廓线
	细		0.25b	不可见轮廓线、图例线
单点长画线	粗		b	见各专业制图标准
	中		0.5b	见各专业制图标准
	细		0.25b	中心线、对称线等
双点长画线	粗		b	见各专业制图标准
	细		0.25b	假想轮廓线、成型前原始轮廓线
折断线			0.25b	断开界线
波浪线			0.25b	断开界线

线的宽度：0.18 mm、0.25 mm、0.35 mm、0.5 mm、0.7 mm、1.0 mm、1.4 mm 和 2.0 mm。先确定图样中所用粗线的宽度 b，再确定中线宽度 0.5b，最后定出细线的宽度 0.25b。线宽组如表 2-4 所示。图框线、标题栏线的宽度如表 2-5 所示。

表 2-4　线宽组（mm）

线宽比	线宽组					
b	2.0	1.4	1.0	0.7	0.5	0.35
0.5b	1.0	0.7	0.5	0.35	0.25	0.18
0.25b	0.5	0.35	0.25	0.18		

表 2-5　图框线、标题栏线的宽度（mm）

幅面代号	图框线	标题栏外框线	标题栏分格线、会签栏线
A0、A1	1.4	0.7	0.35
A2、A3、A4	1.0	0.7	0.35

相互平行的两条线，其间隙不宜小于图内粗线的宽度，且不宜小于 0.7 mm。虚线、单点长画线、双点长画线的线段长度宜各自相等。虚线与虚线应相交于线段处，虚线不得与实线相连接，单点长画线同虚线，单点或双点长画线端部不应是点。在较小的图形中，单点或双点长画线可用细实线代替。

四、字体

（一）汉字字体

字体的书写要求：笔画清晰，字体端正，排列整齐。

笔法特点：横平竖直，注意起落。

结构特点：匀称，多数汉字要顶满方格。

选用软硬适中的铅笔写字。写仿宋字要注意基本笔法和字的结构。字高系列有 3.5 mm、5 mm、7 mm、10 mm、14 mm、20 mm 等。字高也称字号，如 5 号字的字高为 5 mm。图纸上的汉字宜采用长仿宋体，字的高与宽的关系，应符合表 2-6 的规定。在实际应用中，汉字的字高应不小于 3.5 mm，长仿宋体的示例如图 2-6 所示。

表 2-6　长仿宋体高与宽的关系（mm）

字高	20	14	10	7	5	3.5
字宽	14	10	7	5	3.5	2.5

图样是工程界的技术语言

字体工整　笔画清楚　间隔均匀　排列整齐

写仿宋字要领：横平竖直　注意起落　结构均匀　填满方格

房屋建筑桥梁隧道水利枢纽结构设计施工建造生产工艺企业管理

图 2-6　长仿宋体示例

（二）字母和数字

图纸中表示数量的数字应用阿拉伯数字书写。阿拉伯数字、罗马数字和拉丁字母的字高应不小于 2.5 mm。数字和字母有正体和斜体两种写法，但同一张图纸上必须统一。

五、比例

图样的比例：图形与实物相对应的线性尺寸之比。比值大于 1 的比例，称为放大的比例。比值小于 1 的比例，称为缩小的比例。建筑工程图上常采用缩小的比例，如表 2-7 所示。

表 2-7 建筑工程图选用的比例

常用比例	1∶1，1∶2，1∶5，1∶10，1∶20，1∶50， 1∶100，1∶200，1∶500，1∶1 000
可用比例	1∶3，1∶15，1∶25，1∶40，1∶60，1∶150， 1∶250，1∶300，1∶400，1∶600

六、尺寸标注

（一）尺寸的组成及一般标注方法

工程的图形表明了工程对象的形状和构造，但要说明各个部分的大小还需要标注出其实际尺寸。尺寸由尺寸线、尺寸界线、起止符号和尺寸数字四部分组成，如图 2-7 所示。

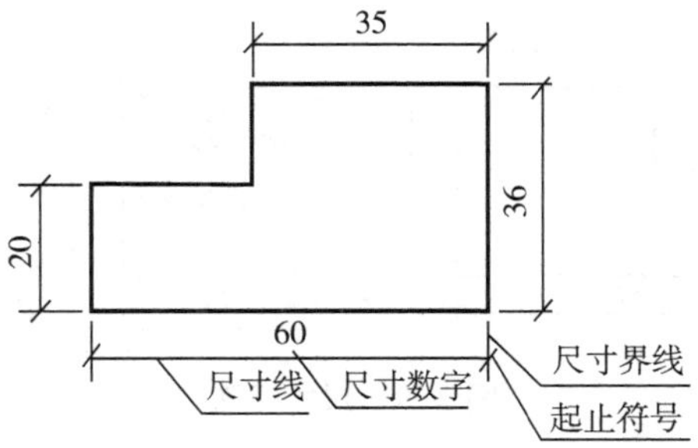

图 2-7 尺寸的组成

1. 尺寸界线

指明标注的边界，用细实线画，起始端偏离标注点 2 mm 以上，终止端超出尺寸线 2~3 mm，如图 2-8（a）所示。对于角度尺寸，尺寸界线应沿径向引出，如图 2-8（b）所示。

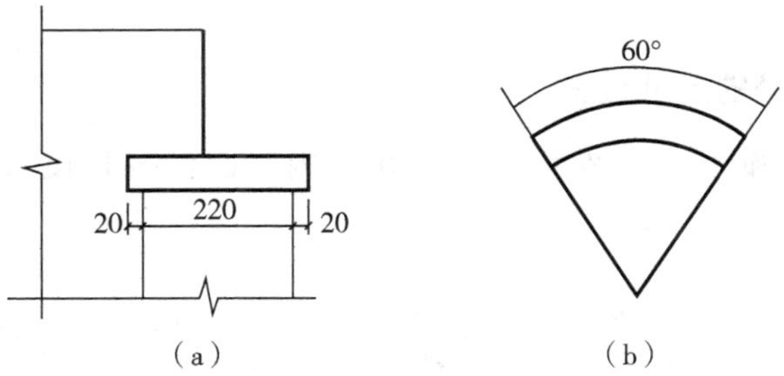

图 2-8 尺寸的界限

2. 尺寸线

画在尺寸界线之间，用细实线绘制。

3. 尺寸起止符号

画在尺寸线与尺寸界线交接处。土木、建筑工程制图中，长度尺寸的起止符号为中粗线画的短斜线，其倾斜方向应与尺寸界线成顺时针45°角，长度宜为2~3 mm。

4. 尺寸数字

图上的尺寸数字表示物体的实际大小，与画图所用的比例无关。长度尺寸的数字顺着尺寸线方向排列，写在尺寸线大致的中央位置。水平尺寸数字写在尺寸线上，字头向上；竖直尺寸数字写在尺寸线左侧，字头向左；倾斜尺寸的数字应写在尺寸线的向上一侧，字头有向上的趋势，如图2-9所示。

尺寸界线之间没有足够位置写字时，数字可以写在尺寸界线外侧。连续出现小尺寸时，中间相邻的尺寸数字可以错开注写，也可以引出注写。

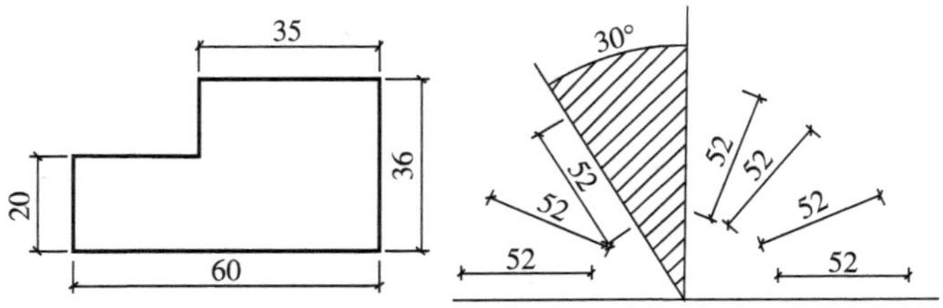

图2-9　尺寸标注

（二）尺寸的排列与布局

布置尺寸应整齐、清晰，便于阅读。应符合以下几点要求：

（1）尺寸尽可能注在图形轮廓线外，不宜与图线、文字及其他符号相交。

（2）互相平行的尺寸，从图形轮廓线起由近及远整齐排列，小尺寸在内，大尺寸在外。

（3）内排尺寸距离图形轮廓线不宜小于10 mm，平行排列的尺寸线间宜保持7~10 mm的距离。

（三）直径、半径的尺寸注法

圆的直径可以圆弧为尺寸界线，标注在圆内，也可按长度尺寸方式引到圆外标注，如图2-10所示。

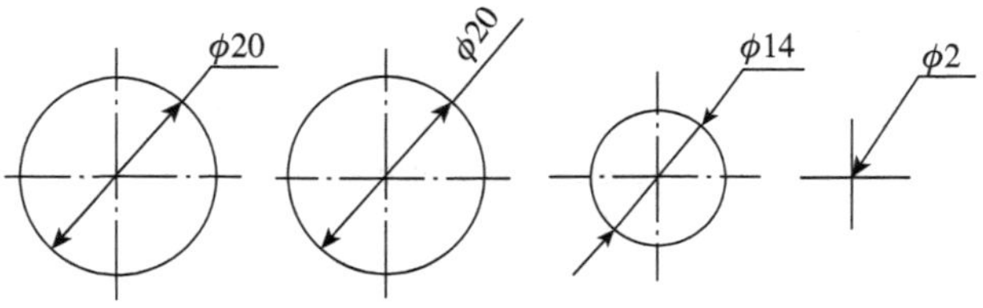

图2-10　小圆直径的标注方法

半径的尺寸线自圆心画至圆弧，圆弧一端画上箭头，半径数字前面加写半径的符号“*R*”，如图 2-11 所示。

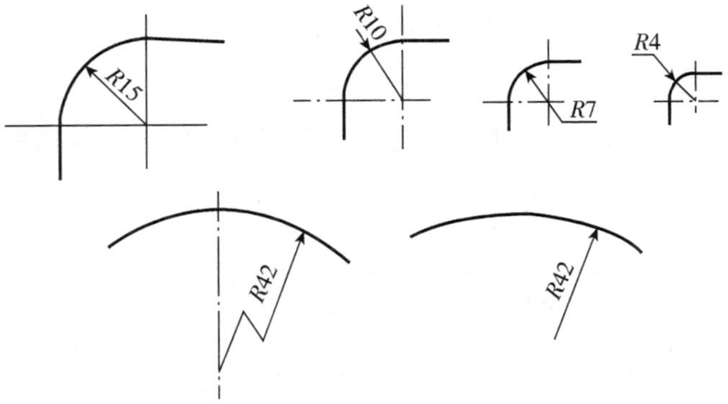

图 2-11 圆弧半径的标注方法

球的直径或半径，在标注尺寸时应加写球的尺寸符号“*S*”。例如，球的直径为 50，应写成“*Sϕ*50”；半径为 25，应写成“*SR*25”。

（四）其他尺寸标注

1. 坡度

标注坡度时，在坡度数字下面加画单面箭头，箭头应指向下坡方向，如图 2-12（a）所示。也可以写成比值形式，如图 2-12（b）所示。坡度还可以用直角三角形的形式标注，如图 2-12（c）所示。在某些专业工程图上还有不画箭头而沿着坡度线方向直接写出坡度比例的注法，如图 2-12（d）所示。

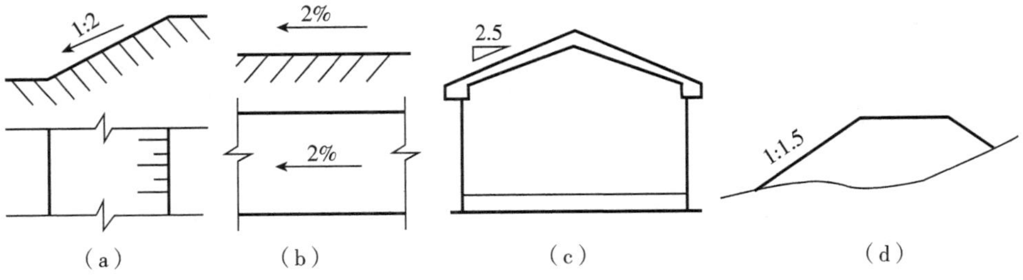

图 2-12 小圆直径的标注方法

2. 标高

建筑物上某部位的标高标注在标高符号上，如图 2-13 所示。标高符号用细实线绘制，45°等腰三角形的高度约 3 mm，其尖端指着被注的高度。标高数字以“m”为单位，注写小数点后三位。零点标高应注±0. 000，负数标高应注“-”，正数标高可以不注“+”，如 5. 250、-0. 005。

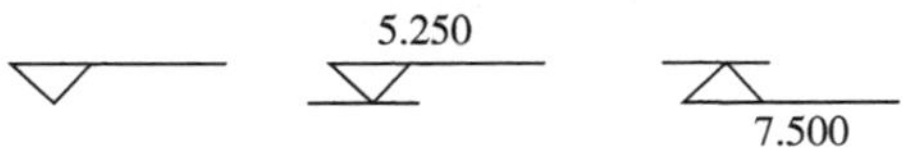

图 2-13　标高的注法

3. 等间距的连续尺寸

对于等间距的连续尺寸，可以用“个数×等长尺寸=总长”的形式注写，如图 2-14 所示。

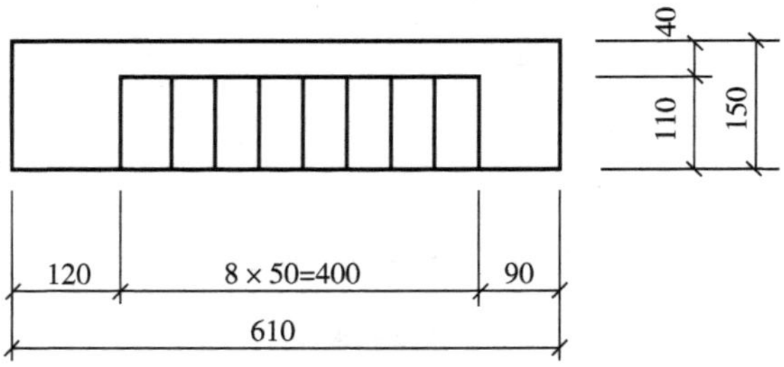

图 2-14　图示连续排列的等长尺寸

第三章
点、直线、平面的投影

本章主要介绍点、直线、平面以及投影的基础知识，解决投影、度量和定位等问题。

第一节 点的投影

一、点的三面投影

如图 3-1 所示，由空间点 A 向 H 面作投射线，与 H 面交于 a，a 即为 A 点的水平投影。反之，如图 3-2 所示，点的一个投影不能确定该点的空间位置。

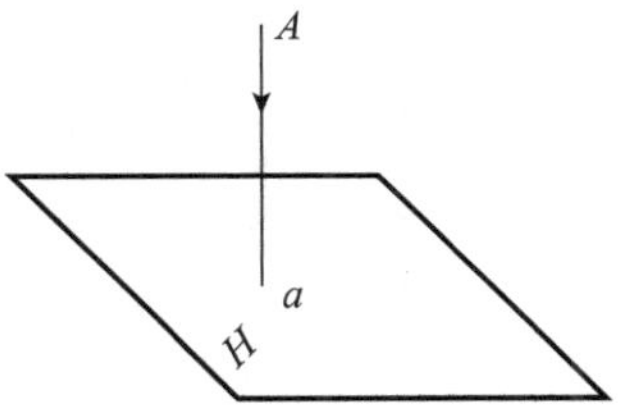

图 3-1 点能唯一确定它的投影

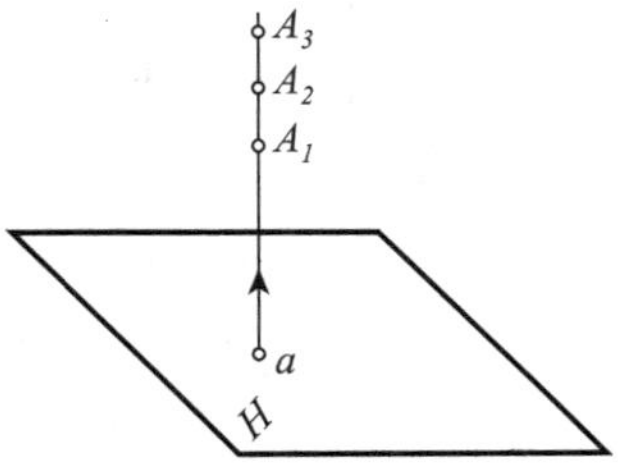

图 3-2 根据点的一个投影不能确定点的位置

如图 3-3 所示，设立相互垂直的两个投影面，正立投影面简称正面或 V 面，水平投影面简称水平面或 H 面。两个投影面的交线称为投影轴，V、H 两投影面的交线称 OX 轴。这样就建立了两面投影体系，简称两面体系。这两个投影面将空间划分成四个区域，如图 3-3 所示的第一、二、三、四分角。

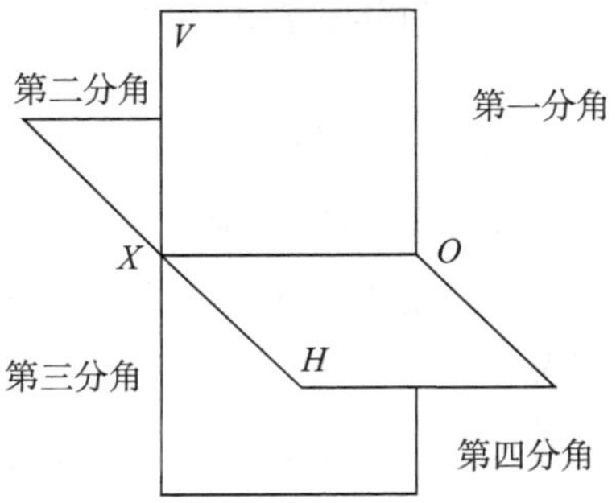

图 3-3 两面投影体系

如图 3-4 所示，将点 A 置于第一分角内，过空间点 A 分别向 H 面、V 面作投射线。在 H 面上得到水平投影，标记为 a；在 V 面上得到正面投影，标记为 a'。如图 3-5 所示。

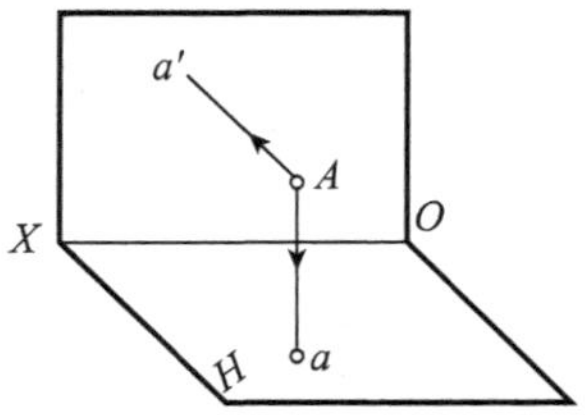

图 3-4　点的两面投影图

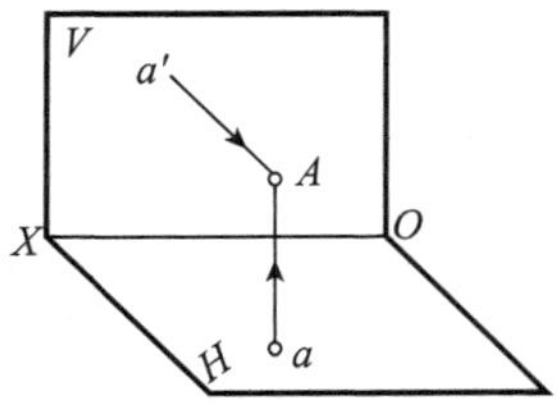

图 3-5　根据点的两面投影能确定点的位置

对于一些较复杂的形体，常常需再设置与 V 面、H 面都垂直的侧立投影面（简称侧面或 W 面）。V 面、H 面、W 面组成一个三面投影体系，交线分别称为 OY 投影轴和 OZ 投影轴，三根相互垂直的投影轴的交点 O 称为原点。

将空间点 A 分别向 V 面、H 面、W 面作投影，得 a'、a、a''，如图 3-6（a）所示。保持 V 面不动，H 面、W 面分别按图示箭头方向旋转，使 H 面和 W 面与 V 面共面，即得点的三面投影，如图 3-6（b）所示。Y 轴随 H 面旋转时，用 Y_H 表示；随 W 面旋转时，用 Y_W 表示。

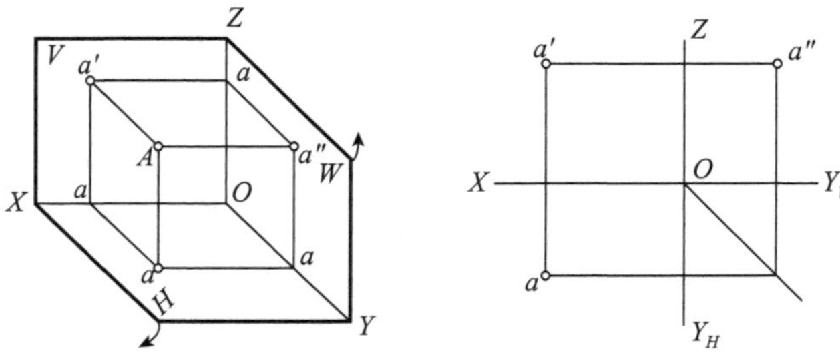

（a）　　　　（b）

图 3-6　点在三面投影体系中的投影

二、点的投影与坐标关系

如果把三面投影体系看作空间直角坐标体系，则三个投影面相当于三个坐标平面，三条投影轴相当于三条坐标轴，投影原点 O 即为坐标原点。由图 3-6（a）可知，点 A 的三个直角坐标 X_A、Y_A、Z_A 即为点 A 到三个投影面的距离。则点 A 的坐标与其投影有如下关系：

X 坐标 X_A（Oa_x）$=a'a_z=aa_y=$点 A 到 W 面的距离 Aa''；

Y 坐标 Y_A（Oa_y）$=aa_x=a''a_z=$点 A 到 V 面的距离 Aa'；

Z 坐标 Z_A（Oa_z）$=a'a_x=a''a_y=$点 A 到 H 面的距离 Aa。

由投影图可见：点 A 的水平投影 a 由 X_A、Y_A 两坐标确定；正面投影 a' 由 X_A、Z_A 两坐标确定；侧面投影 a'' 由 Y_A、Z_A 两坐标确定。因此，根据点的三面投影可确定点的空间坐标值；反之，根据点的坐标值也可以画出点的三面投影图。

根据以上分析以及两面投影体系中点的投影特性，可得到点的三面投影特性：

（1）点的正面投影与水平投影的连线垂直 OX 轴，即 $a'a \perp OX$；

（2）点的正面投影与侧面投影的连线垂直 OZ 轴，即 $a'a'' \perp OZ$；

（3）点的水平投影到 OX 轴的距离等于该点的侧面投影到 OZ 轴的距离，即 $aa_x = a''a_z$。

根据点的两面投影可作出点的第三投影。实际作图时，为作图方便，可添加过点 O 的 45°辅助线或直接量取 $aa_x = a''a_z$，如 3-6（b）所示。

特殊位置点的三面投影如图 3-7 所示，从 V 面上的点 B、H 面上的点 C、W 面上的点 D、OX 轴上的点 E 的立体图和投影图可以看到，这些处于特殊位置的点的三面投影，仍符合点的三面投影特性。

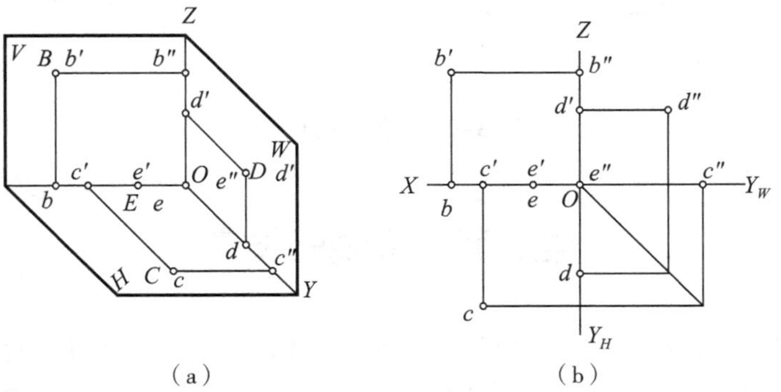

图 3-7　特殊位置点的三面投影

三、两点的相对位置与重影点

一个空间点的位置可以用点的绝对坐标来确定，两点的位置沿左右、前后、上下三个方向的坐标差确定两点的相对位置，如图 3-8 所示。

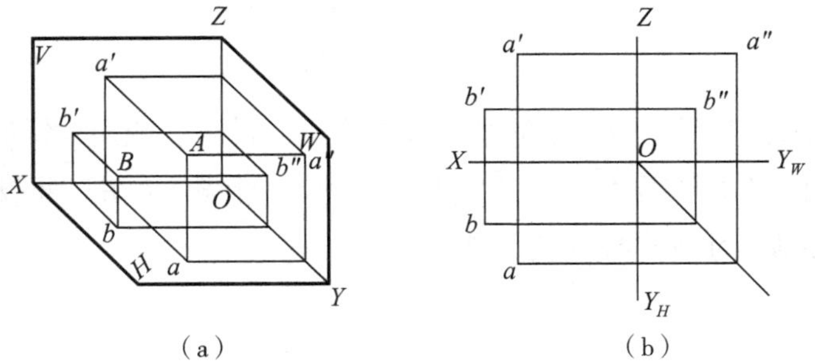

图 3-8　两点的相对位置

当空间两点的某两个坐标值相同时，这两点在一个投影面的投影重合，这两点称为该投影面的重影点。

如图 3-9 所示，由于 $X_A = X_B$，$Z_A = Z_B$，因此它们的正面投影重合，A、B 两点称为正面投影的重影点。同时，由于 $Y_A > Y_B$，所以从前向后垂直 V 面看时，点 B 在 V 面的投影不可见，打上括号表示，如（b'）。

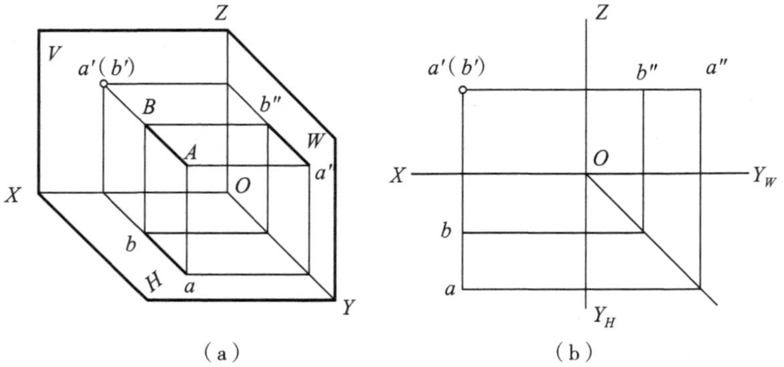

图 3-9　重影点的投影

第二节　直线的投影

直线 AB 上两点的 H 面投影的连线，就是直线 AB 的水平投影 ab；直线 CD 垂直于 H 面，CD 的正面投影积聚为一点，这时称直线 CD 的正面投影具有积聚性，如图 3-10 所示。

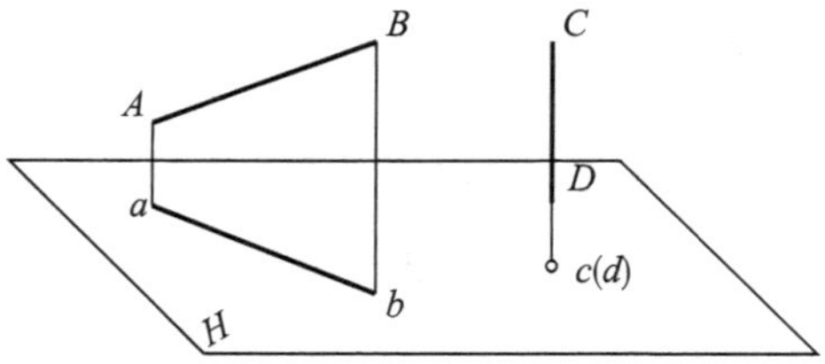

图 3-10　直线的投影

如图 3-11 所示，空间直线与它的水平投影、正面投影、侧面投影的夹角，分别称为直线对 H 面、V 面、W 面的倾角，用 α、β、γ 表示。直线 AB 在三面投影面上的投影绘制过程见图 3-11，最后用粗线连接三面投影。

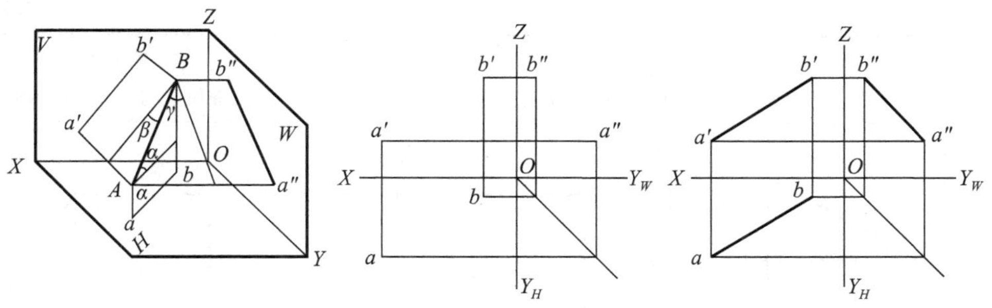

图 3-11　直线的投影画法

一、特殊位置的直线

根据直线在投影面体系中的位置，可将直线分为投影面倾斜线、投影面平行线和投影面垂直线三类。投影面倾斜线也称为一般位置直线，后两类直线称为特殊位置直线。

（一）投影面平行线

平行于一个投影面而与另外两个投影面倾斜的直线称投影面平行线。其中，平行于 V 面的直线称为正平线，平行于 H 面的直线称为水平线，平行于 W 面的直线称为侧平线。表 3-1 给出了这三种投影面平行线的立体图、投影图和投影特性。

投影面平行线的投影特性：

（1）在直线所平行的投影面上的投影，反映实长；该投影与投影轴的夹角，分别反映直线对另外两个投影面的真实倾角。

（2）在直线所倾斜的另外两个投影面上的投影，平行于相应的投影轴，长度缩短。

表 3-1　投影面平行线的特性

名称	正平线 （//V 面，对 H 面、W 面倾斜）	水平线 （//H 面，对 V 面、W 面倾斜）	侧平线 （//W 面，对 V 面、H 面倾斜）
立体图	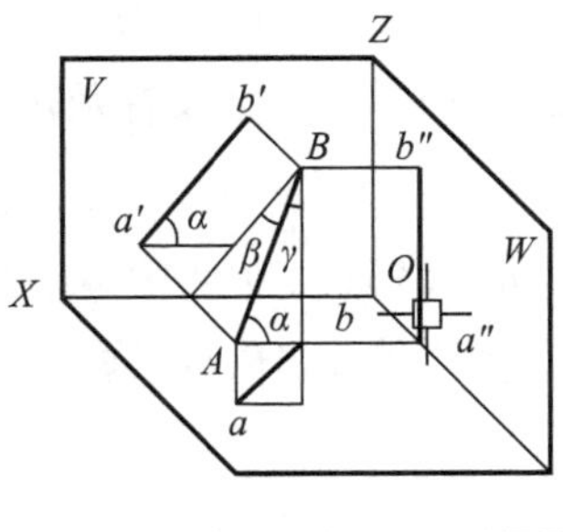	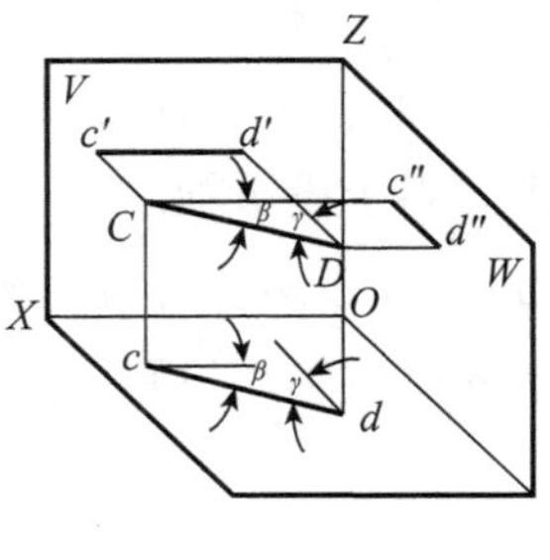	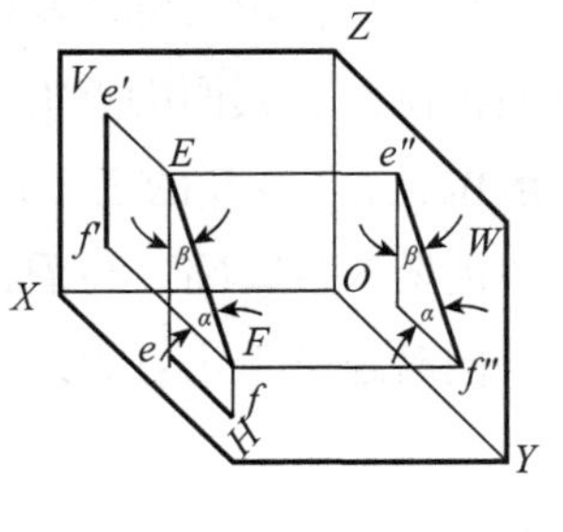

续表

名称	正平线 （//V面，对H面、W面倾斜）	水平线 （//H面，对V面、W面倾斜）	侧平线 （//W面，对V面、H面倾斜）
投影图	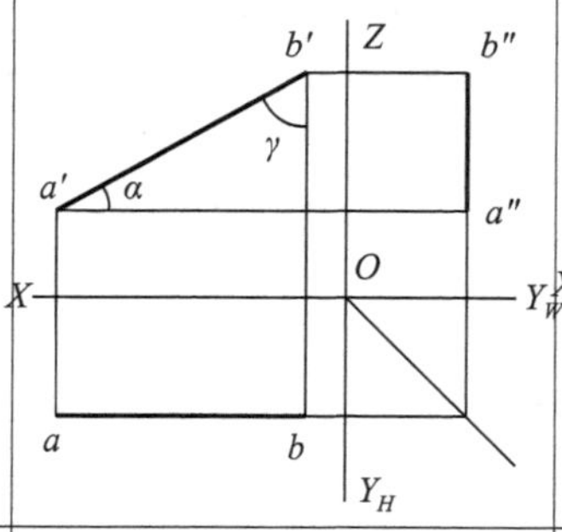	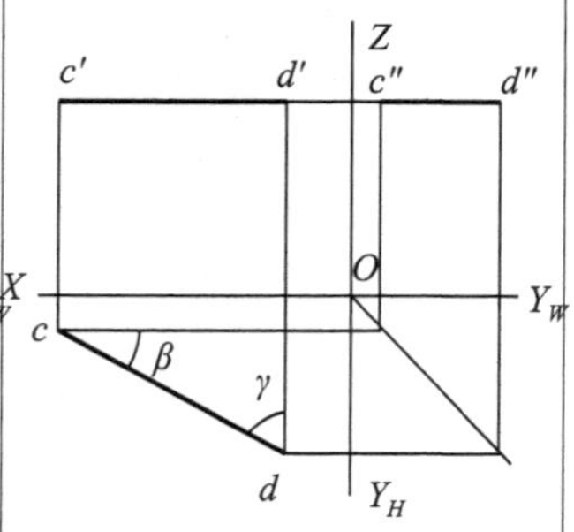	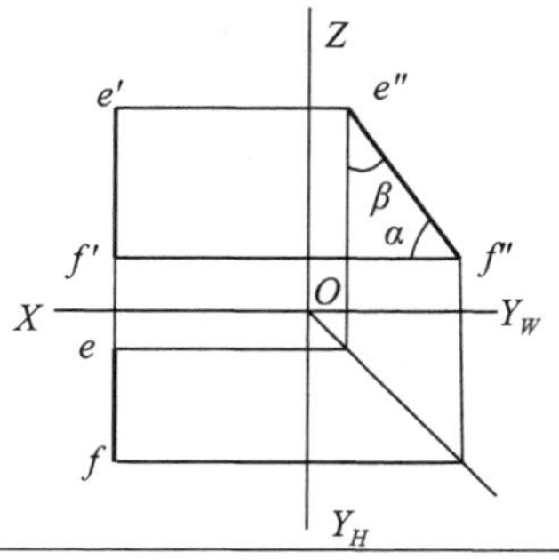
投影特性	1. 正面投影 $a'b'$ 反映实长和真实倾角 α，γ； 2. $ab//OX$，$a''b''//OZ$，长度缩短。	1. 水平投影 cd 反映实长和真实倾角 β、γ； 2. $c'd'//OX$，$c''d''//OY_W$，长度缩短。	1. 侧面投影 $e''f''$ 反映实长和真实倾角 α、β； 2. $e'f'//OZ$，$ef//OY_H$，长度缩短。

（二）投影面垂直线

垂直于一个投影面的直线称为投影面垂直线。其中，垂直于 V 面的直线称为正垂线，垂直于 H 面的直线称为铅垂线，垂直于 W 面的直线称为侧垂线。表 3-2 给出了这三种投影面垂直线的立体图、投影图和投影特性。

投影面垂直线的投影特性：

（1）在直线所垂直的投影面上的投影，积聚成一点。

（2）在直线所平行的另外两个投影面上的投影平行于相应的投影轴且反映实长。

二、一般位置直线的投影、实长与倾角

（一）一般位置直线的投影

与三个投影面都倾斜的直线称为一般位置直线。如图 3-12 所示，直线 AB 对三个投影面都倾斜，其两端点沿前后、上下、左右方向对 V 面、H 面、W 面都有距离差，所以一般位置直线 AB 的三个投影都倾斜于投影轴。

由图 3-12（a）可看出：$ab=AB\cos\alpha<AB$；$a'b'=AB\cos\beta<AB$；$a''b''=AB\cos\gamma<AB$。

同时还可看出：直线 AB 的各个投影与投影轴的夹角都不等于 AB 对投影面的倾角。

表 3-2　三种投影面垂直线的立体图、投影图和投影特性

名称	正垂线	铅垂线	侧垂线
立体图	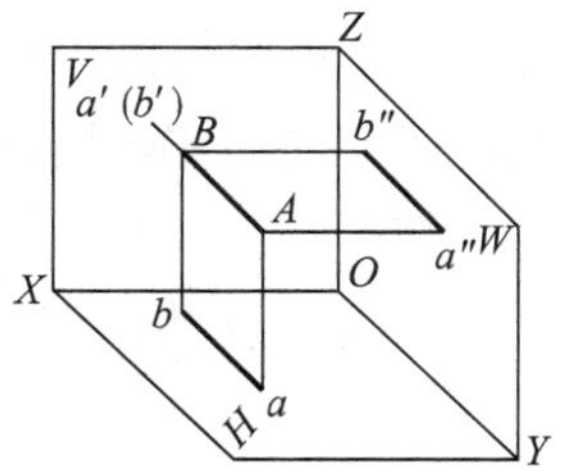	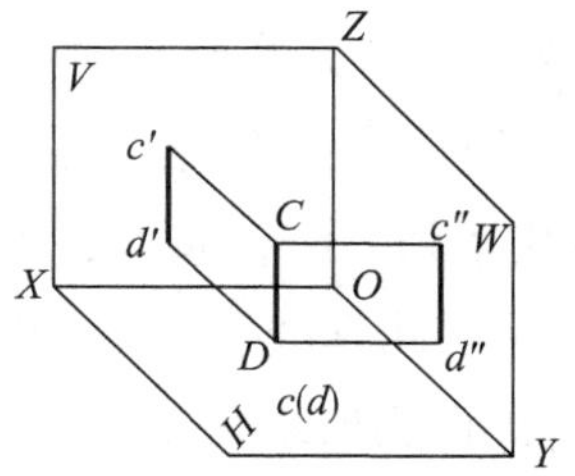	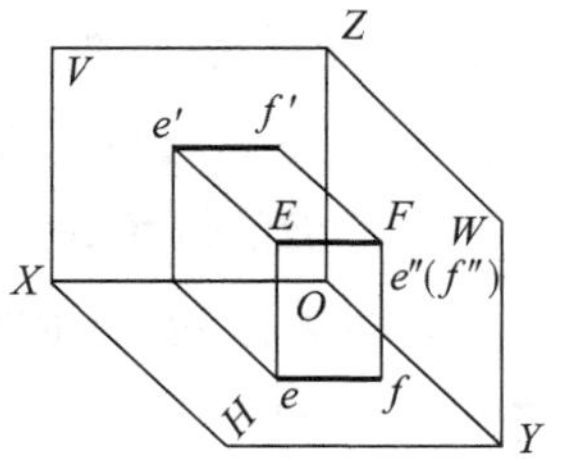
投影图	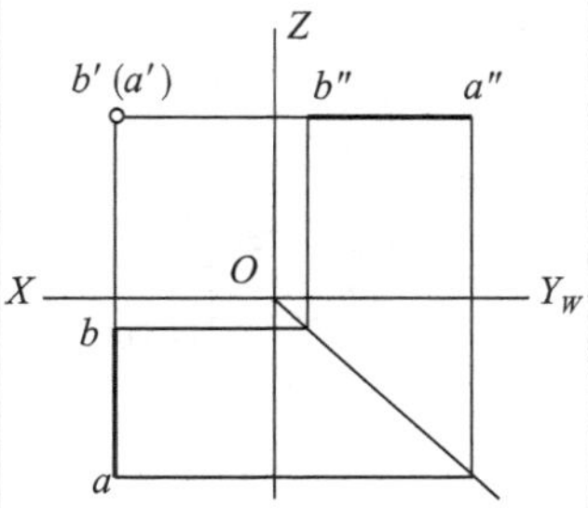	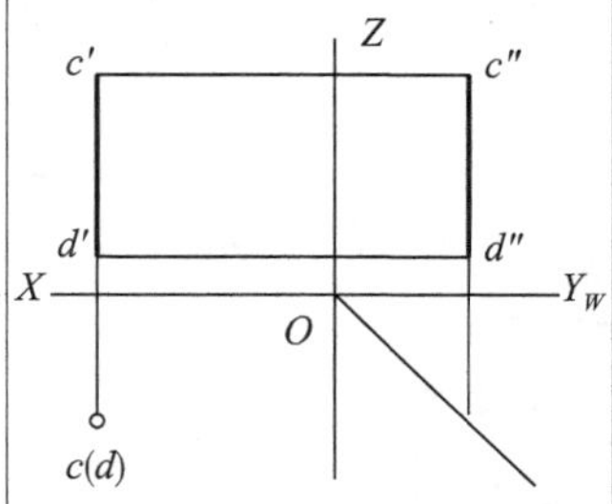	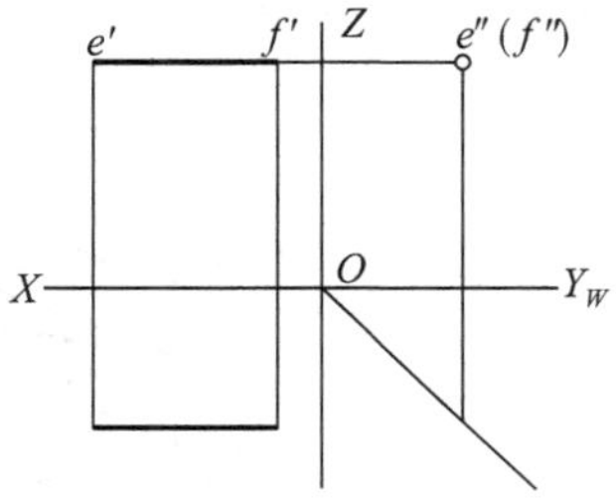
投影特性	1. 正面投影 $a'b'$积聚成一点； 2. $ab//OY_H$，$a''b''//OY_W$，反映实长。	1. 水平投影 cd 积聚成一点； 2. $c'd'//OZ$，$c''d''//OZ$，反映实长。	1. 侧面投影 $e''f''$积聚成一点； 2. $e'f'//OX$，$ef//OX$，反映实长。

由此可得出一般位置直线的投影特性：三个投影都倾斜于投影轴；各投影长度都小于直线的实长；各投影与投影轴的夹角，都不能反映直线对投影面的倾角。

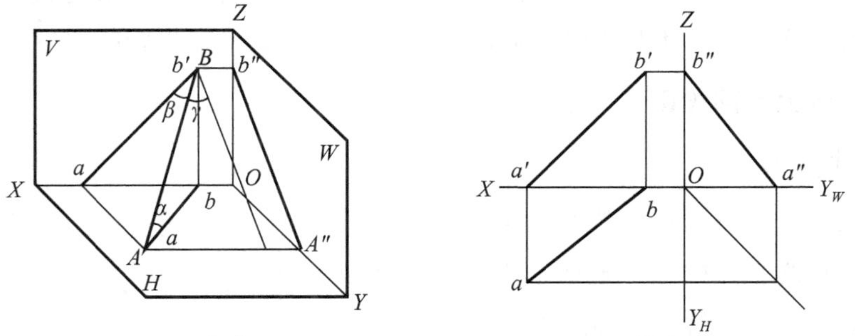

（a）　　　　（b）

图 3-12　投影面的一般位置直线

（二）求直线段的实长及对投影面的倾角

在工程上，经常需要用作图方法求一般位置直线的实长和倾角这类度量问题。

分析：如图 3-13（a）所示，过直线上点 A 作 $AB_1//ab$ 与投射线 Bb 交于 B_1，得直角

三角形 AB_1B。显然，在这个直角三角形中，一直角边 $AB_1=ab$；另一直角边 $BB_1=Bb-Aa$，即直线 AB 两端点与 H 面的距离差；其斜边即为直线 AB 的实长；AB 与 AB_1 的夹角，就是 AB 对 H 面的倾角 α。

已知一般位置直线 AB 的投影，求其实长和对 H 面的倾角，可归结为求直角三角形 $\triangle AB_1B$ 的实形，这种求直线实长和倾角的方法，称为直角三角形法。作图求直线 AB 的实长和对 H 面的倾角 α，可应用下列方法，如图 3-13（b）所示：

（1）过 b 作 ab 的垂线 bB_0，在此垂线上量取 $bB_0=Z_B-Z_A$，则 aB_0 即为所求直线 AB 的实长（用 TL 标记），而 $\angle B_0ab$ 即为所求角 α。

（2）过 a' 作 X 轴的平行线，与 bb' 投影连线相交于 b_0（$b'b_0=Z_B-Z_A$），量取 $b_0A_0=ab$，则 $b'A_0$ 即为所求直线 AB 的实长，$\angle b'A_0b_0$ 即为所求角 α。

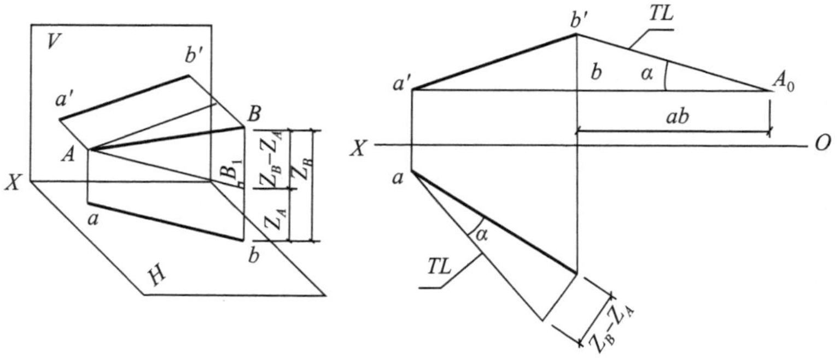

（a）　　　　　　（b）

图 3-13　求直线段的实长及倾角

用直角三角形法求直线实长和倾角的方法：以直线在某一投影面上的投影长度作为一条直角边，直线两端点与该投影面的距离差为另一直角边，所形成的直角三角形斜边即为所求直线的实长，斜边与投影的夹角即为直线对该投影面的倾角。

（三）直线上点的投影

1. 直线上点的投影

点在直线上，则点的各个投影必定在该直线的同面投影上；反之，点的各个投影在直线的同面投影上，则该点一定在直线上，如图 3-14 所示。

2. 点分割线段成定比

直线上的点将直线段分割成两段，则两线段的空间长度之比等于其各个同面投影的长度之比。如图 3-14 所示，$AC:CB=a'c':c'b'$；同理，$AC:CB=a''c'':c''b''=ac:cb$。

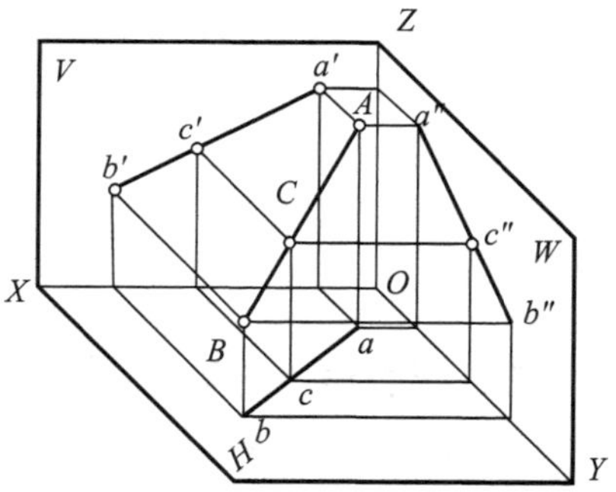

图 3-14　直线上点的投影

（四）两直线的相对位置

空间两条直线的相对位置有三种情况：平行、相交和交叉。平行、相交的两直线位于同一平面上，亦称同面直线；交叉的两直线不位于同一平面上，亦称异面直线。

1. 平行两直线

空间两平行直线的投影必定互相平行，如图 3-15（a）所示，因此空间两平行直线在投影图上的各组同面投影必定互相平行，如图 3-15（b）所示。

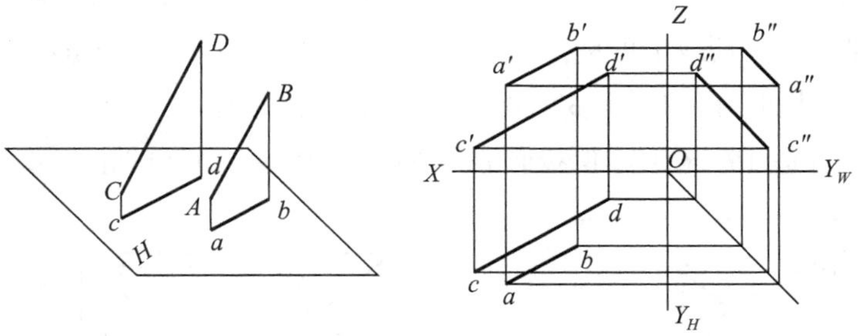

（a）　　　　　　（b）

图 3-15　平行两直线的投影

由于 $AB//CD$，则必定有 $ab//cd$，$a'b'//c'd'$，$a''b''//c''d''$。反之，如果两直线在投影图上的各组同面投影都互相平行，则两直线在空间必定互相平行。

平行两直线的各同面投影的长度比相等，$AB:CD=ab:cd=a'b':c'd'=a''b'':c''d''$。

2. 相交两直线

空间两相交直线的投影必定相交，且两直线交点的投影必定为两直线投影的交点，如图 3-16（a）所示。图 3-16（b）所示，AB 与 CD 相交，交点为 K，则 ab 与 cd、$a'b'$与 $c'd'$、$a''b''$与 $c''d''$必定分别相交于 k、k'、k''，且符合交点 K 的投影规律。反之，若两直线在投影图上的各组同面投影都相交，且各组投影的交点符合空间一点的投影规律，则两直线在空间必定相交。

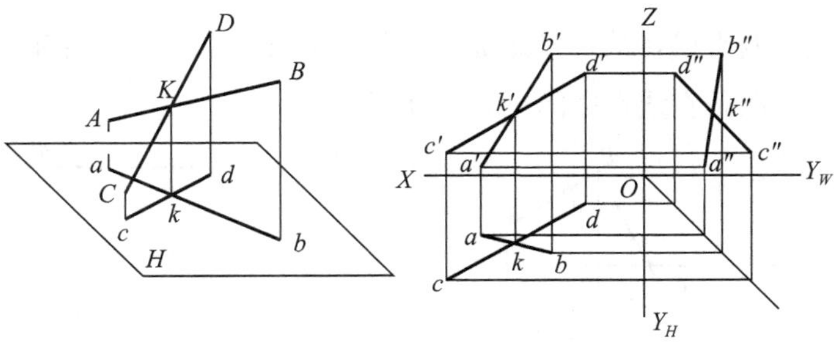

（a）　　　　　　（b）

图 3-16　相交两直线的投影

3. 交叉两直线

既不平行又不相交的两直线称为交叉两直线。交叉两直线的投影可能会有一组或两组互相平行，但绝不会三组同面投影都互相平行。两交叉线投影的交点实质上是两交叉线上对应点对投影面的一对重影点。

如图 3-17 所示，交叉两直线的各组投影也可以是相交的，但各组投影的交点不符合点的投影规律。从图中可看出，AB、CD 两直线是交叉两直线，因为两直线的投影交点不符合点的投影规律，ab 和 cd 的交点实际上是 AB、CD 上对 H 面投影的重影点Ⅰ、Ⅱ的投影 1（2），由于Ⅰ在Ⅱ的上方，所以 1 可见，（2）不可见。同理，$a'b'$ 和 $c'd'$ 的交点是 AB、CD 上对 V 面投影的重影点Ⅲ、Ⅳ的投影 3′（4′），由于Ⅲ在Ⅳ的前方，所以 3′可见，（4′）不可见。$a''b''$ 和 $c''d''$ 交点是 AB、CD 对 W 投影面的重影点的投影，其可见性需要自行判别。

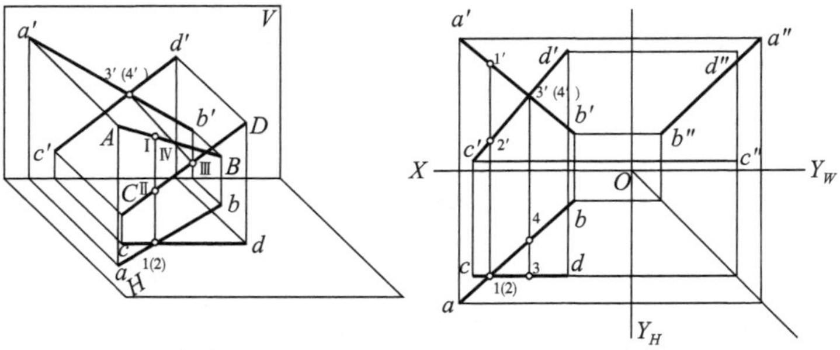

（a）　　　　　　　　（b）

图 3-17　交叉两直线的投影

（五）一边平行于投影面的直角投影

当相交的两直线互相垂直，且其中有一条直线为某投影面的平行线，则两直线在该投影面上的投影必定互相垂直，此投影特性称为直角投影定理。

如图 3-18 所示，$AB \perp BC$，其中 $AB//H$ 面，BC 倾斜于 H 面。因 $AB \perp BC$，$AB \perp Bb$，则 $AB \perp BbcC$ 平面。因为 $ab//AB$，所以 $ab \perp BbcC$ 平面，故 $ab \perp bc$。

反之，如果相交两直线在某一投影面上的投影互相垂直，且其中有一条直线为该投影面的平行线，则这两条直线在空间也必定互相垂直。

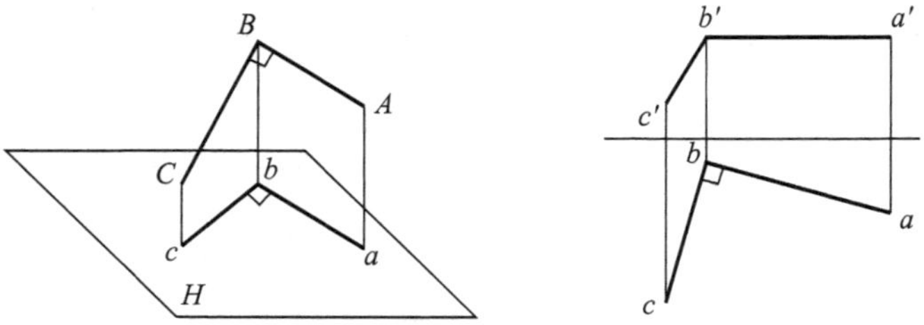

（a）　　　　　　　　（b）

图 3-18　直线 *AB* 与 *BC* 垂直

第三节　平面的投影

一、平面的投影

（一）平面表示法

1. 用几何元素表示

平面可用确定该平面的点、直线或平面图形等几何元素的投影表示，如图 3-19 所示。

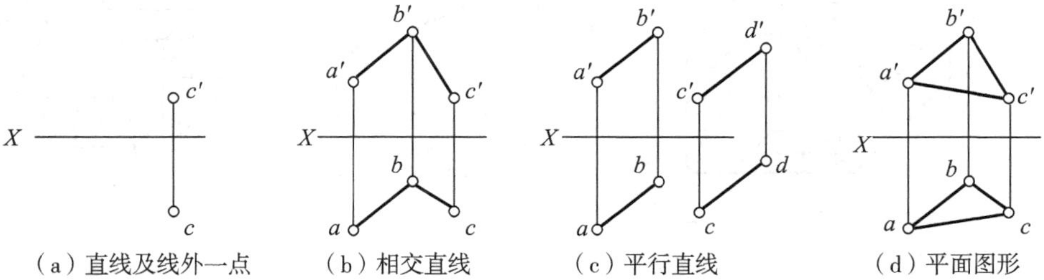

图 3-19　用几何元素表示平面

2. 用迹线表示

平面与投影面的交线，称为平面的迹线，平面也可以用迹线来表示。如图 3-20 所示，用迹线表示的平面称为迹线平面。

平面与 V 面、H 面、W 面的交线，分别称为平面的正面迹线（V 面迹线）、水平迹线（H 面迹线）、侧面迹线（W 面迹线）。迹线的符号用平面名称的大写字母附加投影面名称的注脚表示，如图 3-20 中的 P_H、P_V、P_W。

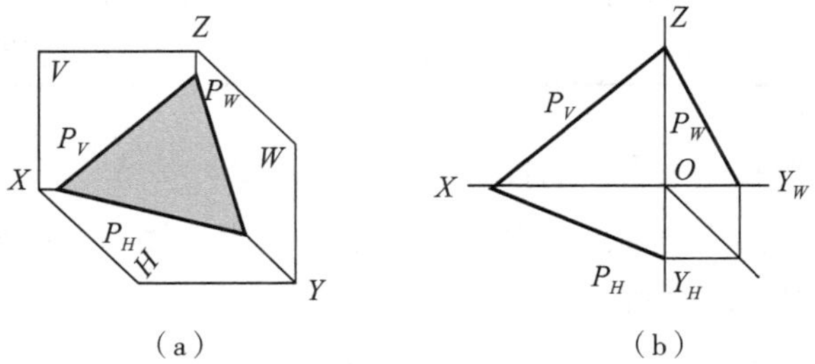

图 3-20　用迹线表示平面

（二）平面的投影与特性

根据平面在三面投影体系中的位置，可将平面分为投影面垂直面、投影面平行面和一般位置平面三类，前两类平面也称为特殊位置平面。

1. 投影面垂直面

垂直于一个投影面且与另两个投影面倾斜的平面称为投影面垂直面。其中，垂直于 *V* 面的称为正垂面，垂直于 *H* 面的称为铅垂面，垂直于 *W* 面的称为侧垂面。表 3–3 列出了这三种投影面垂直面的立体图、投影图和投影特性。

表 3–3　投影面垂直面的特性

<table>
<tr><td>名称</td><td>正垂面
（⊥V 面，对 H 面、W 面倾斜）</td><td>铅垂面
（⊥H 面，对 V 面、W 面倾斜）</td><td>侧垂面
（⊥W 面，对 V 面、H 面倾斜）</td></tr>
<tr><td>立体图</td><td>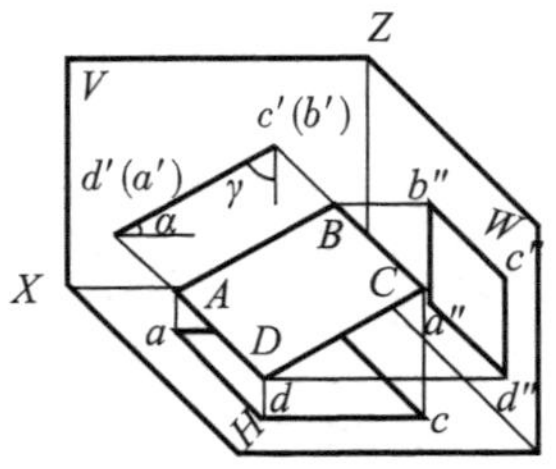</td><td>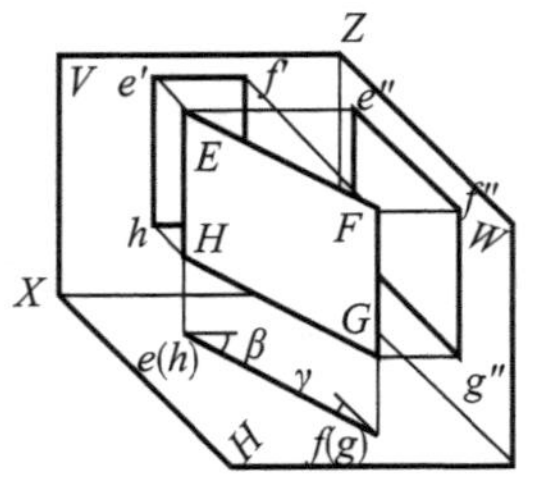</td><td>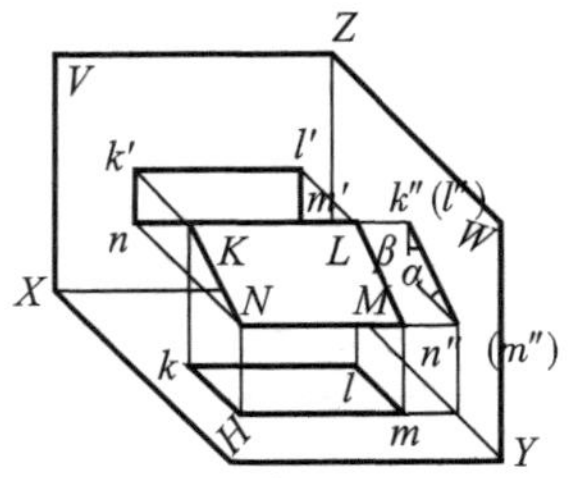</td></tr>
<tr><td>投影图</td><td>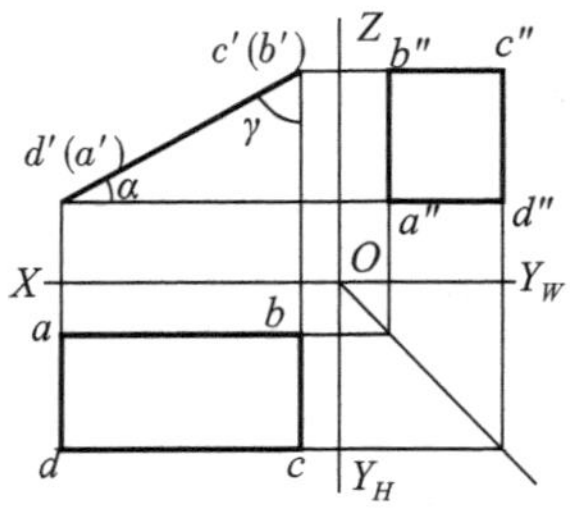</td><td>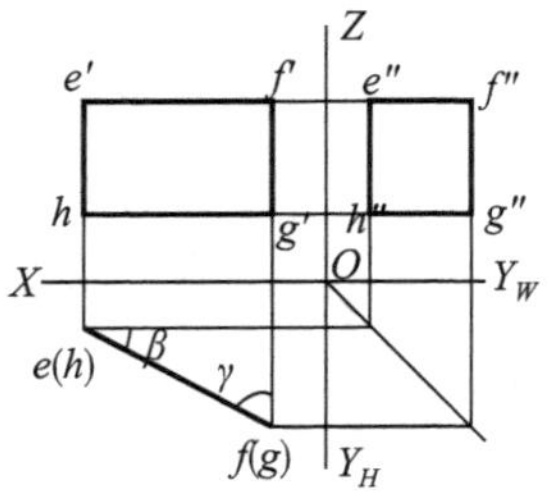</td><td>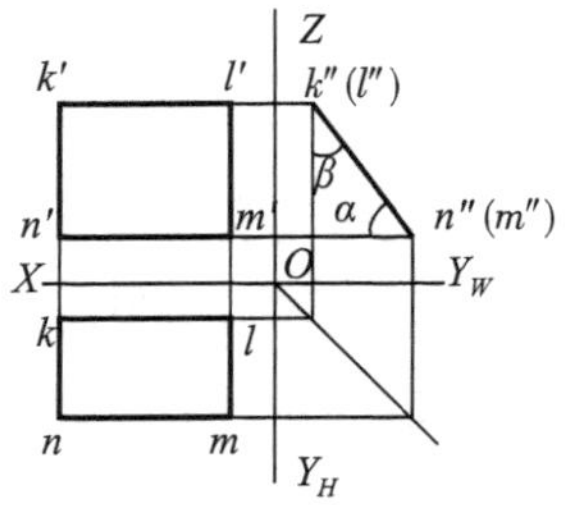</td></tr>
<tr><td>投影特性</td><td>1. 正面投影积聚成一条直线，并反映真实倾角 α、γ；
2. 水平投影、侧面投影反映平面的类似形。</td><td>1. 水平投影积聚成一条直线，并反映真实倾角 β、γ；
2. 正面投影、侧面投影反映平面的类似形。</td><td>1. 侧面投影积聚成一条直线，并反映真实倾角 α、β；
2. 水平投影、正面投影反映平面的类似形。</td></tr>
</table>

由表 3–3 归纳出投影面垂直面的投影特性：

（1）在平面所垂直的投影面上，平面的投影积聚成直线；它与投影轴的夹角，分别反映平面对另外两投影面的倾角。

（2）平面的另外两个投影，反映该平面的类似形。

2. 投影面平行面

平行于一个投影面而与另外两个投影面垂直的平面称为投影面平行面。其中，平行于 *V* 面的称为正平面，平行于 *H* 面的称为水平面，平行于 *W* 面的称为侧平面。表 3–4 列出了这三种投影面平行面的立体图、投影图和投影特性。

表 3-4　投影面平行面的特性

名称	正平面（//V 面）	水平面（//H 面）	侧平面（//W 面）
立体图	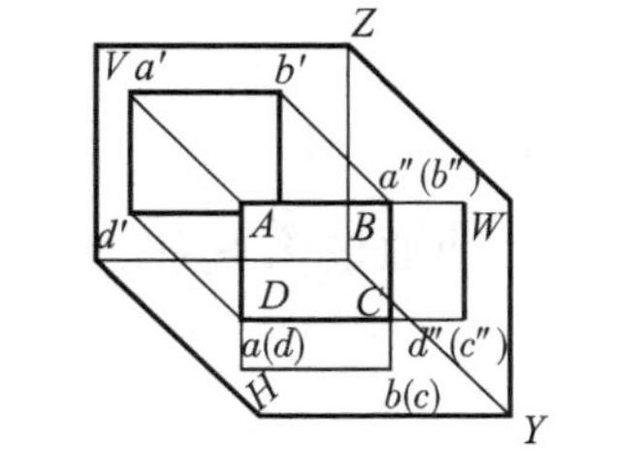	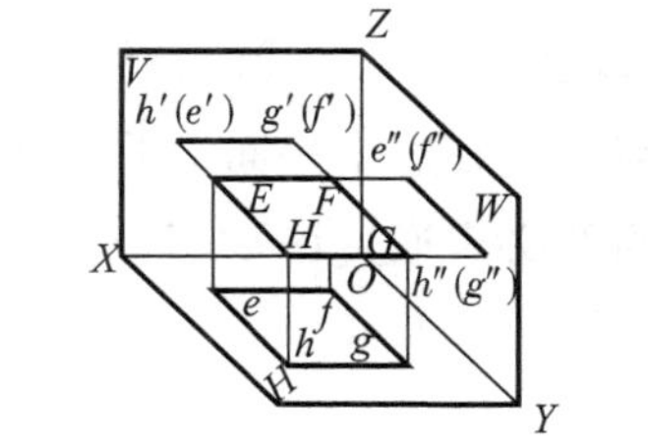	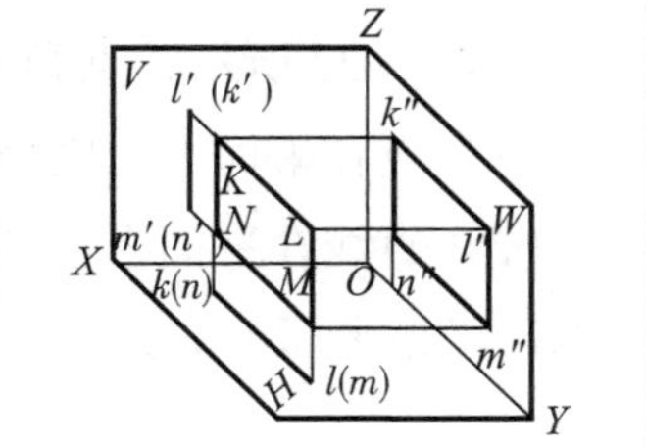
投影图	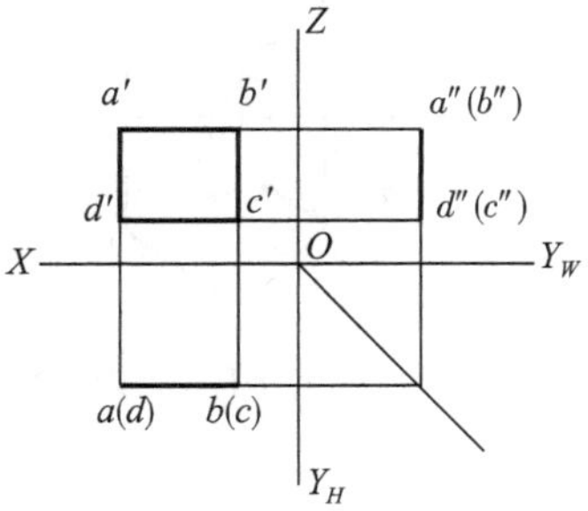	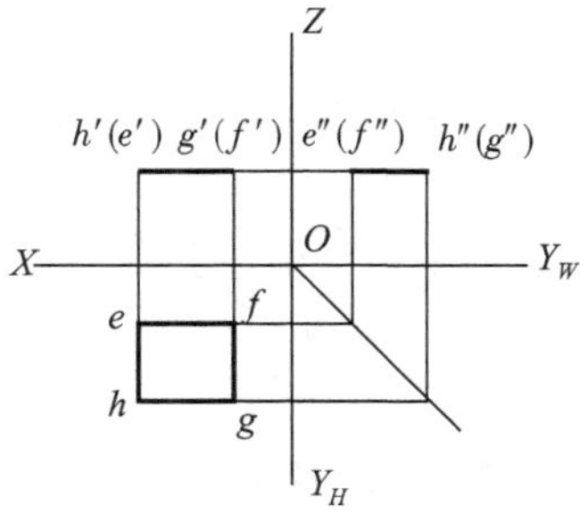	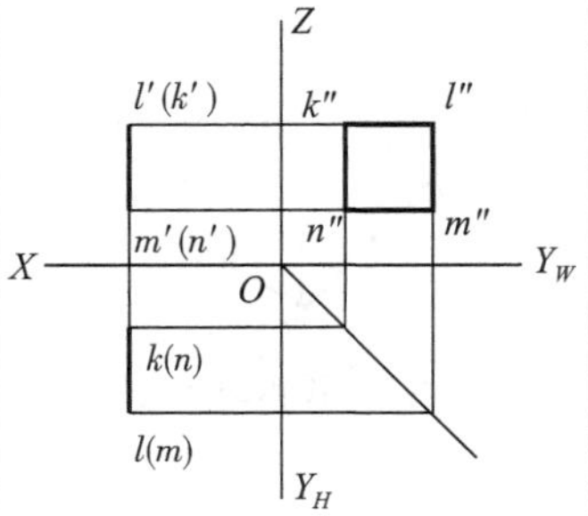
投影特性	1. 正面投影反映实形； 2. 水平投影//OX、侧面投影//OZ，分别积聚成直线。	1. 水平投影反映实形； 2. 正面投影//OX、侧面投影//OY_W，分别积聚成直线。	1. 侧面投影反映实形； 2. 水平投影//OZ、正面投影//OY_H，分别积聚成直线。

由表 3-4 中正平面的立体图可知：平面 $ABCD$//V 面，故平面 $ABCD$ 的正面投影 $a'b'c'd'$ 反映实形；由于平面 $ABCD$//V 面，必定垂直于 H 面和 W 面，且平面上各点的 Y 坐标都相等，故水平投影 $abcd$//OX，侧面投影 $a''b''c''d''$//OZ，分别积聚成直线。

由此可归纳出投影面平行面的投影特性：

（1）在平面所平行的投影面上的投影反映实形。

（2）在另外两个所垂直的投影面上的投影，分别积聚成直线且平行于相应的投影轴。

3. 一般位置平面

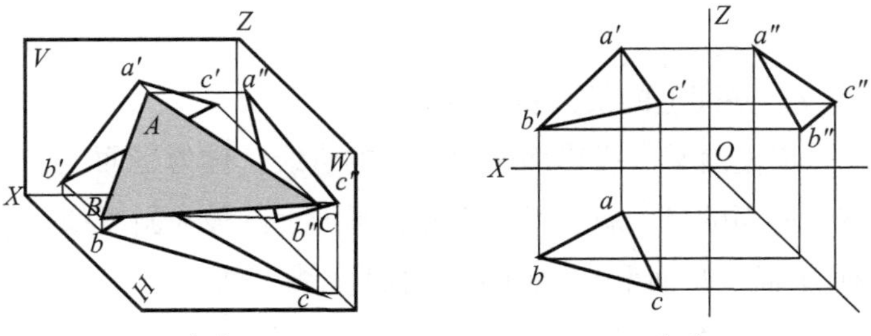

（a）　　（b）

图 3-21　一般位置的平面

与三个投影面都倾斜的平面称为一般位置平面。如图 3-21 所示，$\triangle ABC$ 与三个投影面都倾斜，因此它的三个投影 $Oabc$、$Oa'b'c'$、$\triangle a''b''c''$ 均为类似形，不反映 $\triangle ABC$ 的实形，也不反映该平面与三个投影面的倾角 α、β、γ 的真实大小。

（三）平面上的点和直线

1. 平面上取点和直线

如图 3-22 所示，点和直线在平面上的几何条件：

（1）点在平面上，则该点必定在这个平面上的一条直线上。

（2）直线在平面上，则直线必定通过该平面上的两个点，或通过该平面上的一个点且平行于该平面上的另一直线。

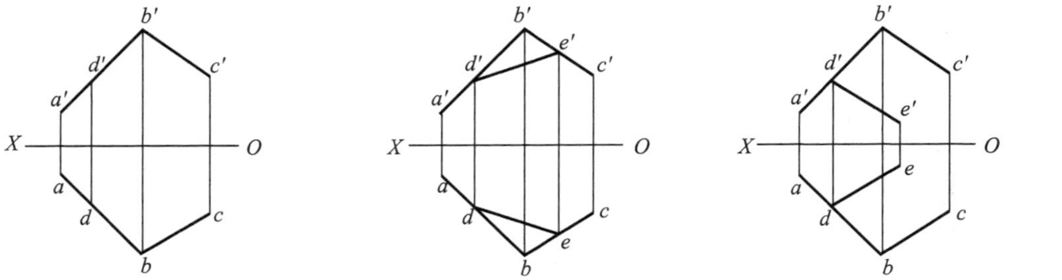

（a）点在平面内的直线上　（b）直线通过平面内的两点　（c）通过面内一点且平行于面内一条直线

图 3-22　平面上的点和直线

2. 平面上的特殊位置直线

平面上有各种不同位置的直线，它们对投影面的倾角大小各不相同，其中有两种位置直线的倾角较特殊，一种是倾角最小，另一种是倾角最大。前者即为平面上的投影面平行线，后者称为平面上的最大斜度线。

（1）平面上的投影面平行线。

如图 3-23 所示，在 $\triangle ABC$ 平面上作水平线和正平线。

如过点 A 在平面 $\triangle ABC$ 上作一水平线 AD，可先过 a' 作 $a'd'//OX$ 轴，并与 $b'c'$ 交于 d'，由 d' 在 bc 上作出 D，连接 AD，$a'd'$ 和 AD 即为平面 $\triangle ABC$ 上水平线 AD 的两面投影。

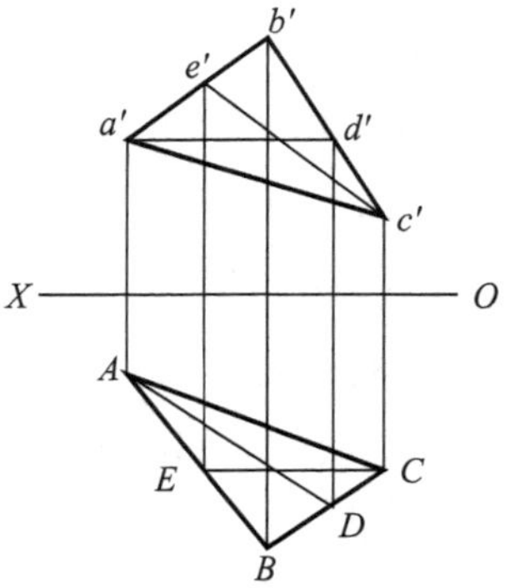

图 3-23　平面上的投影面平行线

（2）平面上的最大斜度线。

平面上对某一投影面倾角最大的直线，称为平面上对该投影面的最大斜度线。因此，平面上的最大斜度线分对 H 面、V 面和 W 面的最大斜度线三种。可以证明，平面上对某投影面的最大斜度线垂直于平面上对该投影面的平行线。

如图 3-24 所示，直线 MN 是平面 P 上的一条水平线，直线 AB 是平面 P 上对 H 面的最大斜度线，$AB\perp MN$，$aB\perp P_H$。如过点 A 在平面 P 上再任作一直线 AB_1，假定 AB 对 H 面的倾角为 α，AB_1 对 H 面的倾角为 α_1，则在直角三角形 $\triangle ABa$ 中 $\sin\alpha=Aa/AB$，而在直角三角形 $\triangle AB_1a$ 中，$\sin\alpha_1=Aa/AB_1$，又由于在直角三角形 $\triangle ABB_1$ 中，$AB\perp P_H$ 为一直角边，AB_1 为斜边，故 $AB_1>AB$，所以 $\alpha>\alpha_1$。

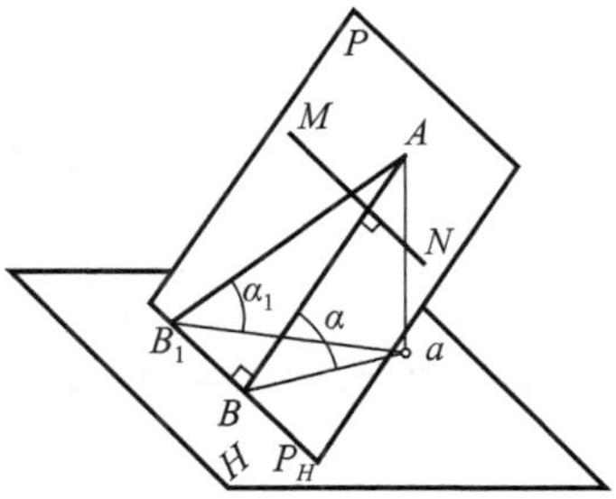

图 3-24　平面上的最大斜度线图

二、直线、平面之间的相对位置

直线与平面、两平面间的相对位置有平行和相交两种，垂直是相交的一种特殊情况。

（一）平行问题

1. 直线和平面平行

若一直线平行于平面内任意一条直线，则直线与该平面平行。如图 3-25 所示，直线 AB 平行于平面 P 内的一直线 CD，则 AB 必与平面 P 平行。

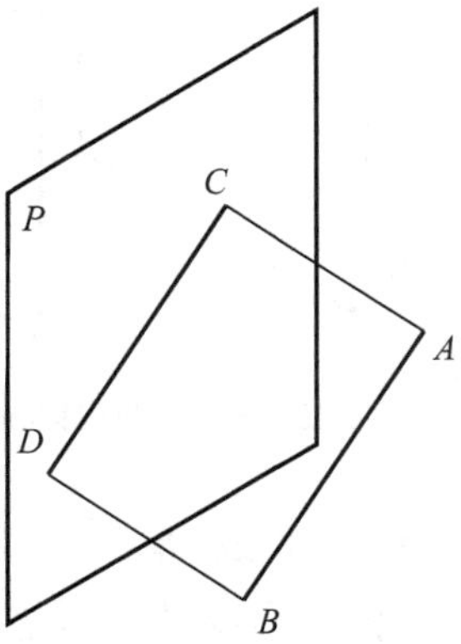

图 3-25　直线平行平面的图示

如图 3-26 所示，过已知点 K，作水平线 KM 平行于已知平面 $\triangle ABC$。

分析：平面 $\triangle ABC$ 内的水平线有无数条，但其方向是一定的。因此，过 K 点作平行于平面 ABC 的水平线是唯一的。

作图过程如下：

（1）在 $\triangle ABC$ 内作水平线 AD。即过 a' 作 $a'd'$ 平行于 X 轴，交 $b'c'$ 于 d'，由 d' 作 $d'd\perp X$ 轴交 bc 于 d，连接 ad。

（2）过 K 点作 $KM//AD$，即 $km//ad$，$k'm'//a'd'$，则 KM 为一水平线且平行于 $\triangle ABC$。

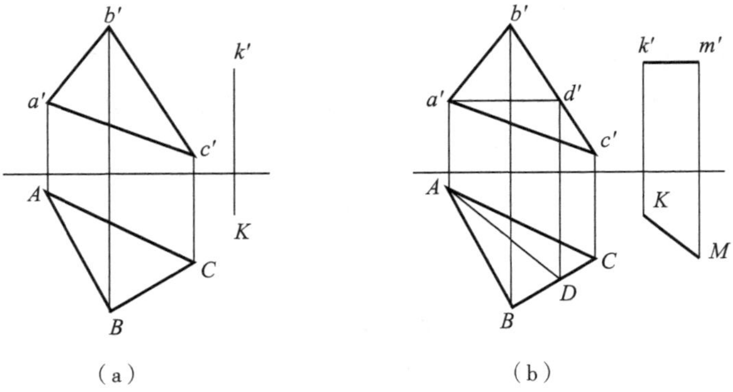

图 3-26　作直线平行于已知平面

2. 两平面平行

若一平面内两条相交直线对应平行于另一平面内的两条相交直线，则这两个平面相互平行。如图 3-27 所示，两对相交直线 AB、BC 和 DE、EF 分别属于平面 P 和平面 Q，若 AB//DE，BC//EF，则平面 P 与平面 Q 平行。

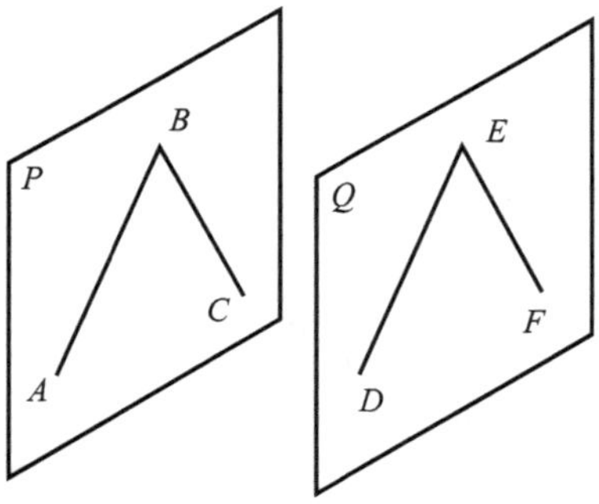

图 3-27　两平面平行的示意图

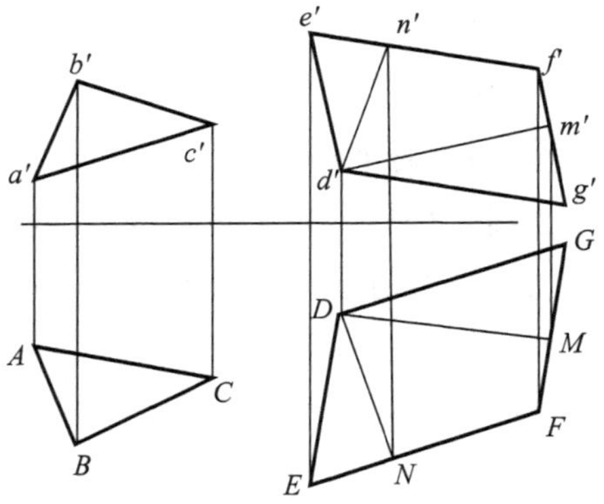

图 3-28　判断两平面是否平行

如图 3-28 所示，判断两已知平面△ABC 和平面 DEFG 是否平行。

分析：可在任一平面上作两相交直线，如在另一平面上能找到与它对应平行的两条相交直线，则两平面相互平行。

作图过程如下：

（1）在平面 DEFG 中，过 D 点作两条相交直线 DM、DN，使 $d'm'//a'c'$、$d'n'//a'b'$。

（2）求出 DM、DN 的水平投影 dm、dn，由于 dm//ac、dn//ab，即 DM//AC、DN//AB，故可判定两平面平行。

若两平行面同时垂直于某一投影面，则只需要检查具有积聚性的投影是否平行即可。

如图 3-29 所示，平面 P、Q 均为铅垂面，若水平积聚性投影平行，则平面 P、Q 在空间也平行。

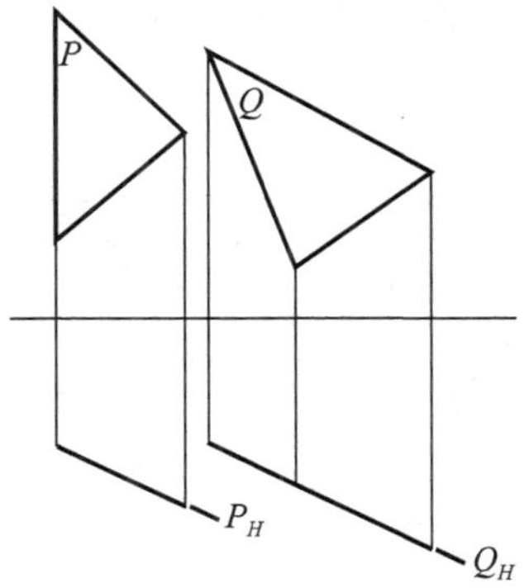

图 3-29　两特殊位置平面平行

（二）相交问题

直线与平面不平行时，必交于点，交点是直线与平面的共有点。两平面不平行时，必交于线，其交线是两平面的共有线。由于直线与平面、平面与平面投影的重叠而相互遮挡，规定用虚线表示直线或平面的被遮挡部分，交点或交线是可见部分与不可见部分的分界点或分界线，如图 3-30、图 3-31 所示。

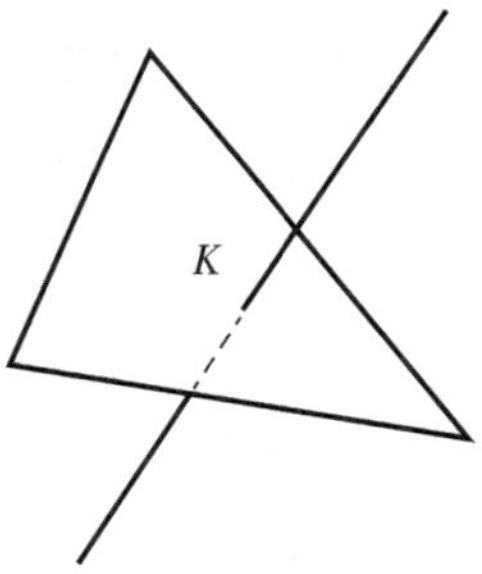

图 3-30　直线与平面相交

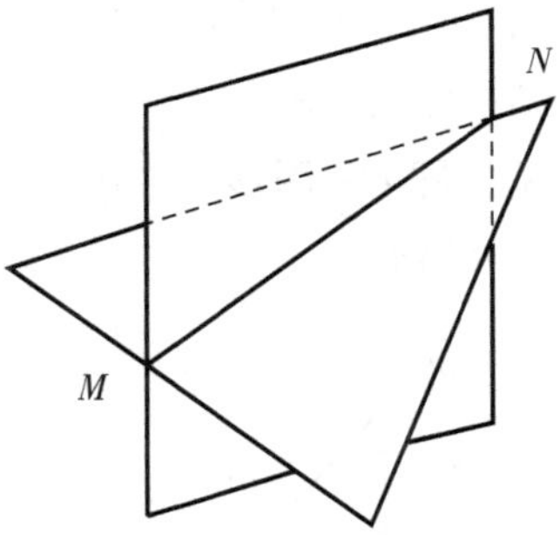

图 3-31　两平面相交

1. 直线与特殊位置平面相交

由于特殊位置平面的投影具有积聚性，根据交点的共有性可以直接在具有积聚性的投影上确定交点的一个投影，然后按点的从属关系求出交点的另一投影。

如图 3-32（a）所示，求直线 MN 与铅垂面 $\triangle ABC$ 的交点 K 并判别可见性。

分析：交点 K 是直线 MN 与铅垂面 $\triangle ABC$ 的公有点，交点 K 既位于平面的积聚性投影上，又位于直线的同面投影上，故交点 K 的水平投影 K'，就是直线水平投影 mn 与铅垂面 $\triangle ABC$ 的积聚性投影 abc 的交点。

利用重影点判别可见性：水平投影中除交点 k 外无投影重叠，故不需要判别可见性。

但在正面投影中，k'需要判别正面投影的可见性。取直线 BC 与 MN 的正面重影点 $1'$、$2'$，分别作出其水平投影 1、2，显然点 2 在前，点 1 在后，所以正面投影 $2'$可见，$1'$不可见，由此可推出 $n'k'$可见，过 k'而被平面遮住的直线部分画成虚线，如图 3-32（b）所示。

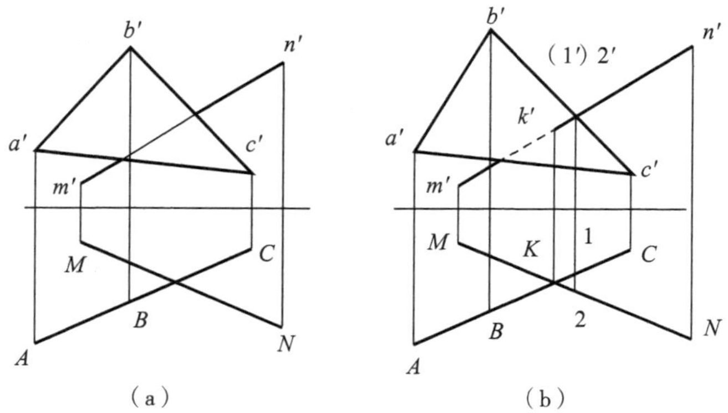

图 3-32　直线与特殊位置平面相交

2. 平面与特殊位置直线相交

如图 3-33（a）所示，已知平面△ABC 与铅垂线 DE 相交，求交点 K 并判别可见性。

分析：由于铅垂线 DE 的水平投影有积聚性，故交点 K 的水平投影 K 必与之重合。又因为 K 在△ABC 上，可利用平面上取点的方法求得 k'。

正面投影可见性的判别：由水平投影可以看出，AC 在 DE 之前，所以 $a'c'$上的 $1'$可见，$d'e'$上的 $2'$不可见，即 $k'e'$用虚线画出，以交点 k'为界的另一侧 $k'd'$可见，用粗实线画出，如图 3-33（b）所示。

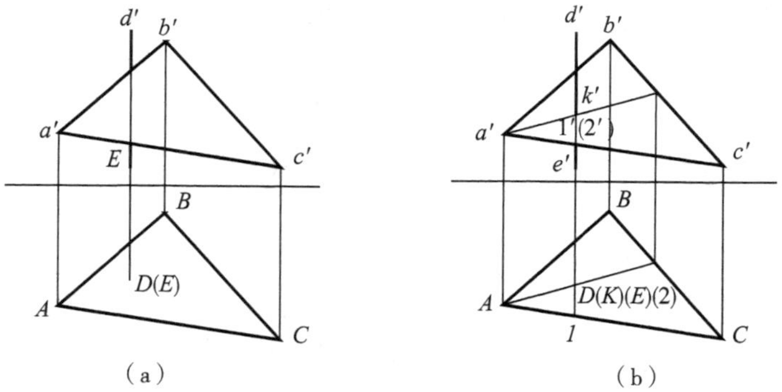

图 3-33　平面与特殊位置直线相交

3. 一般位置平面与特殊位置平面相交

如图 3-34（a）所示，求一般位置平面△ABC 与铅垂面 $DEFG$ 的交线并判别可见性。

分析：由于 $DEFG$ 是铅垂面，其水平投影 $DEFG$ 具有积聚性。依据交线的共有性，交线 *MN* 的水平投影 *MN* 可直接得出。又可以求出 *MN* 的正面投影 $m'n'$。

正面投影可见性的判别：由水平投影可知，*MNB* 部分在铅垂面之前，故该部分的正面投影 $m'n'b'$可见，被遮挡的矩形部分不可见。作图结果如图 3-34（b）所示。

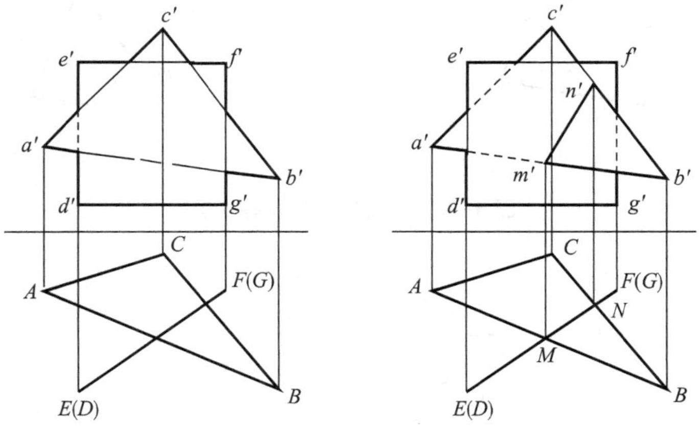

（a）　　　　（b）

图 3-34　一般位置平面与特殊位置平面相交

4. 一般位置直线与一般位置平面相交

（1）辅助平面法。如图 3-35 所示，欲求直线 *DE* 与△*ABC* 的交点，需过直线 *DE* 作一辅助平面 *S*，求出平面 *S* 与△*ABC* 的交线 *MN*，则 *MN* 与 *DE* 的交点即为所求的交点 *K*。

（2）换面法。利用投影变换的原理，把相交两要素之一由一般位置变换成与投影面垂直的情况，就可以利用投影的积聚性求交点或交线。

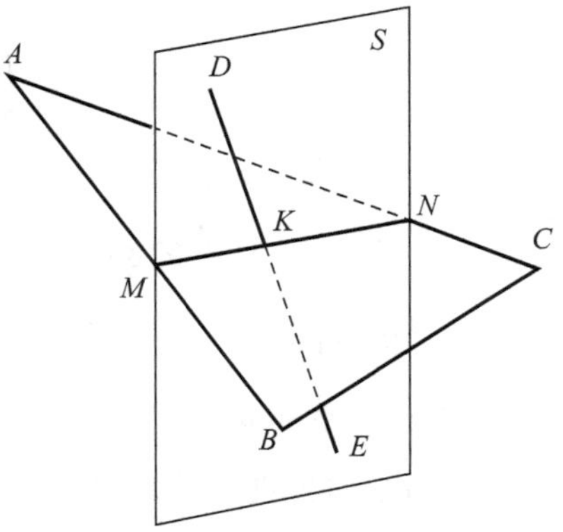

图 3-35　辅助平面法求交点

5. 两一般位置平面相交

两一般位置平面相交有两种情况：一种是一平面全部穿过另一平面，称全交，如图 3-36（a）所示；另一种是两个平面的棱边互相穿过，称为互交，如图 3-36（b）所示。相交两平面的交线是两平面的共有线，欲求交线，只需求出交线上任意两点，连线即可。

（1）交点法。用求直线与平面交点的方法求两平面的交线。在相交两平面之一上任取两直线，分别作出两直线与另一平面的交点，连接两交点即得两平面的交线。

（2）三面共点法。图 3-37 是用三面共点法求两平面交线的示意图。

（3）换面法。利用投影变换的原理，利用一次变换把相交两要素之一由一般位置面变换成投影面的垂直面，就可以利用投影的积聚性求出交线。

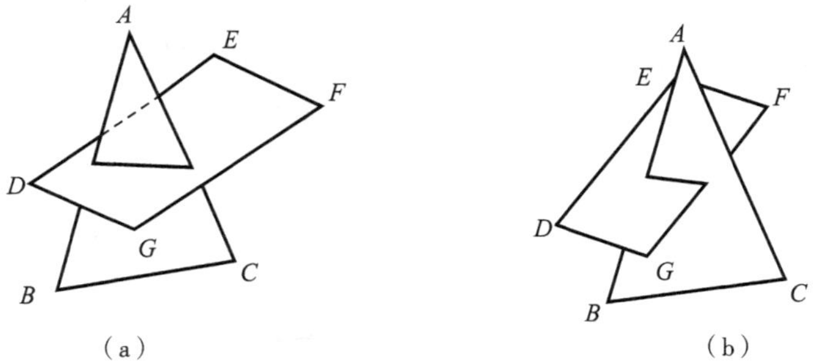

图 3-36　平面相交的两种情况

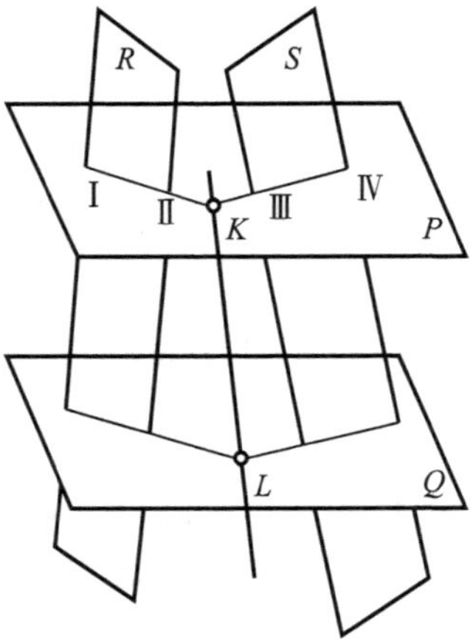

图 3-37　用三面共点法求两平面交线的示意图

（三）垂直问题

1. 直线与平面垂直

直线与平面垂直，则直线垂直于平面上的任意直线；反之，如果直线与垂直平面上的任意两条相交直线垂直，则直线垂直于该平面。如图 3-38（a）所示，直线 *MN* 垂直于平面 *P* 上的水平线 *AB* 和正平线 *CD*，则直线垂直于该平面。根据直角投影定理，直线 *MN* 的水平投影垂直于水平线 *AB* 的水平投影（$mn \perp ab$），直线 *MN* 的正面投影垂直于正平线 *CD* 的正面投影（$m'n' \perp c'd'$），如图 3-38（b）所示。

若一直线垂直于一平面，则直线的水平投影必垂直于该平面内水平线的水平投影；直线的正面投影必垂直于该平面内正平线的正面投影。

反之，若一直线的水平投影垂直于给定平面内水平线的水平投影，直线的正面投影垂直于该平面内正平线的正面投影，则直线必垂直于该平面。

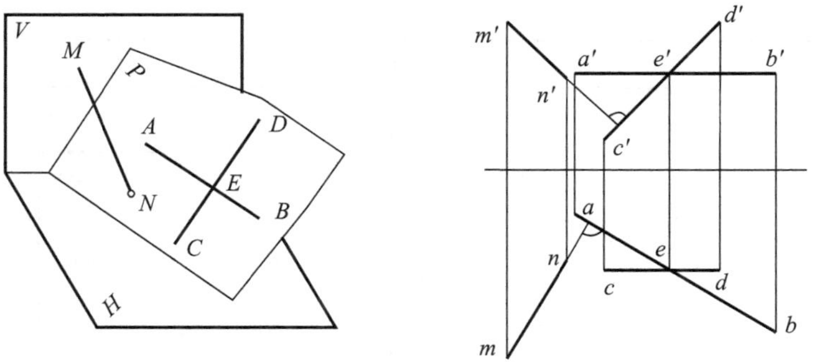

（a）　　　　　　　　（b）

图 3-38　直线与平面垂直的示意图

2. 两平面垂直

若一直线垂直于给定平面，则过该直线的所有平面都垂直于该平面；反之，若两平面互相垂直，则从第一平面上的任意一点向第二平面所作的垂线必定在第一个平面上。

第四节　投影变换

一、投影变换的目的与方法

当点、直线、平面在投影体系中处于特殊位置时，它们的投影能直接反映一些度量关系，也便于解决一些定位问题。表 3-5 列举了空间几何元素在投影体系中处于特殊位置时，求解几何元素的真长、真形、距离、夹角等情况。

表 3-5　空间几何要素对投影面处于特殊位置时的度量情况

真长（形）问题			
线段真长	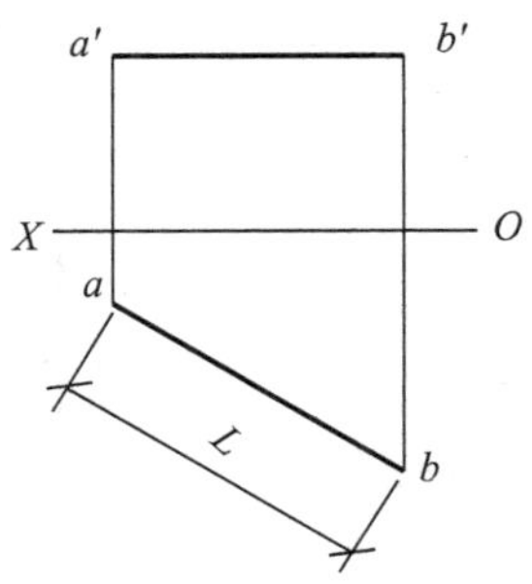	平面的真形	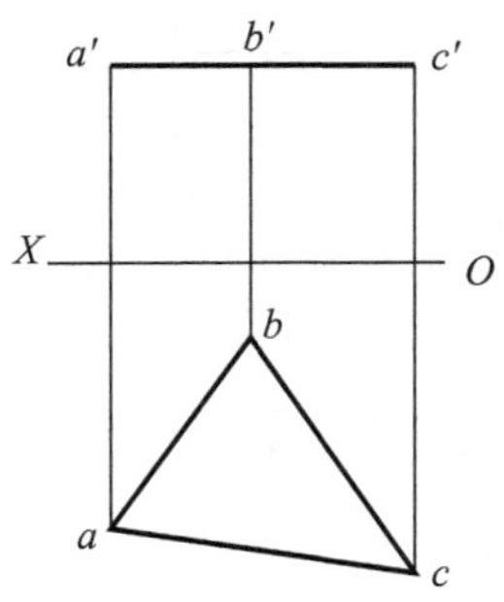

续表

<table>
<tr><th colspan="4">距离问题</th></tr>
<tr><td>点与直线的距离</td><td colspan="3">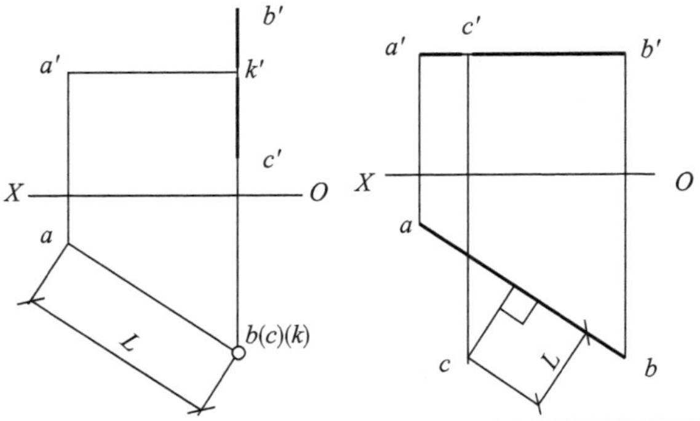</td></tr>
<tr><td>两平行直线的距离</td><td colspan="3">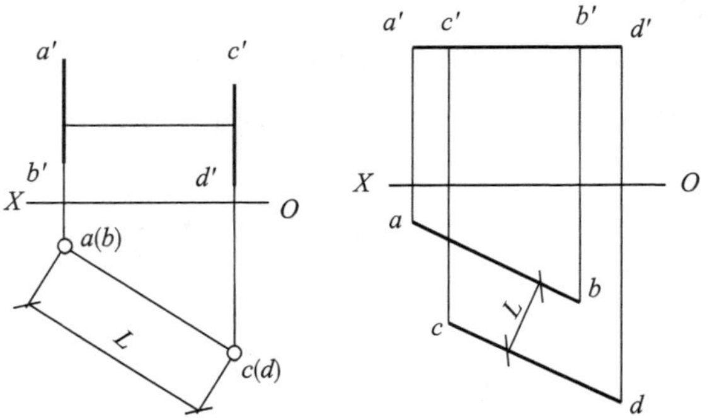</td></tr>
<tr><td>两交叉直线的距离</td><td colspan="3">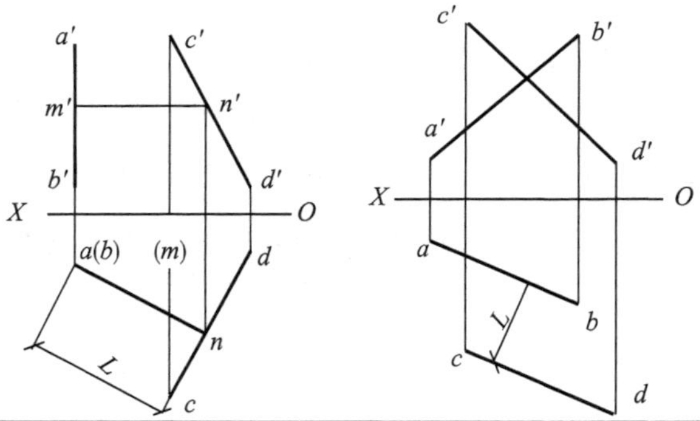</td></tr>
<tr><td>点与平面的距离</td><td>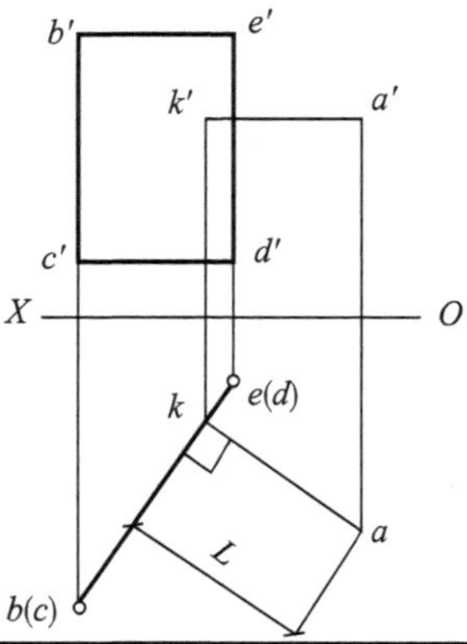</td><td>平行的直线与平面的距离</td><td>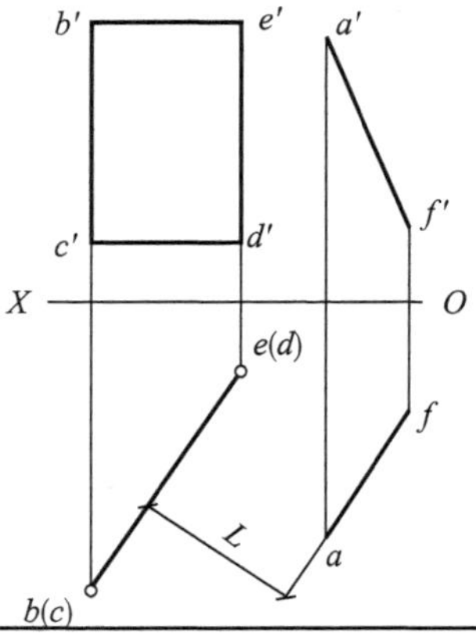</td></tr>
</table>

续表

<table>
<tr><td colspan="4">距离问题</td></tr>
<tr><td>两平行平面的距离</td><td colspan="3">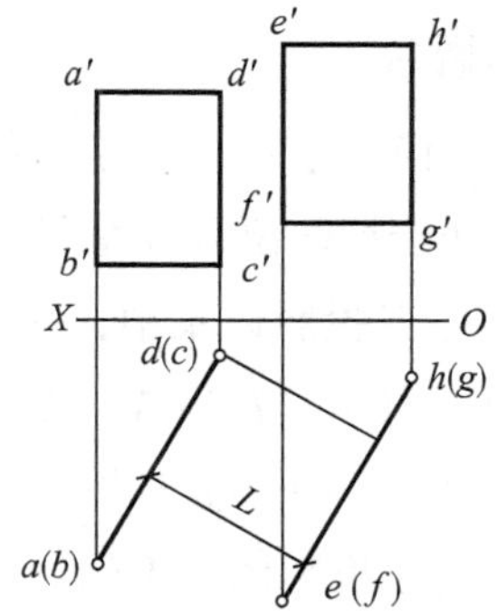</td></tr>
<tr><td colspan="4">角度问题</td></tr>
<tr><td>两直线的夹角</td><td colspan="3">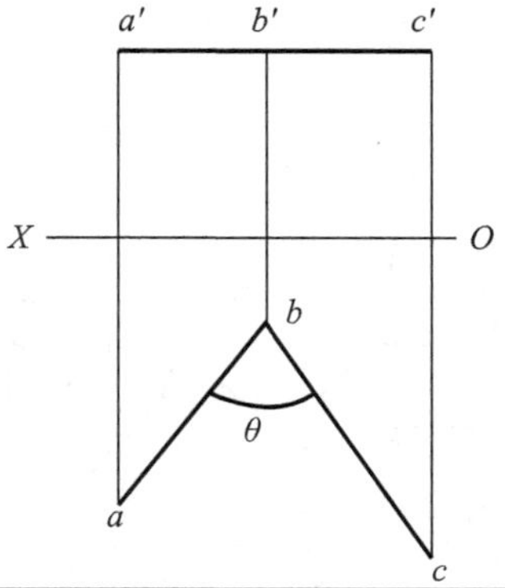</td></tr>
<tr><td>直线与平面的夹角</td><td>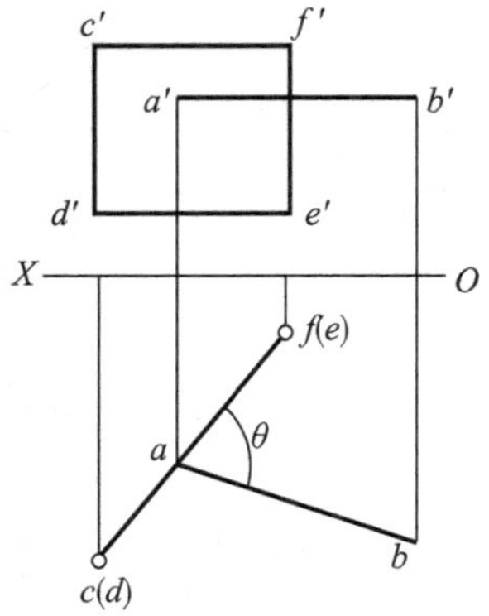</td><td>两相关平面的夹角</td><td>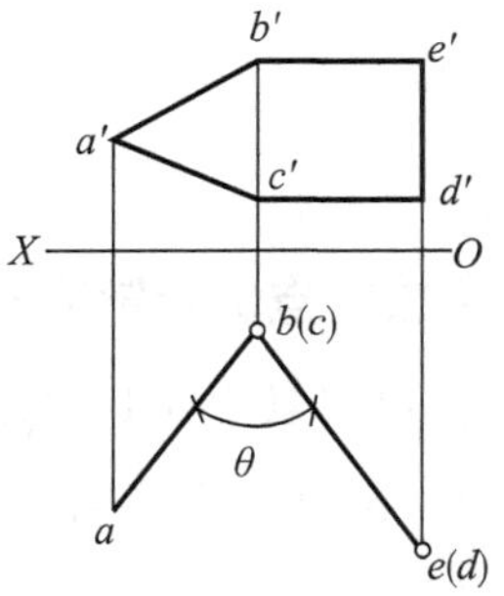</td></tr>
</table>

改变空间几何元素对投影面的相对位置或改变投影方向的方法，称为投影变换。投影变换的目的就是将点、直线、平面等几何元素由对解题不利的一般位置状况变换到对解题有利的特殊位置。常用的投影变换方法有换面法和旋转法两种。

二、换面法

（一）换面法的基本概念

换面法是指保持空间几何元素不动，用新的投影体系取代原有旧的投影体系，使几何元素在新的投影体系中处于特殊位置或有利于解题的位置。

如图 3-39 所示，在 H、V 投影体系中，平面△ABC 为铅垂面，若设一新投影面 V 垂直于原投影体系中的 H 面，由 V_1、H 组成一个新的投影体系取代原有的 V、H 投影体系。

投影面的位置选择必须满足两个基本条件：

（1）新投影面必须垂直原投影体系中的一个投影面。

（2）新投影面对空间几何元素应处于方便解题的位置。

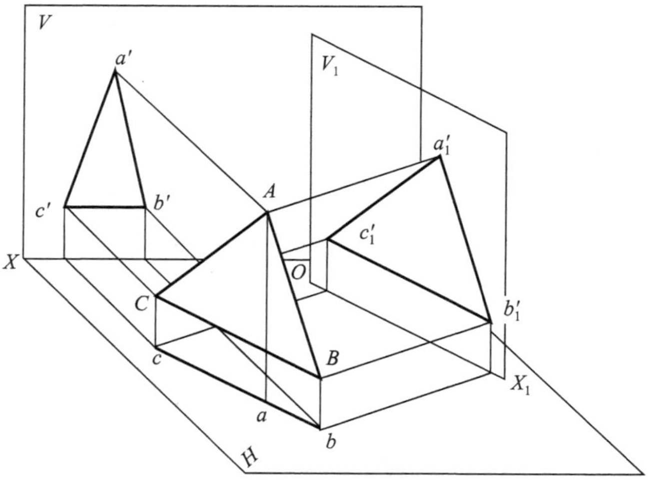

图 3-39　换面法

（二）点的投影变换规律

点是最基本的几何元素，掌握点的换面规律，是进行其他几何元素换面的基础。

1. 点的一次换面

（1）换 V 面。如图 3-40（a）所示，在原有 V/H 投影体系中，空间点 A 的投影为 a' 和 a，现在取一铅垂面 V_1 替换 V 面，与 H 面构成新的两面投影体系 V_1/H，V_1 和 H 两面的交线 O_1X_1 为新投影轴。在新投影体系中，由点 A 作垂直于 V_1 面的投影线，在 V_1 面得到新投影 a'_1，将 V_1 面绕新轴 O_1X_1 旋转到与 H 面重合的位置，得到的投影图如图 3-40（b）所示。

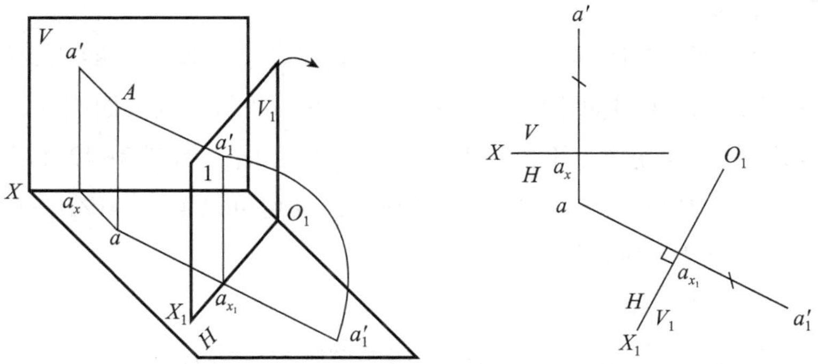

（a）　　　　　　　　　　　　（b）

图 3-40　点的一次换面

由于 V 面和 H 面是互相垂直的，点 A 的投影应符合点的投影规律，则有 $aa'_1 \perp O_1X_1$，$a'a_x = Aa = a'_1a_{x_1}$。

作图步骤如下：

①确定新投影轴 O_1X_1。

②过 a 点作 $aa'_1 \perp O_1X_1$。

③截取 $a'_1a_{x_1} = a'a_x$，即得新投影 a'_1。

（2）换 H 面。若用 H_1 面替换 H 面，$H_1 \perp V$，组成了新的 V/H_1 投影体系，如图 3-41 所示。同理有 $a'a_1 \perp O_1X_1$，$aa_x = Aa' = a_1a_{x1}$。作图步骤如下：

①确定新投影轴 O_1X_1。

②过 a' 点作 $a'a_1 \perp O_1X_1$。

③取 $a_1a_{x_1} = aa_x$，即得新投影 a_1。

综上所述，得到点的投影变换规律如下：

①点的新投影与保留投影的连线垂直于新投影轴。

②点的新投影到新投影轴的距离等于被替换的旧投影到旧投影轴的距离。

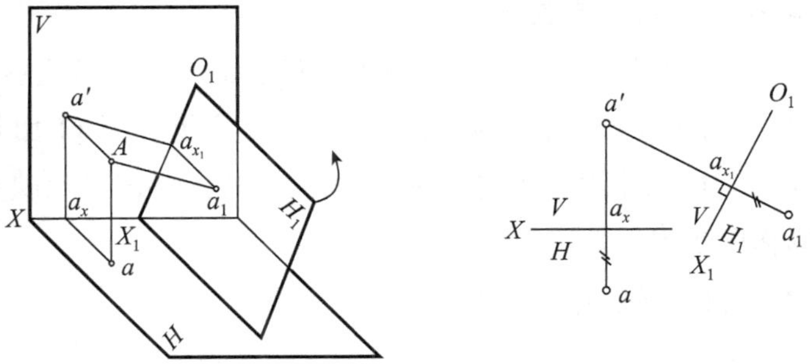

（a）　　　　　　　　　　　　（b）

图 3-41　点的一次换面

2. 点的二次换面

有时一次换面还不能解决问题，需要二次换面或者多次换面才能达到解题目的。二次换面是在一次换面的基础上进行的，其原理和作图方法与一次换面相同。

注意：投影面要交替变换，不能同时变换两个投影面。如图 3-42（a）所示，换面顺序为 V/H 体系→V_1/H 体系→V_1/H_2 体系（根据需要也可以 V/H→V/H_1→V_2/H_1）。如图 3-42（b）所示，作图步骤如下：

（1）确定新投影轴 O_1X_1。

（2）根据点的投影变换规律，求出第一次换面的新投影 a_1'。

（3）确定新投影轴 O_2X_2。

（4）过 a_1' 作 $a_1'a_{x2} \perp O_2X_2$，取 $a_2'a_{x_2}=a\,a_{x_1}$，求出的 a_2 即为点 A 二次换面后的新投影。

为了区别多次变换的投影关系，规定在相应的字母旁加注下标数字，表示第几次变换。

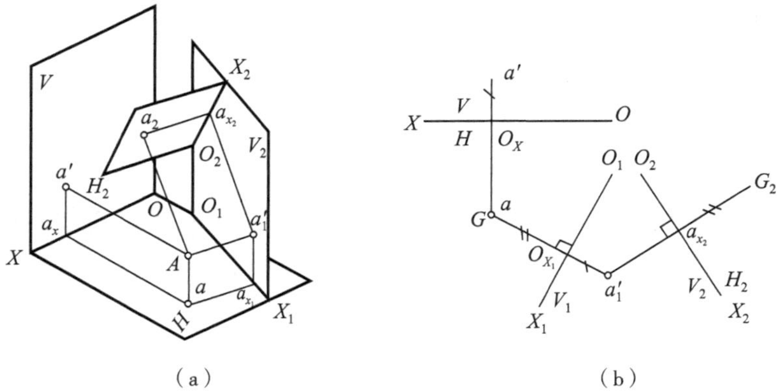

图 3-42　点的二次换面

（三）基本作图问题

需要将一般位置直线或一般位置平面变为特殊位置状态，涉及六个基本作图问题。

1. 一般位置线变换为新投影面平行线

将一般位置线变换为新投影面平行线，可设新投影面平行于该直线，则新投影面的新轴 O_1X_1 与该直线的同面投影平行。如图 3-43（a）所示，用 V_1 面替换 V 面，作 V_1 面//AB，且 $V_1 \perp H$，在 V_1/H 投影体系中，新轴 O_1X_1//ab，则 $a_1'b_1'$反映真长。如图 3-43（b）所示，其投影作图步骤如下：

（1）在适当的位置作新轴 O_1X_1//ab。

（2）根据点的变换规律求出 a_1'、b_1'。

（3）连接 $a_1'b_1'$，即得 AB 在 V_1 面上的投影，且 $a_1'b_1'$反映 AB 的真长，$a_1'b_1'$与 O_1X_1 轴的夹角 α 为 AB 与 H 面的夹角。

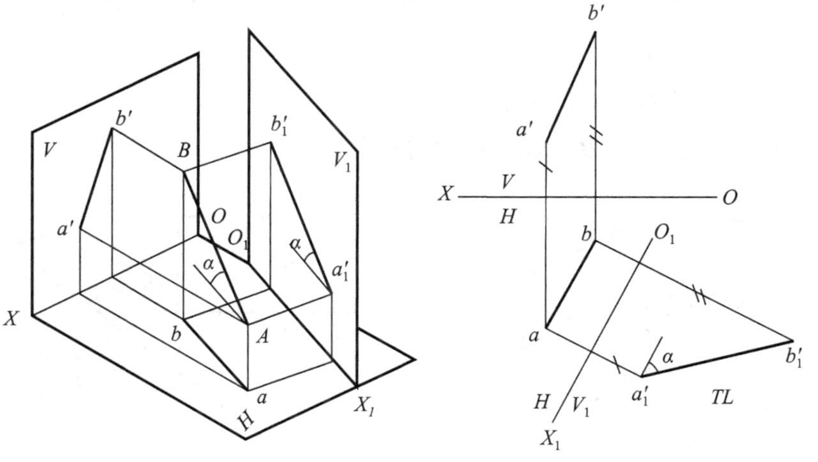

（a）　　　　　　　　　　　　（b）

图 3-43　换 *V* 面求真长和 *α* 角

图 3-44 所示为求线段 *AB* 的真长和 β 角的作图方法。需用 H_1 投影面替换 *H* 面，其投影作图步骤如下：

（1）作新轴 $O_1X_1//a'b'$。

（2）根据点的变换规律求出 a_1、b_1。

（3）连接 a_1b_1，即得 *AB* 在 H_1 面上的新投影，此时 a_1b_1 反映 *AB* 的真长，且 a_1b_1 与 O_1X_1 轴的夹角 β 为 *AB* 与 *V* 面的夹角。

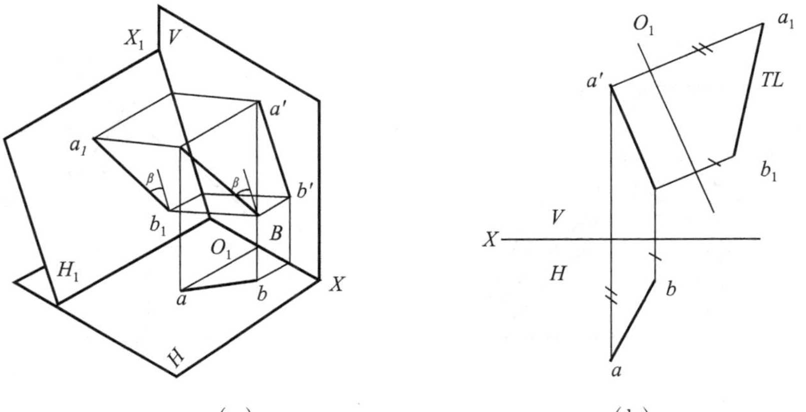

（a）　　　　　　　　　　　　（b）

图 3-44　换 *H* 面求真长和 *β* 角

2. 投影面平行线变换为新投影面垂直线

该直线必须垂直于新投影面，在新投影面上的投影积聚为一点。如图 3-45（a）所示，*AB* 为水平线，用 V_1 面替换 *V* 面，V_1 面 $\perp AB$，且 $V_1 \perp H$，则 $O_1X_1 \perp ab$，作出 *AB* 在

V_1 面的投影 $a_1'b_1'$，则积聚为一点。如图 3-45（b）所示，其投影作图步骤如下：

（1）作新轴 $O_1X_1 \perp ab$。

（2）根据点的变换规律求出 a_1'、b_1'。

（3）$a_1'(b_1')$ 即为直线 AB 在新投影面的积聚投影。

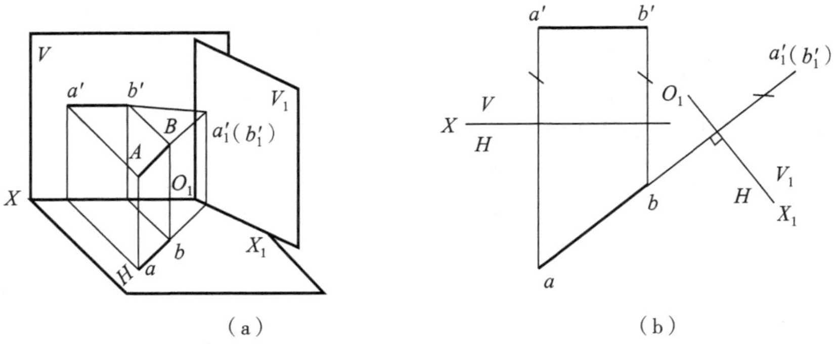

图 3-45　水平线变换为 V_1 的垂直线

图 3-46（a）所示，AB 为正平线，用 H_1 投影面替换 H 面，H_1 面 $\perp AB$，且 $H_1 \perp V$，则 $O_1X_1 \perp a'b'$，作出 AB 在 H_1 面的投影 a_1b_1，则积聚为一点。如图 3-46（b）所示，其作图步骤如下：

（1）作新轴 $O_1X_1 \perp a'b'$。

（2）根据点的变换规律求出 a_1、b_1，a_1（b_1）即为直线 AB 在新投影面上的积聚性投影。

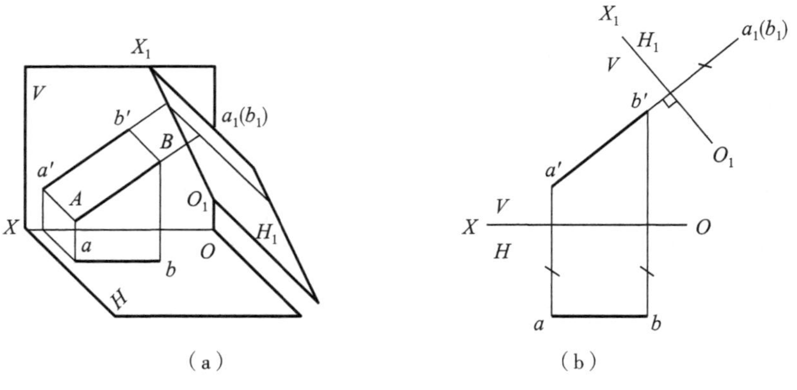

图 3-46　正平线变换为 H_1 的垂直线

3. 一般位置线变换为新投影面垂直线

将一般位置直线变换为新投影面垂直线，需经过二次换面，首先将一般位置直线变换为投影面平行线，然后再将投影面平行线变换成投影面垂直线，如图 3-47 所示。

作图步骤如下：

（1）作新轴 $O_1X_1//ab$，求得 AB 在 V_1/H 体系中的新投影 $a'_1b'_1$。

（2）再作新轴 $O_2X_2 \perp a'_1b'_1$，求得 AB 在 V_1/H_2 体系中的新投影 a_2（b_2）。

同理，若第一次用 H_1 面来替换 H 面，第二次则用 V_2 面替换 V 面，使 AB 在 V_2 面上的投影积聚为一点。读者可按此次序自行作图。

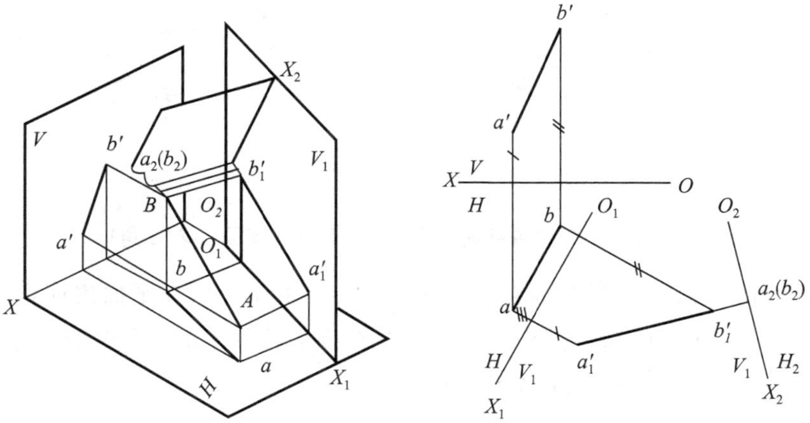

图 3-47　一般位置线变换为新投影面垂直线

4. 一般位置平面变换为新投影面垂直面

平面上的投影面平行线与新投影面垂直，则新投影面的新轴 O_1X_1 必须与平面上的投影面平行线的真长投影方向垂直。

如图 3-49（a）所示，平面 $OABC$ 内选取水平线段 AD，新投影面 V_1 的新轴 O_1X_1 应与面内水平线 AD 的水平投影 ad 方向垂直。经一次变换即可将水平线 AD 变换成投影面垂直线，过水平线 AD 的平面 $\triangle ABC$ 则垂直于新投影面 V_1，其在 V_1 面上的投影积聚成直线，积聚线与新轴 O_1X_1 的夹角即为 $\triangle ABC$ 与 H 面的倾角 α。如图 3-49（b）所示，其投影作图步骤如下：

（1）在 $\triangle ABC$ 内作一条水平线 AD，其投影为 $a'd'$ 和 ad。

（2）作新轴 $O_1X_1 \perp ad$。

（3）根据点的变换规律，作出 $\triangle ABC$ 的新投影 $a'_1b'_1c'_1$，其投影必定积聚为一直线段，积聚线与 O_1X_1 轴的夹角 α，即为 $\triangle ABC$ 对 H 面的倾角。

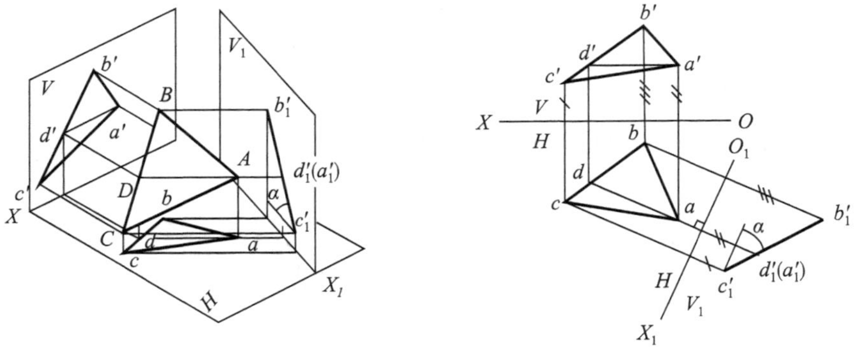

（a）　　　　　　　　（b）

图 3-48　一般位置平面变换为新投影面垂直面（求 α 角）

如图 3-50 所示，若需要求解△ABC 对 V 面的倾角 β，则在平面内应作一条正平线 CD（cd，$c'd'$），用 H_1 面替换 H 面，△ABC 在 H_1 面的投影 $a_1b_1c_1$ 积聚为一直线，该直线与 O_1X_1 轴的夹角即为△ABC 对 V 面的倾角 β。

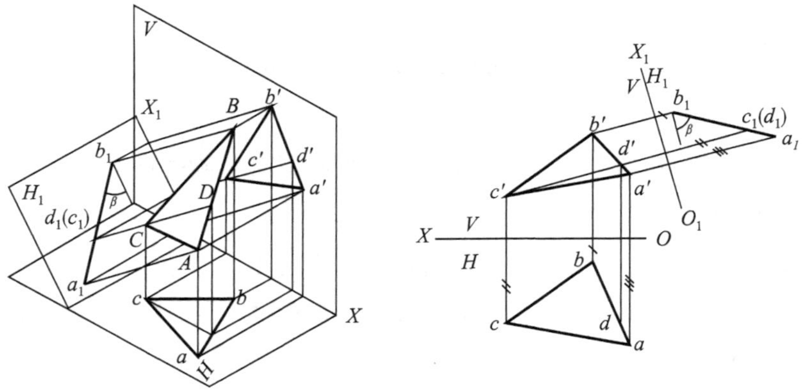

（a）　　　　　　　　（b）

图 3-49　一般位置平面变换为新投影面垂直面（求 β 角）

5. 投影面垂直面变换为新投影面平行面

如图 3-51（a）所示，△ABC 为一正垂面，要将其变换为新投影面的平行面，只需使新投影面 H_1 平行于△ABC，即新轴 O_1X_1 与积聚性投影 $a'b'c'$平行，则△ABC 在 H_1 面上的投影 $a_1b_1c_1$ 反映真形。其投影作图步骤如下：

（1）作新轴 $O_1X_1//a'b'c'$。

（2）求出 A、B、C 三点在 H 面的新投影 a_1、b_1、c_1。

（3）连接 a_1、b_1、c_1，即得△ABC 的真形。

图 3-51（b）表示了把铅垂面△ABC 变换成平行面的作图过程，在 H/V_1 体系中，新轴 O_1X_1 应与积聚性投影 abc 平行，则△$a'_1b'_1c'_1$即为△ABC 的真形。

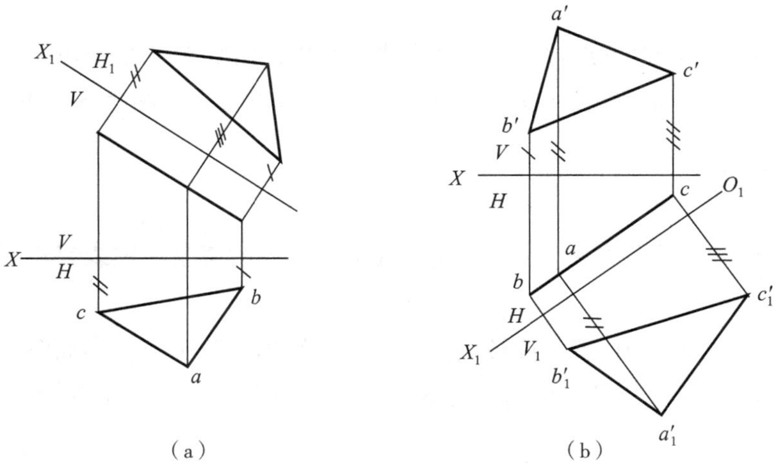

图 3-50　垂直面变换为投影面平行面（求真形）

6. 一般位置平面变换为新投影面平行面

首先将一般位置平面变换成新投影面的垂直面，然后再将投影面垂直面变换成新投影面的平行面，如图 3-51（a）所示。先将△*ABC* 平面变换成 H_1 的垂直面，再将其变换成 V_2 的平行面。

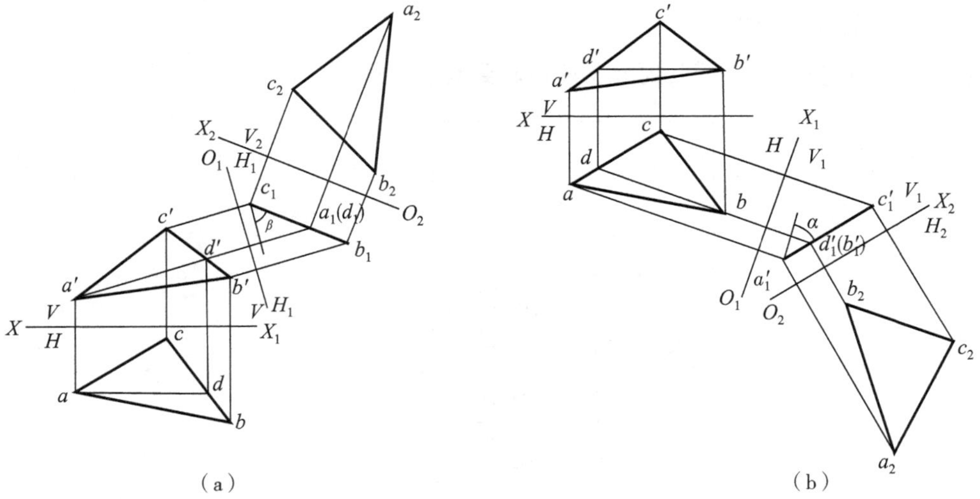

图 3-51　一般位置平面变换为投影面平行面

作图步骤如下：

（1）在△*ABC* 上作正平线 *AD*，其投影为 $a'd'$和 ad。

（2）作新轴 $O_1X_1 \perp a'd'$。

（3）作出△*ABC* 在 H_1 面上的积聚投影 $a_1b_1c_1$。

（4）作新轴 $O_2X_2 /\!/ a_1b_1c_1$，求出△*ABC* 在 H_2 面上的新投影△$a_2b_2c_2$，即为△*ABC* 的

真形。

若仅求真形，则与换面顺序无关；如果要求 β 角，换面顺序为 $V/H \rightarrow V/H_1 \rightarrow V_2/H_1$；如果要求 α 角，则换面顺序为 $V/H \rightarrow V_1/H \rightarrow V_1/H_2$。作图步骤如图 3-51（b）所示。

三、旋转法

旋转法：保持原投影体系不变，将所有几何元素同时绕某一轴线旋转至特殊位置或对解题有利的位置。

按旋转轴与投影面的位置，旋转法分两类：旋转轴垂直于某投影面时，称为绕垂直轴旋转；旋转轴平行于某投影面时，称为绕平行轴旋转。这里只介绍绕垂直轴旋转的方法。

如图 3-52 所示，在 H/V 两面体系中有一般位置直线 AB，为了求出它的真长以及与 H 面的倾角 α，可以过端点 A 选取一条铅垂线 AC 为轴线，使 AB 绕 AC 旋转到平行于 V 面的新位置 AB_1，则 AB_1 就成为正平线，AB_1 的正面投影 $a'b'_1$ 即反映真长，$a'b'_1$ 与 OX 的夹角就反映了直线 AB 对 H 面的倾角 α。

旋转法必须遵守以下规定：

（1）旋转轴必须垂直于两面体系中的任一投影面，所有的几何元素都必须绕旋转轴按同一方向旋转同一角度。

（2）旋转轴应选择在使几何元素能旋转到有利于解题的位置。

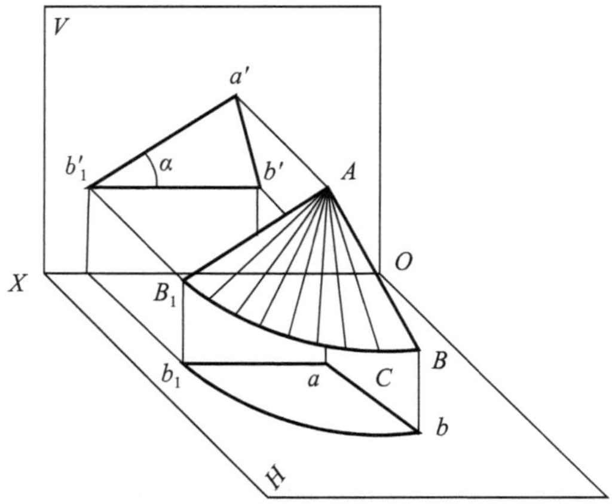

图 3-52　旋转法

（一）点的旋转规律

图 3-53（a）所示为空间点 A 绕铅垂轴 O 旋转的情况。点 A 的运动轨迹是一个水平圆，圆的半径等于点到旋转轴的距离。水平圆平行于 H 面，在 H 面上的投影反映真形，在 V 面上的投影为平行于 OX 轴的直线，长度等于圆的直径。当 A 点旋转时，a 在 H

面投影的圆周上转动，a'在 V 面投影的直线上移动，无论 A 点旋转到哪个位置，投影连线 aa'始终垂直于 OX 轴。

若点 A 逆时针旋转角到 A_1 位置，求作新投影 a_1 和 a'_1。如图 3-53（b）所示，投影作图方法如下：

（1）以 o 为圆心，oa 为半径，逆时针作圆弧 aa_1，使$\angle aoa_1=\theta$，得 a_1。

（2）过 a_1 作投影连线垂直于 OX 轴，过 a'作直线平行于 OX 轴，两线的交点即为 a'_1。

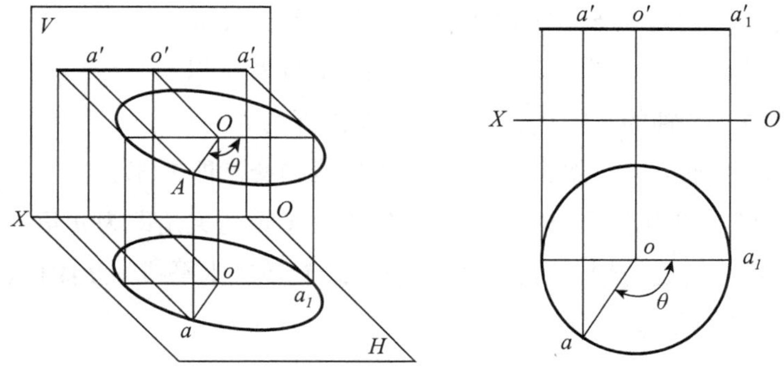

（a）　　（b）

图 3-53　点绕铅垂面旋转

如图 3-54 所示，当 B 点绕正垂轴旋转时，其运动轨迹在 V 面的投影为圆，在 H 面的投影为平行于 OX 轴的直线，当 B 点逆时针旋转 θ 角到 B_1 位置时，同样可作出新投影 b_1 和 b'_1。

由此得出点的旋转规律：当点绕垂直于某投影面的轴线旋转时，此点在该投影面上的投影做圆周转动，另一投影则平行于投影轴做直线运动。

点的旋转规律是旋转法作图的基础。

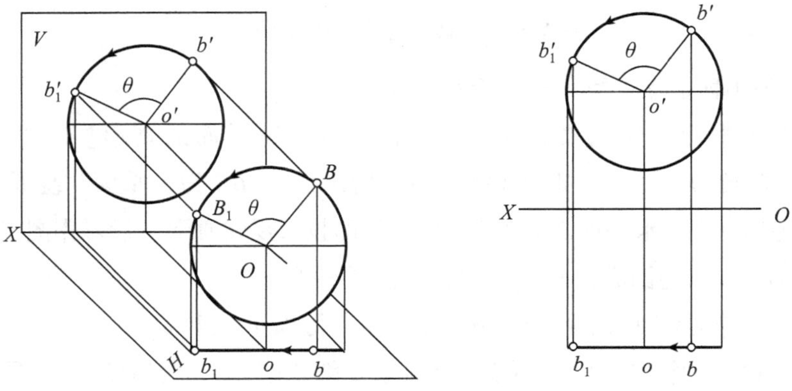

（a）　　（b）

图 3-54　点绕正垂轴旋转

（二）旋转法的应用

1. 一般位置线旋转成某一投影面的平行线

将一般位置线旋转成某一投影面的平行线，可以获得直线的真长及对投影面的倾角。以铅垂轴为旋转轴，可将一般位置直线旋转成正平线，V 面投影反映真长和 α 角。

如图 3-55（a）所示，一般位置线 AB 绕铅垂轴旋转。为了作图简便，可使旋转轴通过 A 点，旋转时 A 点位置不变，其投影也不变，将 AB 旋转到正平线 AB_1 的位置，只需作出 B 点的投影即可。如图 3-55（b）所示，投影作图步骤如下：

（1）以 a 点为圆心，ab 为半径画圆弧（两个方向都可以）；

（2）过 a 点作 OX 轴的平行线，与圆弧的交点即为 b_1；

（3）过 b' 作 OX 轴的平行线，与 b_1 的投影连线的交点即为 b'_1；

（4）连接 $a'b'_1$，即为直线 AB 的真长，$a'b'_1$ 与 OX 轴的夹角即为 α 角。

同理，以正垂线为旋转轴，可将一般位置直线旋转成水平线，H 面投影反映真长和 β 角，如图 3-55（c）所示。

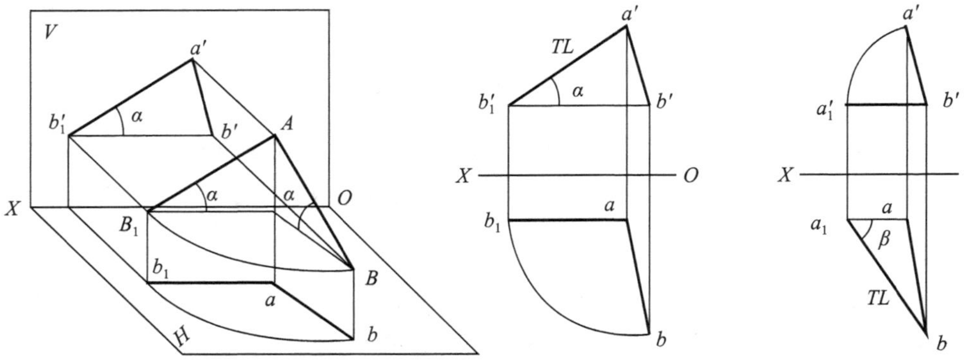

（a）　　（b）　　（c）

图 3-55　一般位置线旋转为平行线

2. 投影面的垂直面旋转成投影面平行面

将投影面垂直面旋转成投影面平行面，可以获得平面的真形。以正垂线为旋转轴，将正垂面旋转为水平面。如图 3-56（a）所示，$\triangle ABC$ 为正垂面，绕通过 C 点的正垂轴旋转，使其变换为水平面 $\triangle A_1B_1C$，其 H 面的投影反映真形。投影作图步骤如下：

（1）分别以 c' 点为圆心，$a'c'$、$b'c'$ 为半径画圆弧；

（2）过 c' 点作 OX 轴的平行线，分别交于两个圆弧于 a'_1 和 b'_1；

（3）过 a 和 b 点作 OX 轴的平行线，分别与 a'_1 和 b'_1 的投影连线相交，交点即为 a_1 和 b_1；

（4）连接 $\triangle a_1b_1c$，即为平面 $\triangle ABC$ 的真形。

同理，以铅垂线为旋转轴，可将铅垂面旋转为正平面，如图 3-56（b）所示。

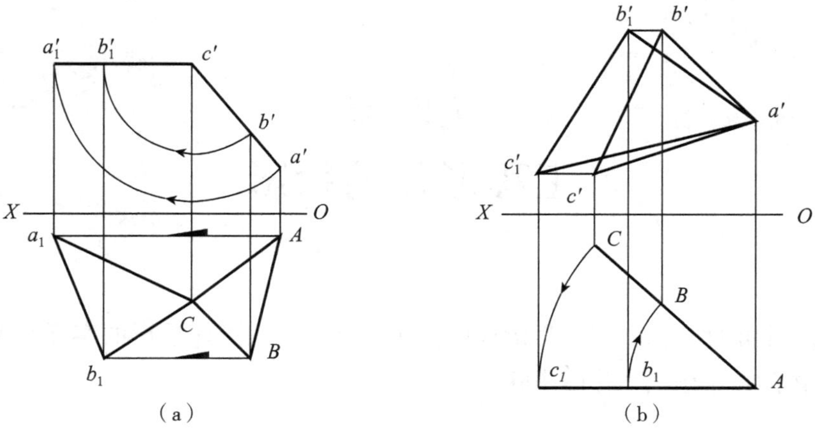

图 3-56　垂直面旋转为平行面

第四章
工程形体的投影

本章从多个角度全面介绍工程形体的投影，结合工程形体投影的实际状况，详细介绍了工程形体的投影画法与作图步骤。

第一节　基本体投影

所谓基本体，就是简单的几何形体，包括棱柱、棱锥、棱台等平面立体和常见的圆柱、圆锥、圆球和圆环等曲面立体。这里主要研究基本体的投影特点及其表面上取点、线的问题，还有平面和立体相交以及两个立体相交的问题。

一、平面立体的投影

平面立体也称多面体，它的表面都是由平面围成的，常见的简单的平面体有棱柱、棱锥和棱台，它们的投影各有特点，分述如下。

（一）棱柱体

棱柱体的特点是有一组相互平行的棱线和两个平行的底面。底面与棱线垂直时称为直棱柱。底面各边相等的直棱柱称为正棱柱。图 4-1（a）所示为一棱线垂直于 H 面的正五棱柱，按点、线、面的投影规律，作出其三面投影，如图 4-1（b）所示。从图 4-1（b）可以看出：两个投影的外框是矩形，另一个投影反映形状特征。其他处于特殊位置的直棱柱，同样也有这样的投影特点，可概括为“矩矩为柱”。

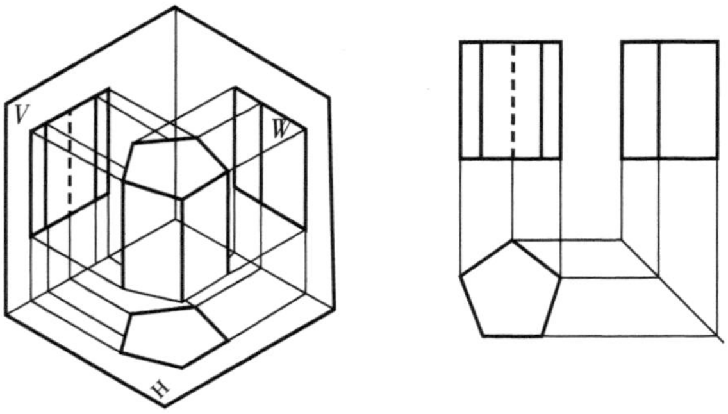

（a）　　　　（b）

图 4-1　正五棱柱的投影

（二）棱锥体

棱锥体的特点是有一个底面，其他各侧面的交线相交于一个顶点。

图 4-2（a）所示是一个三棱锥，三棱锥的底面平行于 *H* 面，其他三个侧面均为一般位置平面，其投影如图 4-2（b）所示。底面的 *H* 投影反映实形，*V*、*W* 投影积聚为水平线，三个侧面的三面投影均为类似图形。注意棱线 *SC* 的侧面投影不可见，所以用虚线表示。对于底面投影有积聚性的锥体，其三面投影中至少有两个投影的外框是三角形，所以其投影特点可概括为“三三为锥”。

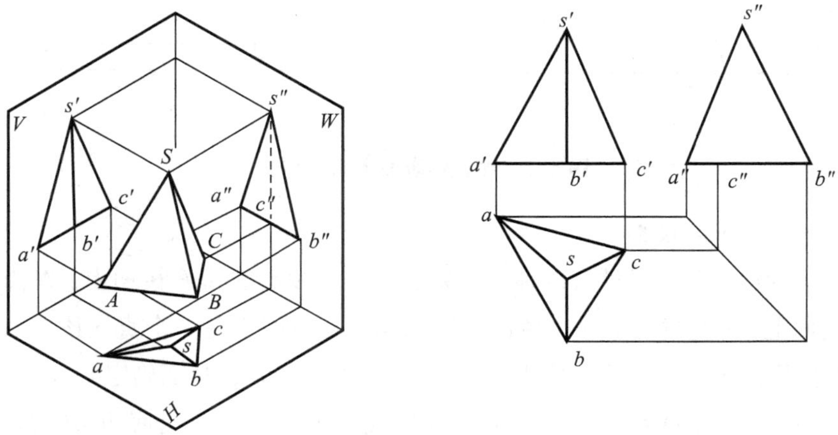

（a）　　　　（b）

图 4-2　三棱锥的投影

（三）棱台体

棱台体的特点是有两个平行且相似的底面，对应顶点的连线延长后交于一点。实际上就是将棱锥平切去一个头，所以其投影特点可概括为“梯梯为台”。

二、平面立体表面上的点和线

在平面立体表面上取点、线，实际上就是在各侧表面上取点、线。如图 4-3（a）所示，已知五棱柱表面上的一个点 *A* 和一条线 *BC* 的一个投影，求作它们的其他两面投影，分析和作图如图 4-3（b）所示。

如图 4-4（a）所示，已知三棱锥表面上的一个点 *E* 和一线段 *MN* 的一个投影，求作它们的其他两面投影，分析和作图如图 4-4（b）所示。

（1）作 *E* 点的投影

由（*e*′）的位置及其不可见性可以知道，*E* 点位于三棱锥的 *SAC* 棱面。过 *E* 点在 *SAC* 棱面作辅助线 *S*Ⅰ（*s*′1′），交底边 *AC* 于Ⅰ点（1′），再作出 *S*Ⅰ的 *H* 投影 *s*1，因为 *E*

点在 S Ⅰ上，从而得到 e 在 $s1$ 上，最后根据 e 和（e'）作出（e''），判别其不可见。

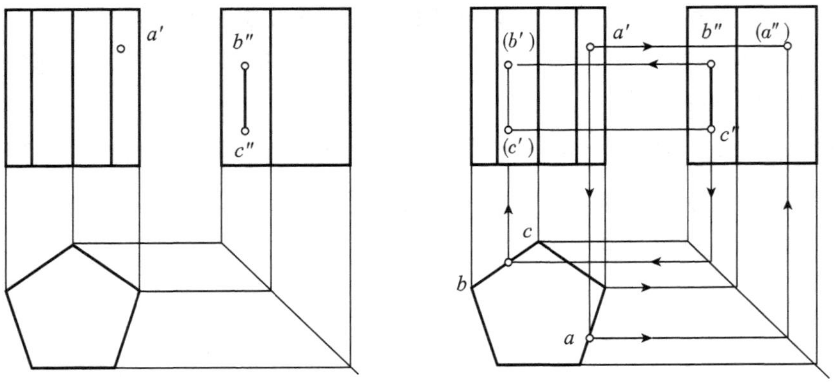

（a）　　　　　　　　（b）

图 4-3　棱柱体表面上的点和线

（2）作线段 MN 的投影

根据 $m'n'$ 的位置和可见性可以判别，M 点位于三棱锥的 SAB 棱面上，N 点位于三棱锥的 SBC 棱面上，MN 横跨了两个棱面，所以 MN 在空间不是一个直线段，而是有一个转折点的折线段，转折点 K 位于棱线 SB 上。先由 k' 作出 k''，从而确定 k。

过 M 点（m'）在 SAB（$s'a'b'$）上作辅助线 SⅡ（$s'2'$），交底边 AB（$a'b'$）于Ⅱ（$2'$），再作出辅助线 SⅡ的 H 投影 $s2$，继而确定 m 和 m''。

过 N 点（n'）在 SBC（$s'b'c'$）上作辅助线 NⅢ（$n'3'$）//底边 BC（$b'c'$），交棱线 BC（$b'c'$）于Ⅲ（$3'$），再作出辅助线 NⅢ的 H 投影 $n3$，继而确定 n 和（n''）。

连接 mk、kn 和 $m''k''$、k''（n'），因为棱面 SBC 的 W 投影（$s''b''c''$）不可见，所以 k''（n''）不可见，画为虚线。

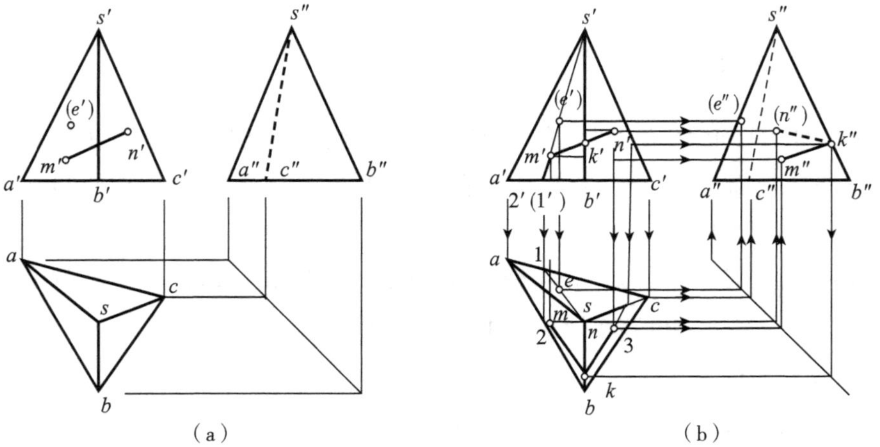

（a）　　　　　　　　（b）

图 4-4　棱锥体表面的点和线

三、平面与立体相交

平面与立体相交，就是假想用平面去截切立体，此平面称为截平面，所得表面交线称为“截交线”。一般来说，截交线是闭合的图形。

平面体的表面都是由平面组成的，所以平面体的截交线一般是闭合的平面多边形，多边形的各边就是截平面与平面体各个表面的交线，各个顶点就是截平面与平面体各个棱线的交点。求平面体截交线的方法有如下几种：

（1）线面交点法。通过求截平面与平面体各棱线的交点，然后把同一棱面上相邻两点连成线。

（2）面面交线法。通过求作截平面与平面体各棱面的交线。

（3）积聚性法。由于截平面一般都处于特殊位置，至少有一个投影具有积聚性，这样就可以把求平面体截交线的问题转化为在平面体各个表面上取点、线来解决。

如图 4-5（a）所示，直棱柱被正垂面截切，求作其截交线的投影。

分析：直棱柱被正垂面截切，截断了体上六条棱，截交线为七边形。截交线的正面投影积聚成一斜直线为已知，其侧面投影与直棱柱左视图七边形重合，其水平投影应为类似形。

作图：如图 4-5（b）所示，先在侧面投影中标出截交线各顶点；再在正面投影上对应标出各顶点；然后根据投影规律，求出截交线上各顶点的水平投影；依次连接 1、2、3、4、5 点，即得截交线水平投影。

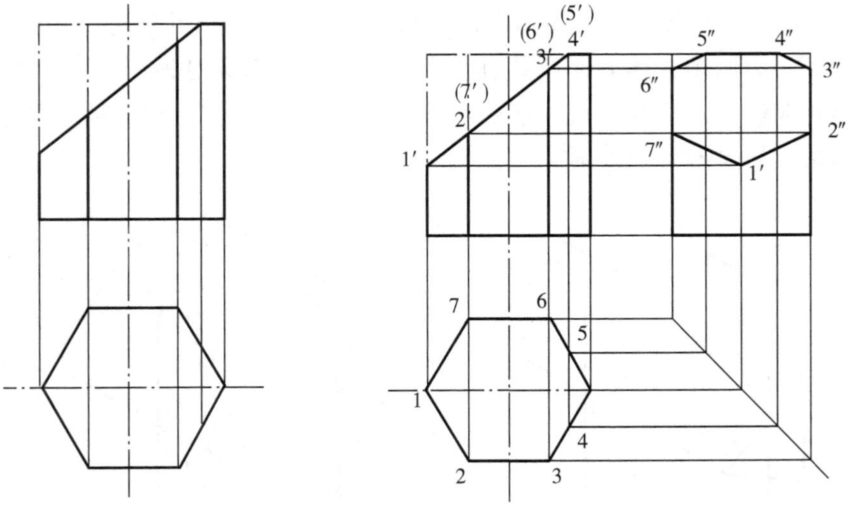

（a）　　　　　　　　　　（b）

图 4-5　棱柱截交线

如图 4-6（a）所示，三棱锥被正垂面截切，求作其截交线的投影。

分析：不难看出，截平面与三棱锥的三个棱边均有一个交点，截交线是一个三角形，找出三个点在各投影中的位置就可以绘制出截面投影。

作图：如图 4-6（b）所示，先在侧面投影中标出截交线各顶点；再在正面投影上对应标出各顶点；然后根据投影规律，求出截交线上各顶点的水平投影；依次连接 1、2、3 点，即得截交线水平投影。

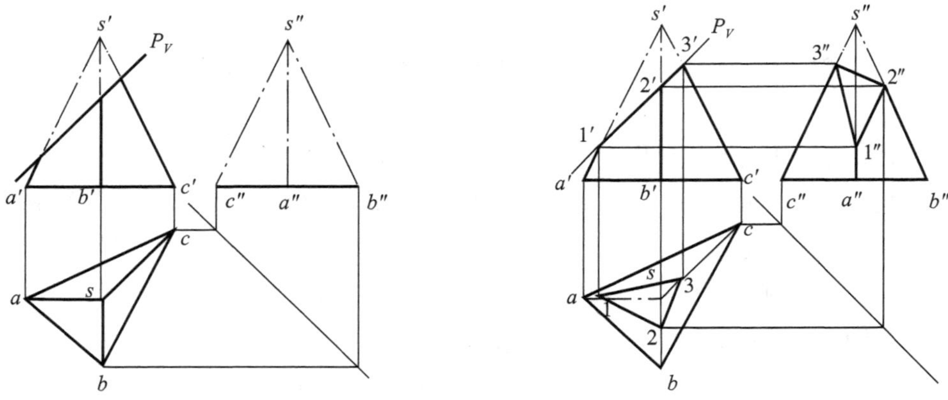

（a）　　　　　　　　（b）

图 4-6　三棱锥截交线

四、平面立体相贯

两个立体相交又称为两个立体相贯，其表面交线称为“相贯线”。相贯线一般是闭合的空间图形，为两个立体表面所共有。当一个立体全部穿过另一个立体时，称为全贯，相贯线有两组，如图 4-7（a）所示；当两个立体都只有部分相交时，称为互贯，相贯线只有一组，如图 4-7（b）所示。

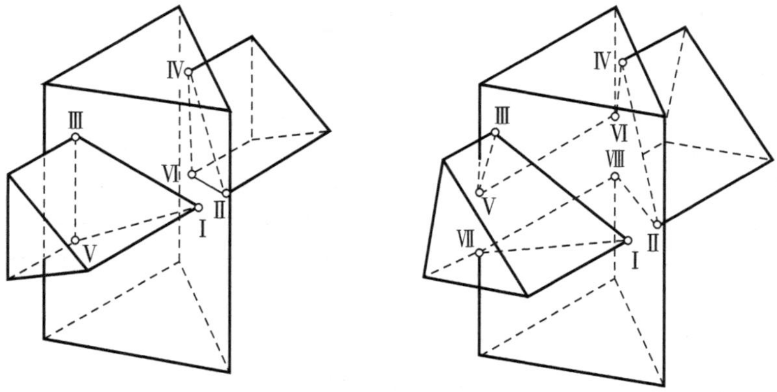

（a）　　　　　　　　（b）

图 4-7　两个立体相交

一般情况下，两个平面立体的相贯线为空间多边形（折线），特殊情况下是平面多边形。相贯线实际上就是一个立体的各个表面与另一个立体表面的截交线的组合。因此，求相贯线的问题完全可以转化为求截交线的问题，方法与求截交线一样，这里重点介绍积聚性法。

如图 4-8（a）所示，求两立体的相贯线。形体分析：两个棱线分别垂直于 *H*、*W* 的三棱柱产生相贯，横向的三棱柱完全穿过直立的三棱柱，所以是全贯。相贯线分左、右两组：左边的一组实际上是由直立的三棱柱的两个侧面 *DE* 和 *DF* 分别与横向三棱柱的截交线组成；右边的一组是直立的三棱柱的右侧面 *EF* 与横向三棱柱的截交线。

投影分析：由于两个三棱柱的 *H*、*W* 面投影分别具有积聚性，所以只需求相贯线的 *V* 面投影。因为直立三棱柱的三个侧面都是铅垂面，所以其 *V* 面投影和 *W* 面投影应为类似图形。它们被横向的三棱柱相贯以后，从 *W* 面投影看，表面发生了如下变化：左后侧面 *DF* 多了 Ⅰ-Ⅱ-Ⅲ（1″-2″-3″）三个转折点，对应的图形由矩形变成了七边形；左前侧面 *DE* 多了Ⅲ-Ⅳ-Ⅴ-Ⅰ（3″-4″-5″-1″）四个转折点，对应的图形由矩形变成了八边形；右前侧面 *EF* 的外框没有变，里面多了一个三角形Ⅵ-Ⅶ-Ⅷ（6″-7″-8″）。

作图过程如图 4-8（b）所示。

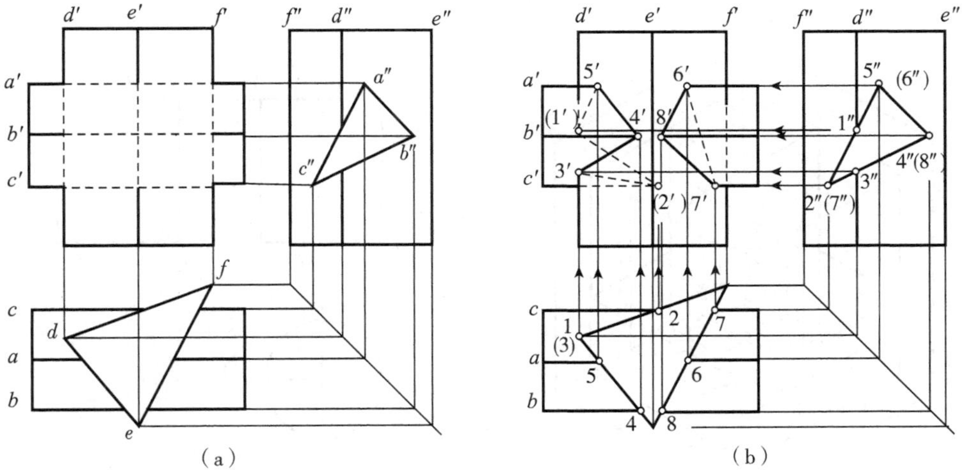

图 4-8　作两个立体的相贯面

（1）作出各个转折点对应的 *V* 面投影。

（2）依次连接各点成相贯线。注意连点的顺序必须和 *W* 面投影一致。同一平面上的两个点可以连，如Ⅰ-Ⅱ、Ⅱ-Ⅲ等；同一棱线上的两个点不能连，如Ⅰ-Ⅲ、Ⅱ-Ⅳ、Ⅳ-Ⅷ等。同时，注意各个侧面类似图形的分析，用形象思维确保作图的正确性。

（3）判别可见性。Ⅰ-Ⅱ、Ⅱ-Ⅲ是直立三棱柱后侧面上的线段，所以其 *V* 面投影 1″-2″-3″不可见；Ⅴ-Ⅰ和Ⅵ-Ⅶ是横向三棱柱后侧面上的线段，所以其 *V* 面投影 5″-1″和

6″-7″不可见。这里就发现一个可见性的判别原则：只有两个面的投影都可见时，其交线的投影才可见；只要有一个面的投影是不可见的，那么其交线的投影就不可见。

（4）处理轮廓线。参与相交的各棱线需连接到相应的转折点，并且按可见性画为实线和虚线，同一棱线上的两个转折点之间已和另一立体融为一体，没有线。没有参与相交的棱线也应按其可见性处理为实线或虚线，如 *E*、*F* 两条棱线没有参加相贯，其被横向三棱柱遮挡住的部分应画虚线，未被遮挡住的部分应画实线。

五、曲面立体的投影

回转体是曲面立体的一种，常见的回转体有圆柱、圆锥、圆球和圆环等。

（一）圆柱

1. 圆柱的形成

如图 4-9（a）所示，一矩形平面绕着其中的一条边旋转一周，便形成了一个圆柱体。圆柱体是一个包含上、下底的实心圆柱，侧面称为圆柱面，是由与轴线平行的一边旋转而形成的，该边旋转到某一具体位置时称为圆柱面的素线，圆柱面上的素线相互平行。

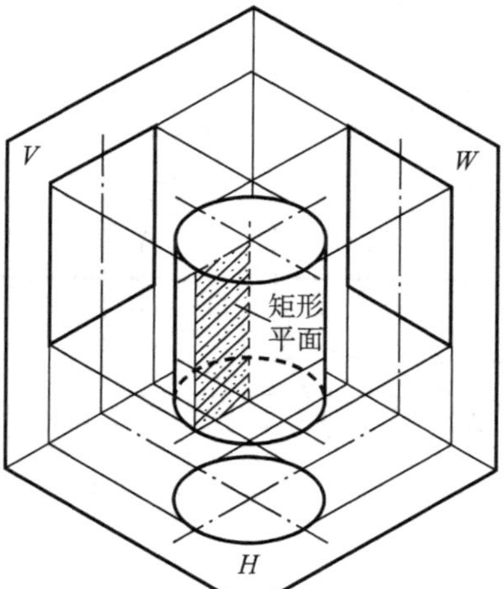

（a）

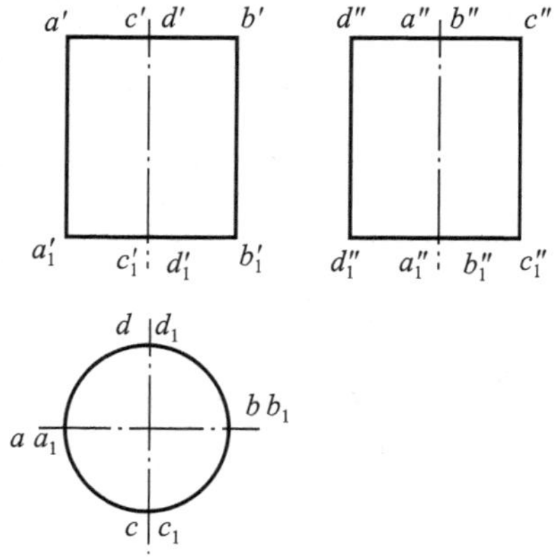

（b）

图 4-9 圆柱的形成与投影

2. 圆柱的投影

图 4-9（a）所示为一轴线垂直于 *H* 面的铅直圆柱，其三面投影如图 4-9（b）所示：*H* 投影为圆柱的上、下底圆的实形投影，圆周则是整个圆柱面的积聚投影；*V*、*W* 投影均为矩形，矩形的上下两条边分别是圆柱上下底圆的积聚投影，另外两条边则分别是最左、最右素线（AA_1、BB_1）和最前、最后素线（CC_1、DD_1）的投影（$a'a'_1$、$b'b'_1$和 $c''c''_1$、

$d''d''_1$）。注意，实际上这样的轮廓线在圆柱表面是不存在的，仅仅是由于投影而产生的，所以也称为投影轮廓线，它们客观上也形成了前、后半柱和左、右半柱的分界线。

（二）圆锥

1. 圆锥的形成

如图 4-10（a）所示，一直角三角形绕其一直角边旋转一周便形成了一个圆锥体。

按此方式形成的圆锥是一个包含底圆的实心圆锥，侧面称为圆锥面，它是由三角形的斜边旋转而形成的，该边旋转到某一具体位置时称为圆锥面的素线，锥面上所有的素线相交于锥顶。

2. 圆锥的投影

图 4-10（b）所示为一轴线垂直于 *H* 面的直立圆锥的三面投影，其 *H* 投影反映圆锥的下底圆的实形，同时也是所有锥面的投影；*V*、*W* 投影均为三角形，三角形的底边是圆锥下底圆的积聚投影，另外两条边则分别是最左、最右素线（*SA*、*SB*）和最前、最后素线（*SC*、*SD*）的投影（$s'a'$、$s'b'$和 $s''c''$、$s''d''$）。同样，实际上这样的轮廓线在圆锥表面也是不存在的，仅仅是由于投影而产生的投影轮廓线，它们客观上也形成了前、后半锥和左、右半锥的分界线。对应的其他投影只表示了其位置（$s''a''$、$s''b''$ 和 $s'c'$、$s'd'$），同样不存在投影线。

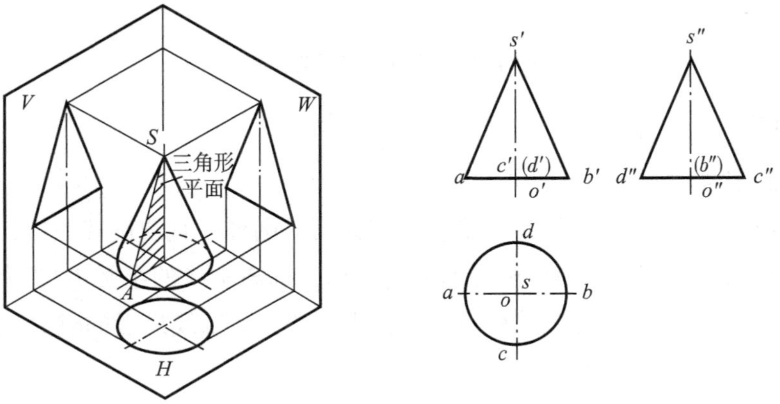

（a）　　　　　　　　　　（b）

图 4-10　圆锥的形成与投影

（三）圆球

1. 圆球的形成

如图 4-11（a）所示，一半圆（或圆）平面绕其直径旋转一周便形成了一个圆球。按此方式形成的圆球也是实心的圆球，整个外表面便是球面。

2. 圆球的投影

从任何方向观察球面其效果是一样的，即其三面投影均为大小相等的圆，如图 4-11（b）所示。同样，球面是光滑的曲面，其上不存在任何轮廓线，其三面投影的大圆 b'、a 和 c''分别是前、后半球（V 面）和上、下半球（H 面）及左、右半球（W 面）理论上的分界线的投影。它们对应的其他面的投影也是不存在的，图中只表明了它们的理论位置。

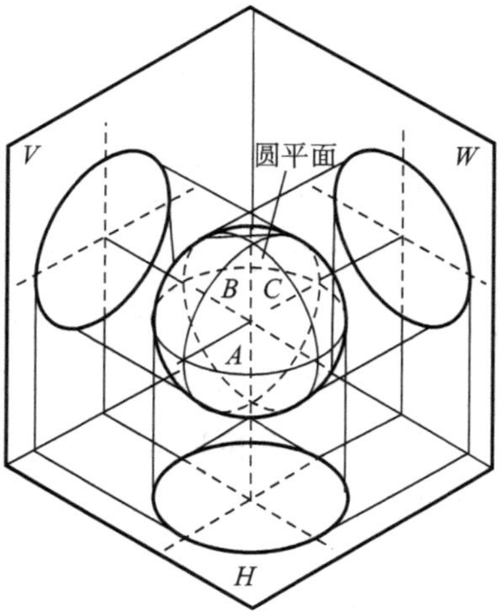

（a）

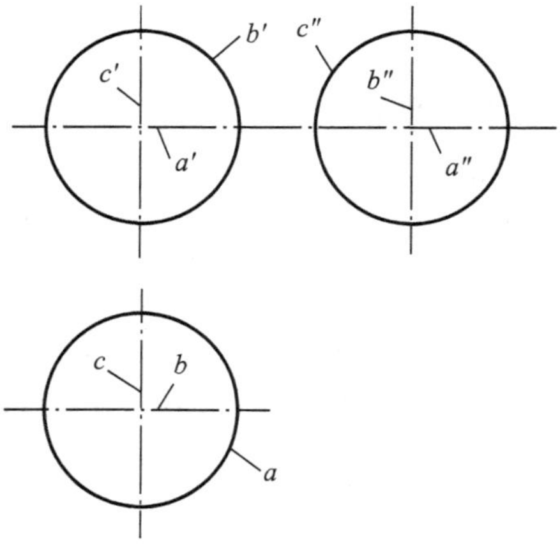

（b）

图 4-11　圆球的形成与投影

（四）圆环

1. 圆环的形成

如图 4-12（a）所示，一圆平面绕着与其共面的圆外一直线旋转一周，便形成了一个圆环面。靠近轴线的半圆 CBD 旋转形成内环面，远离轴线的半圆 DAC 旋转形成外环面。圆周上离轴线最远的点 A 的旋转轨迹称为赤道圆，离轴线最近的点 B 的旋转轨迹称为颈圆。

2. 圆环的投影

图 4-12（a）所示为一轴线垂直于 H 面的圆环，其三面投影如图 4-12（b）所示：H 投影为两个同心圆，分别是赤道圆和颈圆的投影；V、W 面投影为两个大小相等的“鼓形”，鼓的上下两个底面分别是圆平面上最高、最低两个点的运动轨迹圆的积聚投影，V 面投影的左、右两个圆是前、后半环的分界线的投影，W 面投影前、后两个圆则是左、右半环的分界线的投影。

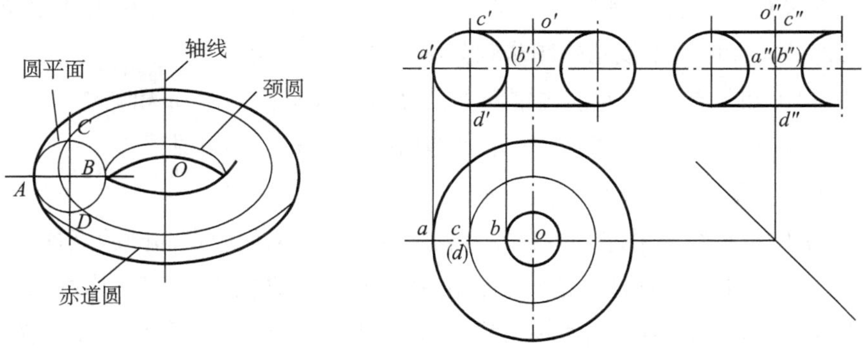

（a）　　（b）

图 4-12　圆环的形成与投影

六、回转体表面上的点

在回转体表面取点的方法有积聚性法、素线法和纬圆法等，分述如下。

(一) 圆柱面上的点

由于圆柱的一个投影具有积聚性，所以可以用积聚性法。比如求作图 4-13（a）所示圆柱上的点 E 和 F 的其他两面投影。分析与作图步骤如图 4-13（b）所示。

（1）由（e'）的位置及其不可见性，可知 E 位于左后方的圆柱面上，其 H 投影 e 在左后半圆周上，再根据投影规律由（e'）和 e 作出 e''，可见。

（2）由 f 的位置及其可见性，可知 F 位于右前方的圆柱面上，其 H 投影 f 在右前方的圆周上，再根据投影规律由 f' 和 f 作出（f''），不可见。

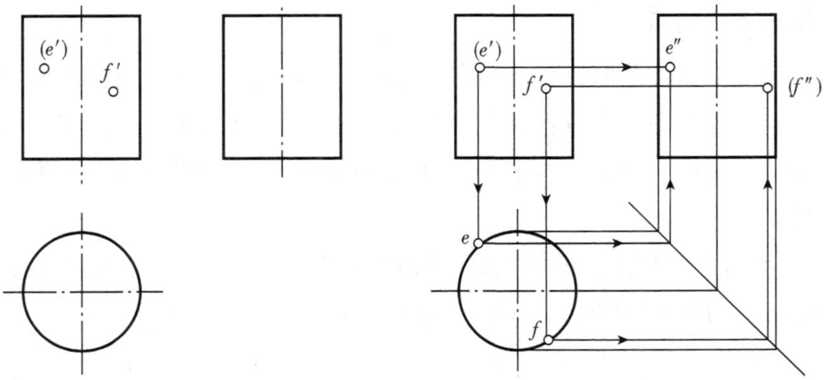

（a）　　（b）

图 4-13　圆柱面上取点

(二) 圆锥面上的点

由于圆锥面的三面投影均无积聚性，所以在圆锥面上取点一般需用辅助线来作图，常用的方法有素线法和纬圆法。如图 4-14（a）所示，已知圆锥上 M 点的 V 面投影，求作其他两面投影。素线法作图步骤如图 4-14（b）所示。

（1）由 m'可知，点 M 在左前方锥面上，过 m'作 $s'n'$，再作 sn 和 $s''n''$。

（2）根据 m'在 $s'n'$上，分别在 sn 和 $s''n''$作出 m 和 m''，均可见。

纬圆法作图步骤如图 4-14（c）所示。

（1）过 m'作水平线与最左、最右投影轮廓线相交，从而确定纬圆的直径。

（2）在 H 投影中作出该纬圆的实形，由 m'作出 m，继而作出 m''，均可见。

一般来说，用素线法和纬圆法都可以。当纬圆的半径较小，圆规不便作图时，可选用素线法；而当点的投影靠近轴线，使得所作素线和轴线的夹角较小时，为提高作图的精度，可选用纬圆法。

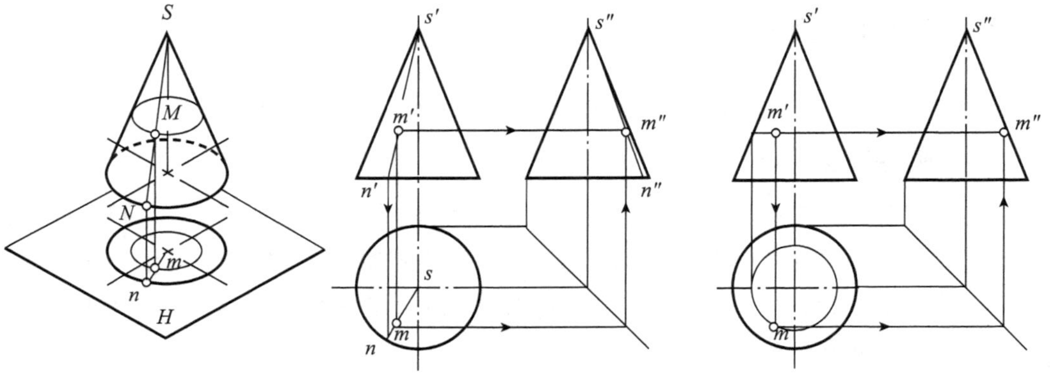

（a）　（b）　（c）

图 4-14　圆锥面上取点

（三）圆球面上的点

由于圆球面是非直纹曲面，其上不存在直线，所以应该用平行于投影面的纬圆作辅助线，即用纬圆法来作图。注意：如果纬圆的方向不同，对于同一点，它的半径也是不一样的。如图 4-15（a）所示，求作圆球上点 D 和 E 的其他两面投影。作图步骤如图 4-15（b）所示。

（1）由 d'可知，D 点位于正平大圆，即前后半球的分界线上，可以直接作出 d 和（d''）。又因 D 点位于球的右上方，所以 d 可见，而（d''）不可见。

（2）由（e）的位置及可见性可知，E 点位于球的左前下方。先过点（e）作水平纬圆，再作出该水平纬圆的 V 面投影——水平线，其长度就是该圆的直径，继而作出 e'和 e''，均可见。

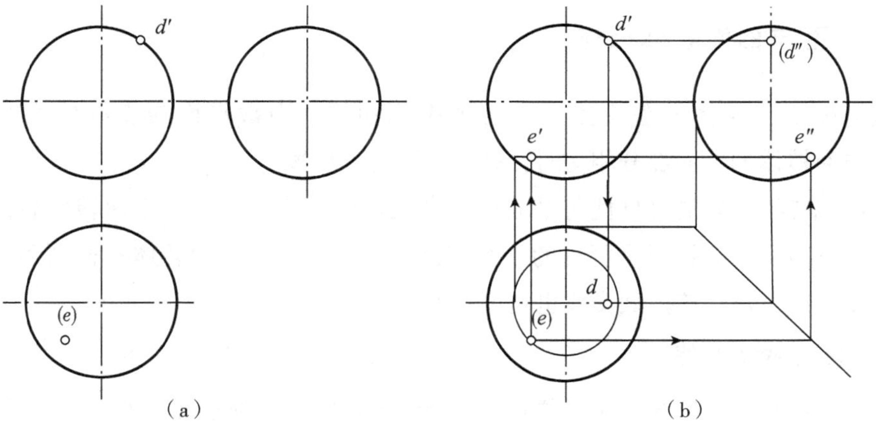

图 4-15　圆球面上取点

(四) 圆环面上的点

和球面一样，环面也是非直纹曲面，只能用纬圆法来作图。如图 4-16（a）所示，求作圆环上的点 *E* 和 *F* 的其他两面投影。作图步骤如图 4-16（b）所示。

（1）由（*e*）的位置及其不可见性，可知点 *E* 位于左后下方的内半环。先过（*e*）作水平纬圆，再作该纬圆的 *V* 面投影，为一水平线，长度等于水平纬圆的直径，继而作出（*e′*），不可见。

（2）由 *f′* 的位置及其可见性，可知点 *F* 位于右前上方的外半环。先过 *f′* 作水平线，交于环的外轮廓线，即得水平纬圆的直径，按其直径作水平纬圆的 *H* 投影，继而作出 *f*，可见。

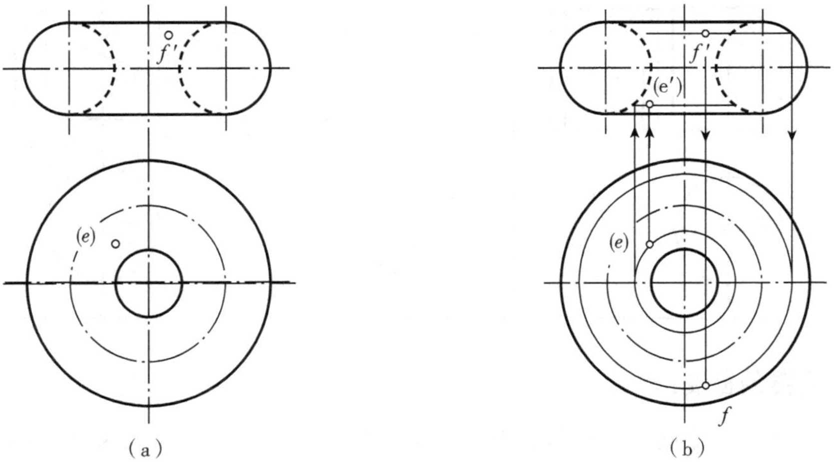

图 4-16　圆环面上取点

七、平面与曲面立体相交

一般情况下回转体的截交线是闭合的平面曲线。当截平面与直纹曲面交于直素线，或者与回转体的平面部分相交时，截交线可为直线段。

回转体截交线投影的可见性与平面体截交线类似，当截交线位于回转体表面的可见部分时，这段截交线的投影是可见的，否则是不可见的。但若回转体被截断后，截交线成了投影轮廓线，那么该段截交线也是可见的。

（一）圆柱的截交线

根据截平面与圆柱轴线的相对位置，截交线的形状有三种情况，如表 4-1 所示。

表 4-1　圆柱的截交线

截平面位置	平行于轴线	垂直于轴线	倾斜于轴线
截交线形状	矩形（或平行两直线）	圆	椭圆
立体图	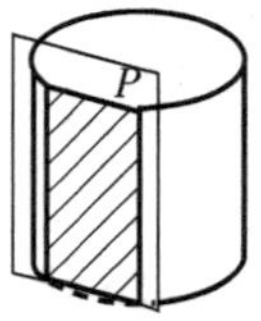	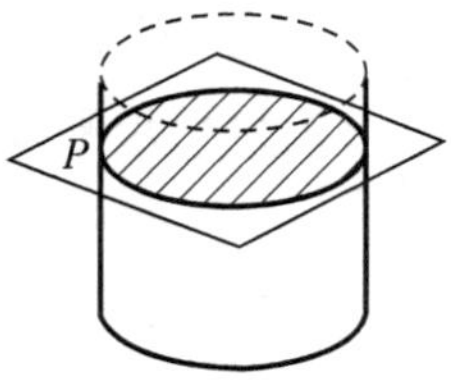	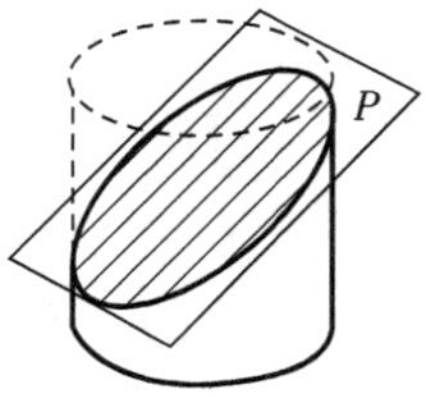
投影图	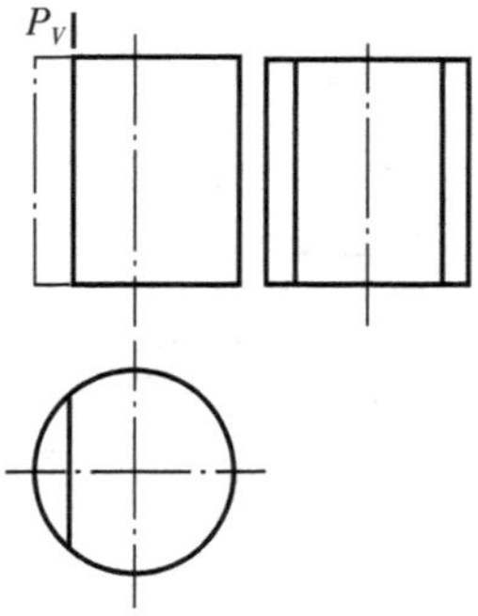	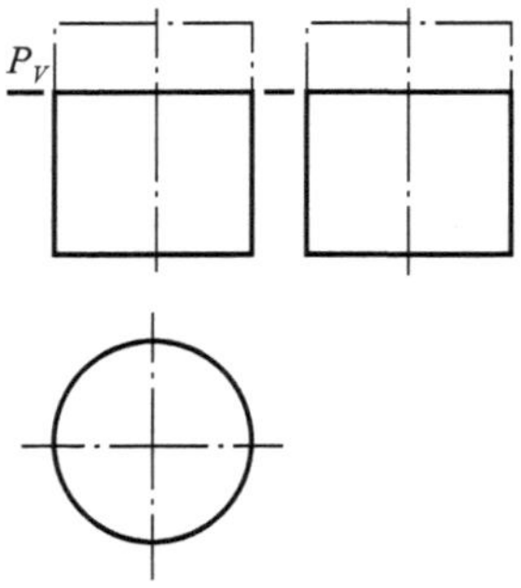	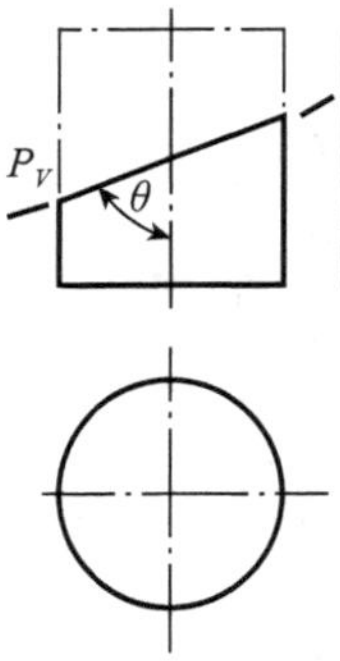 当$\theta = 45°$ 时，H、W投影均为圆

（二）圆锥的截交线

根据截平面与圆锥的相对位置，截交线的形状有五种情况，如表 4-2 所示。

表 4–2　圆锥的截交线

截平面位置	通过圆锥顶点	垂直于轴线，$\alpha=90°$	倾斜于轴线，$\alpha>\theta$	平行于一条素线，$\alpha=\theta$	平行于两条素线，$0°\leqslant\alpha<\theta$
截交线形状	三角形（或相交两直线）	圆	椭圆	抛物弓形（或抛物线）	双曲弓形（或双曲线）
立体图	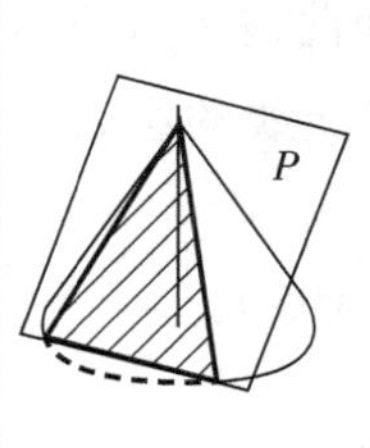	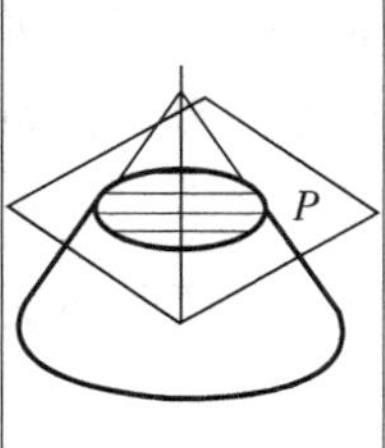	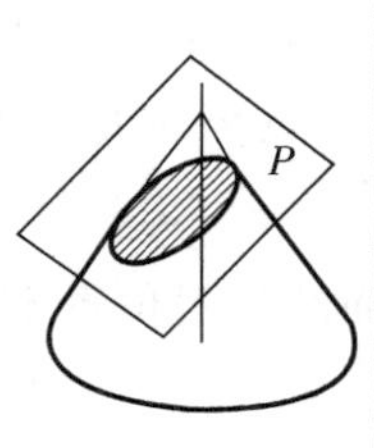	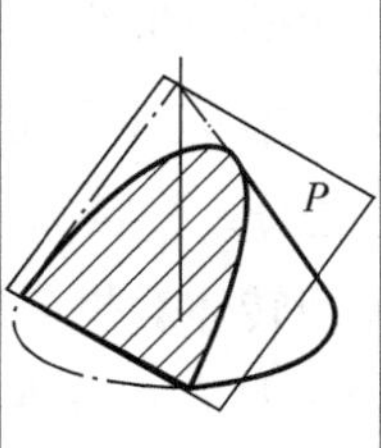	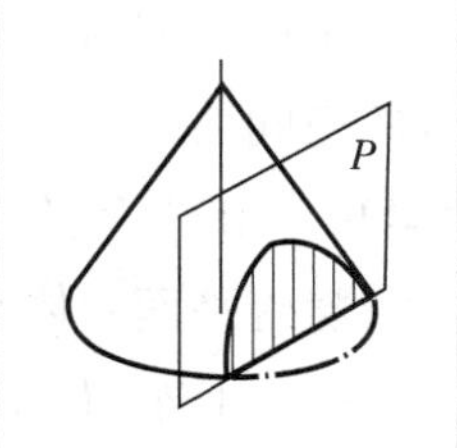
投影图	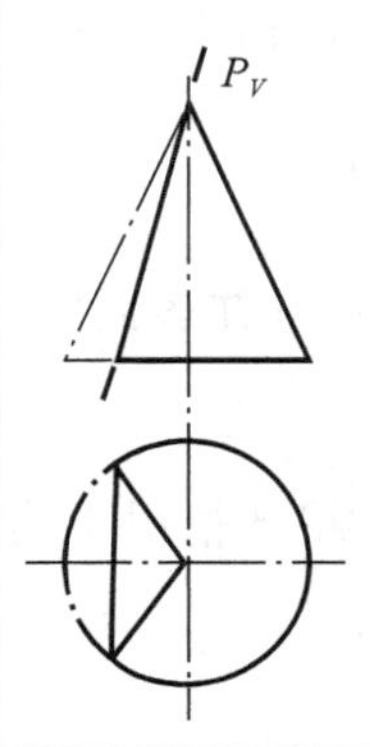	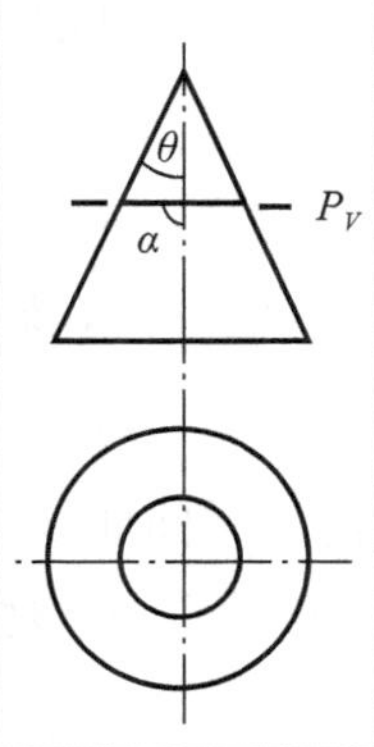	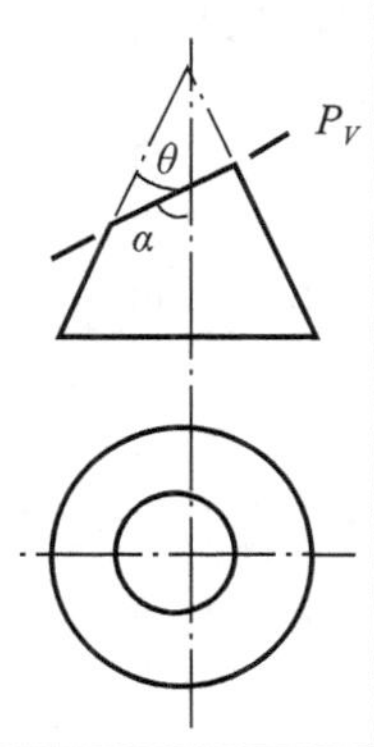	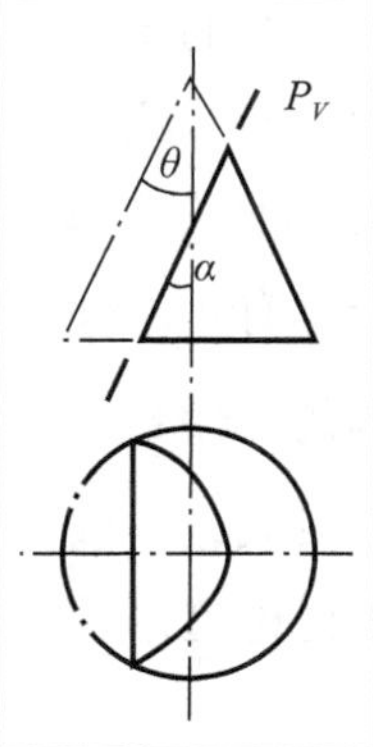	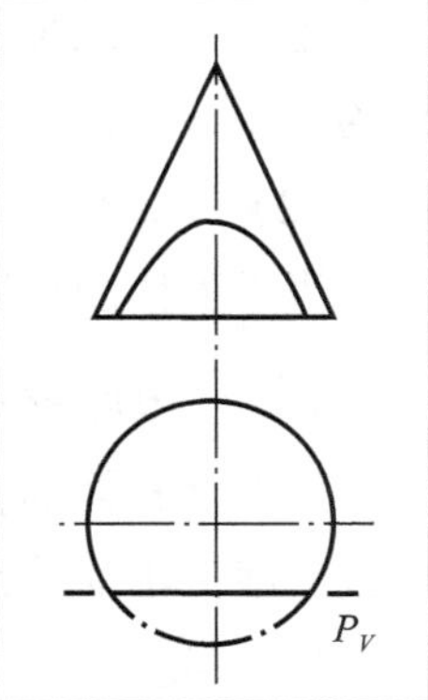

（三）圆球的截交线

无论截平面与球面的相对位置如何，它与球面的截交线总是圆。截平面越靠近球心，截得的圆越大，其最大直径就是球的直径，这时截平面通过球心。

当截平面与投影面平行时，截交线圆在该面上的投影反映实形，否则其投影为椭圆。

如图 4–17（a）所示，求作带切口圆球的其他两面投影。

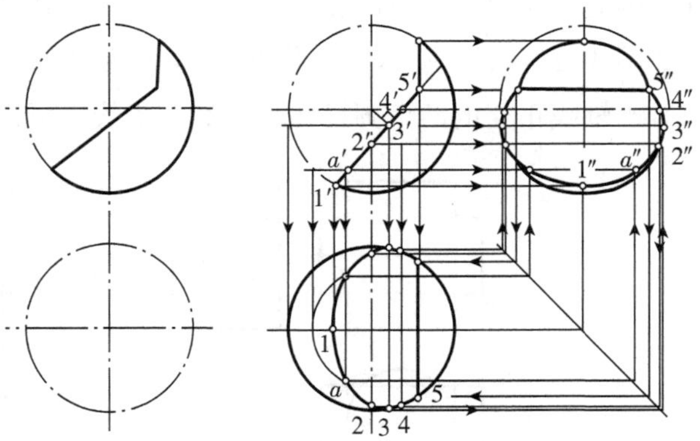

（a）　　（b）

图 4–17　作切口圆球的投影

这是由一个侧平面和一个正垂面切去了球的右上方所形成的。侧平面切得的截交线为侧平圆弧，其 W 投影反映实形，H 投影积聚成直线，作图比较简单。正垂面切得的截交线为正垂圆弧，其 V 投影积聚成直线，H、W 投影均为椭圆弧，其作图较为烦琐，如图 4-17（b）所示。

八、曲面立体相贯

（一）平面立体与回转体的相贯线

平面立体与回转体的相贯线，一般是由一些平面曲线或者平面曲线和直线组成的闭合的空间曲线。实际上就是平面立体的各表面与回转体表面的截交线的组合。同样有“全贯”和“互贯”之分。

随着平面立体和回转体对投影面的相对位置不同，分两种情况讨论：

（1）回转体的投影具有积聚性。

根据相贯线是共有线的特点，当回转体的投影具有积聚性时，求相贯线的问题就转化为在平面立体表面取点、线。

（2）平面体的投影具有积聚性。

当平面体的投影具有积聚性时，求相贯线的问题就转化为在曲面立体表面取点、线。

（二）两回转体的相贯线

两个回转体的相贯线，一般情况下是闭合且光滑的空间曲线，特殊情况下为平面曲线或直线。下面分别讨论这两种情况下的相贯线的投影特点及求法。

1. 一般情况

一般情况是指两个回转体的直径大小及轴线之间的相对位置不符合特定的情况。当然，工程上常见的两个回转体相贯中，一般至少有一个是圆柱，而且圆柱的投影具有积聚性，因此求两个回转体的相贯线问题就可以转化为在另一个回转体表面取点、线。

如图 4-18（a）所示，求作两立体的相贯线。作图过程如图 4-18（b）所示。注意，对于轴线正交的两个圆柱相贯，其相贯线还可以用圆弧代替，其画法如下：

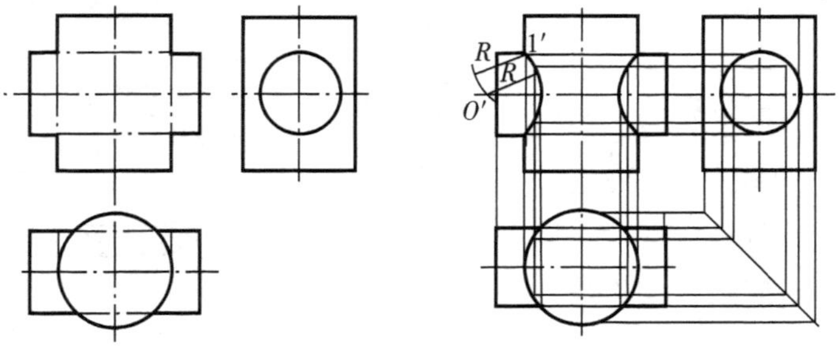

（a）（b）

图 4-18 两个圆柱的相贯线

（1）在 V 投影上，先以两个圆柱的轮廓线的交点 1′为圆心，大圆柱的半径 R 为半径作圆弧，交小圆柱的轴线于 O'点。

（2）再以 O' 点为圆心，大圆柱的半径 R 为半径作圆弧，即得所求相贯线。

2. 特殊情况

特殊情况是指两个回转体的大小或者轴线符合特殊情况，其相贯线又有直线、圆和椭圆等。

（1）相贯线为直线的情况。

当两个圆柱轴线平行时，如图 4-19（a）所示，或者两个圆锥共锥顶时，如图 4-19（b）所示，其相贯线为直线。

（2）相贯线为圆的情况。

如图 4-20 所示，当两个回转体共轴线时，其相贯线为圆。

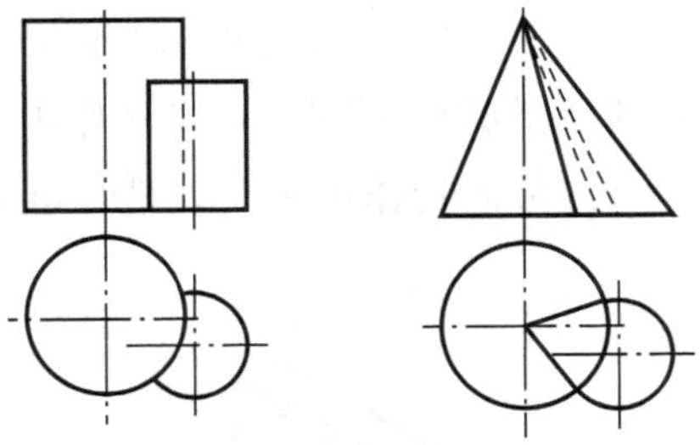

（a）（b）

图 4-19 相贯线为直线

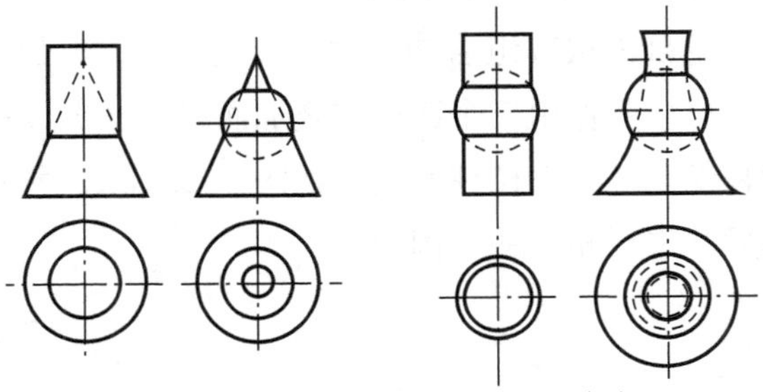

（a）（b）

图 4-20 相贯线为圆

3. 相贯线为平面曲线的情况

相贯线为平面曲线——椭圆的情况。当两个回转体的轴线正交时，其相贯线为两个大小相等的椭圆，如图 4-21（a）和图 4-21（c）；当两个回转体的轴线斜交时，其相贯线为两个大小不等的椭圆，如图 4-21（b）和图 4-21（d），由于是同一个圆柱相贯的，所以两个椭圆的短轴还是相等的。

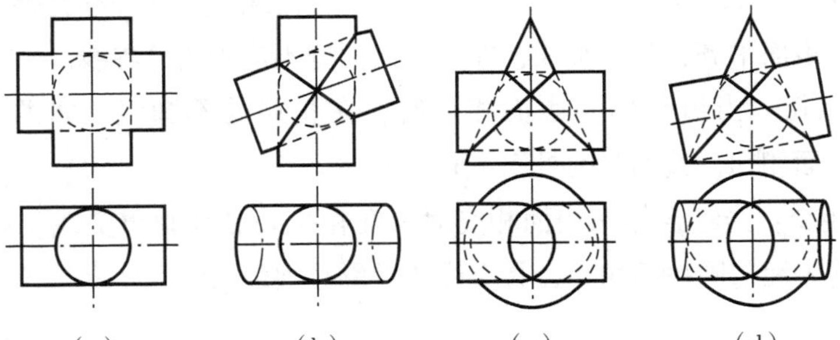

（a）（b）（c）（d）

图 4-21 相贯线为椭圆的情况

第二节　组合体的投影

工程建筑物从形体分析的角度来看，一般都可以看作由一些简单的基本几何体组合而成。由这些简单的基本几何体按一定的方式组合而成的形体称为组合体。

一、组合体投影的画法

(一) 组合体的组成方式及其表面交线的分析

1. 组合体的组成方式

组合体按其组合方式可分为叠加、切割和综合三种。如图 4-22（a）所示的台阶，可以看作由三个四棱柱叠加而成；如图 4-22（b）所示的桥台基础，可以看作由四棱柱切割三个四棱柱而成；如图 4-22（c）所示的涵洞口，可以看作由三个四棱柱叠加然后又进行相应的切割而成。

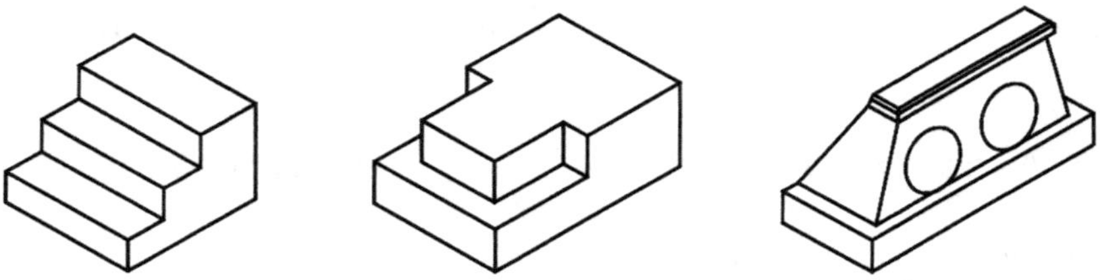

（a）　（b）　（c）

图 4-22　组合体的组合方式

2. 组合体的表面交线分析

组合体表面结合处的关系，可分为平齐、相切、相交三种。

（1）表面平齐：如图 4-23（a）所示，由三个四棱柱叠加而成的台阶，前端面和后端面结合处的两表面平齐，没有交线，在正立面图中不应画出分界线。

（2）表面相切：当组合体两表面相切时，在相切处不画线。如图 4-23（b）所示，平面与圆柱面相切，其切线的投影不画。

（3）表面相交：当组合体两表面相交时，在相交处必须画出交线。如图 4-23（c）所示，四棱柱前表面与圆柱面相交，其交线的投影必须画出。

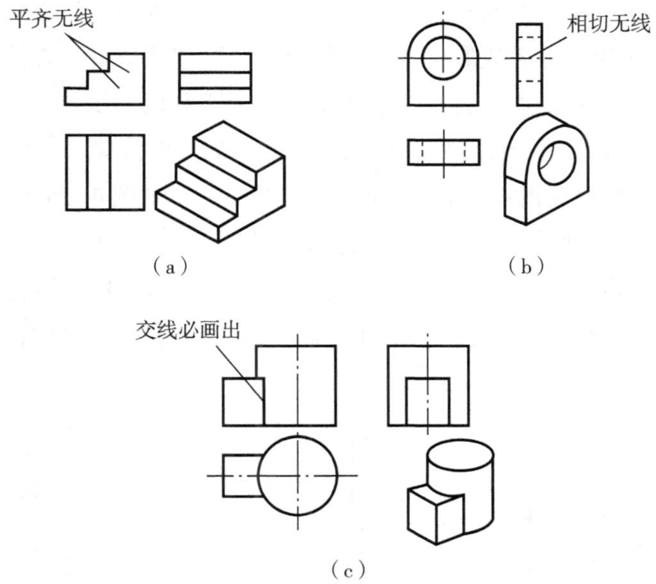

图 4-23　组合体表面结合处的关系

(二) 组合体投影的画法

画组合体投影图时，一般应按以下步骤进行：形体分析；确定安放位置；确定投影数量；画投影图；标注尺寸；复核，完成全图。

1. 形体分析

所谓形体分析，就是假想将组合体分解成几个基本体，分析它们的形状、相对位置和组合方式。如图 4-24（a）所示组合体，可以分解成图 4-24（b）所示的基本体。

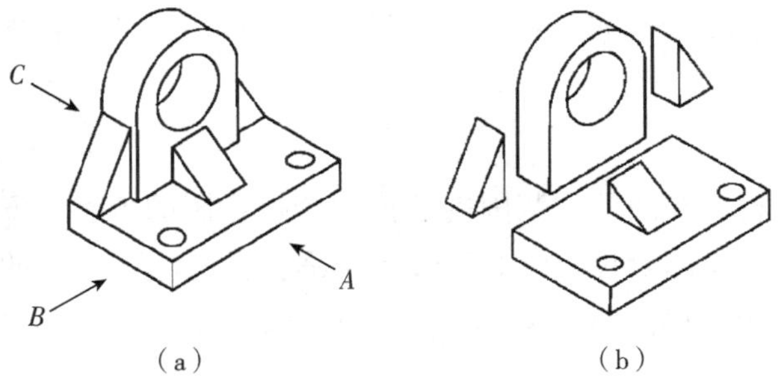

图 4-24　组合体的形体分析

2. 确定安放位置

确定安放位置，就是考虑如何将组合体摆放在三投影面体系中。在确定组合体的安放位置时，应考虑以下几点：

（1）必须使组合体处于正常的工作位置。

（2）正面投影最能反映组合体的形状特征。

（3）应使组合体的主要面与相应投影面平行，以方便画图。

（4）尽可能减少组合体各投影中虚线的投影，以使图样清晰，方便读图。

（5）应使组合体较长的面平行于 *V* 投影面，以合理利用图纸。

以图 4-25（a）所示组合体为例，说明该组合体的安放位置。

首先将该组合体摆放成正常的工作位置，即底板平放。如图 4-25（a）和图 4-25（c）所示，*A* 或 *C* 方向的投影均能较多地反映该组合体的形状特征，但 *C* 方向投影增加了许多虚线，故 *C* 方向不可取。*B* 方向投影虽也能反映该组合体的部分形状特征，但底板较长的面与 *V* 投影面不平行。综合以上分析，选 *A* 方向的投影作为正面投影最佳，这样便确定了该组合体的安放位置。

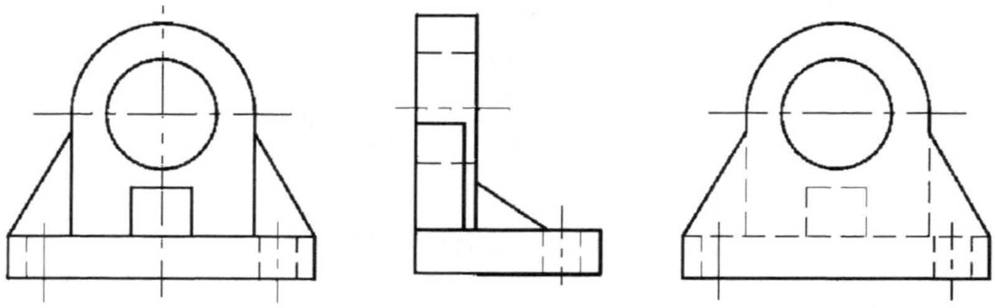

（a）*A*向　　（b）*B*向　　（c）*C*向

图 4-25　*V* 面投影方向的选择

3. 确定投影数量

对于组合体，为便于读图和标注尺寸，一般常用三面投影图表示其形状。

4. 画投影图

确定了画哪几个投影图后，即可开始画投影图。画图步骤如下：

（1）根据组合体的大小和投影图的复杂程度以及标注尺寸所占的平面位置选择图幅和比例。

（2）布置投影图。

先画图框和标题栏，在图框的范围内安排 3 个投影图的位置。安排时，一般应先画各投影图的基准线，投影图对称的以对称线为基准，投影图不对称的以某个底面（或端面）的积聚投影为基准。同时要考虑留出标注尺寸的位置。

（3）画投影图底稿。

用轻而细的线画出各投影图的底稿。一般按形体分析法逐一画出每一部分的各个投影。在画某一部分时，先画反映形状特征的投影，再根据投影关系画出其他的投影。

（4）经检查无误后，按规定加深图线。

（5）标注尺寸。

5. 复核后完成全图

图 4-24 所示组合体投影图的画图步骤如图 4-26 所示。

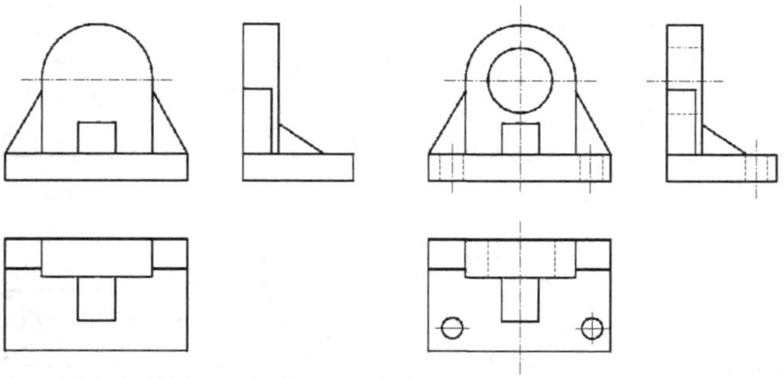

（a）逐一画出各部分的三面投影　　（b）画三圆柱孔的各投影，完成绘制

图 4-26　画组合体投影图的步骤

二、组合体的尺寸标注

组合体的三面投影图只表达了它的形状，它的大小和各部分的相对位置则必须由图上标注的尺寸来确定。因此，正确地在投影图中标注尺寸尤为重要。

（一）标注尺寸的基本要求

标注尺寸的基本要求是：正确、完整和清晰。

“正确”是指标注尺寸应遵守有关制图标准的各种规定。

“完整”是指标注的尺寸要能完全确定出物体的大小和各部分的相对位置。

“清晰”是指标注的尺寸位置要合理，安排要清晰。

（二）组合体应标注的尺寸

如果在组合体投影图中标注出各基本几何体的大小以及它们之间的相对位置尺寸，那么这个组合体的大小即可完全确定。因此，在标注组合体的尺寸时，应在对组合体进行形体分析的基础上标注以下三种尺寸：

1. 定形尺寸

确定各基本几何体大小的尺寸称为定形尺寸。任何物体都有长、宽、高三个方向的大小，因此，一般情况下，在标注基本几何体的定形尺寸时，应标注出这三个方向的尺寸。图 4-27 所示为常见的几种基本几何体定形尺寸的标注。图 4-28 所示为被切基本几何体的尺寸注法。

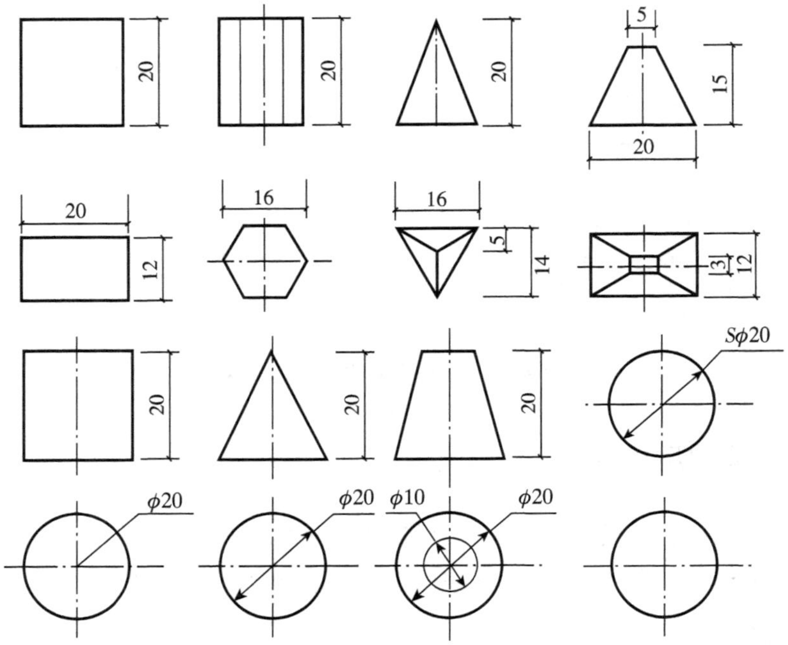

图 4-27　基本几何体的尺寸注法

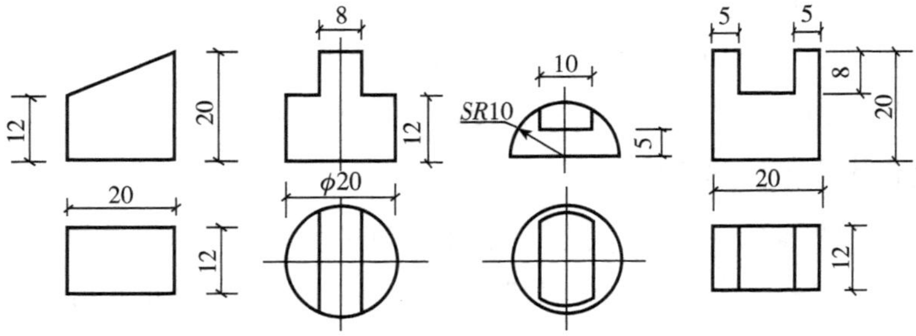

图 4-28　被切基本几何体的尺寸注法

2. 定位尺寸

确定各基本几何体之间的相对位置的尺寸称为定位尺寸。标注定位尺寸前，首先确定尺寸基准，即定位尺寸的计量点，有左右、前后、上下三个方向的尺寸基准。一般以对称面、底面、端面作为尺寸基准，如图 4-29 所示。

对称分布的两个相同的基本几何体，应以对称线为基准，通常只注出它们间的距离。当两基本体面面平齐时，与该组合面垂直方向的定位尺寸也省略标注。当两基本体在某一方向上叠加时，其在该方向的定位尺寸省略标注，如图 4-30 所示。

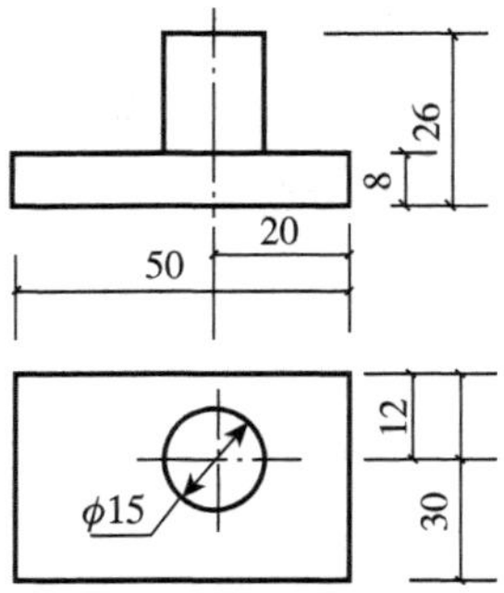

图 4-29　基准的选择

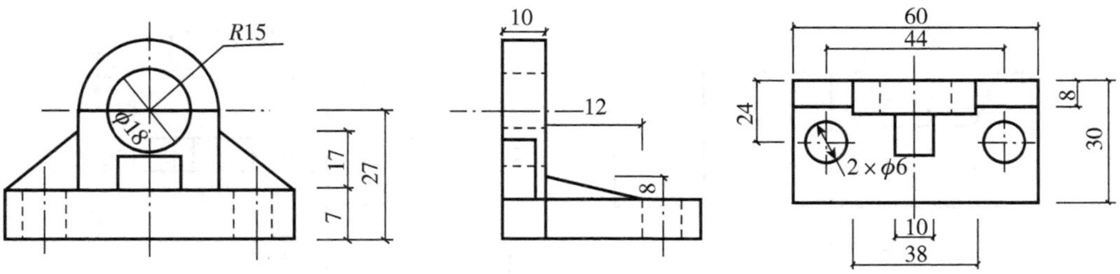

图 4-30　对称分布的基本体的定位尺寸

3. 总体尺寸

组合体总体大小的尺寸，即总长、总宽和总高，称为总体尺寸，如图 4-31 所示。

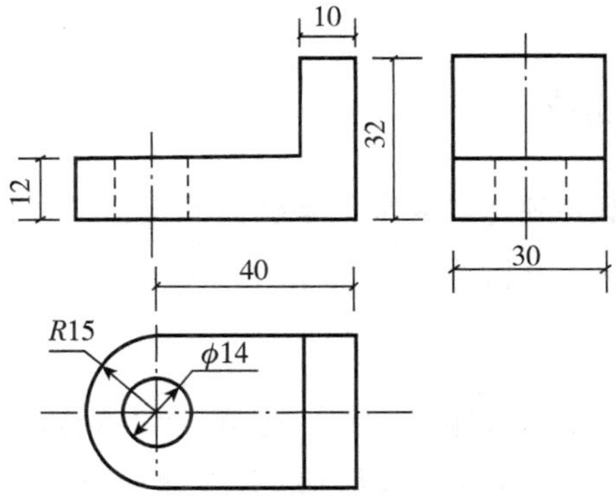

图 4-31　总体尺寸的标注

(三) 尺寸标注的位置

尺寸标注不仅要完整，而且位置要适当，使看图者一目了然。如图 4-32 所示，一般要求按以下原则来确定尺寸注写的位置：

(1) 尺寸尽可能标注在反映形体特征的视图上。

(2) 与两个视图都有关的尺寸，尽可能标注在两视图之间。

(3) 尺寸布置应整齐、美观，以使图面清晰。

(4) 尽量避免将尺寸标注在虚线上。

(四) 组合体的尺寸标注步骤

下面以图 4-33 所示的组合体为例，说明标注尺寸的方法。

(1) 将组合体用形体分析法分解成若干个基本几何体。

(2) 标注每个基本几何体的定形尺寸。

(3) 选择基准，标注基本几何体相互间的定位尺寸。

(4) 标注组合体的总体尺寸并进行适当的尺寸调整。

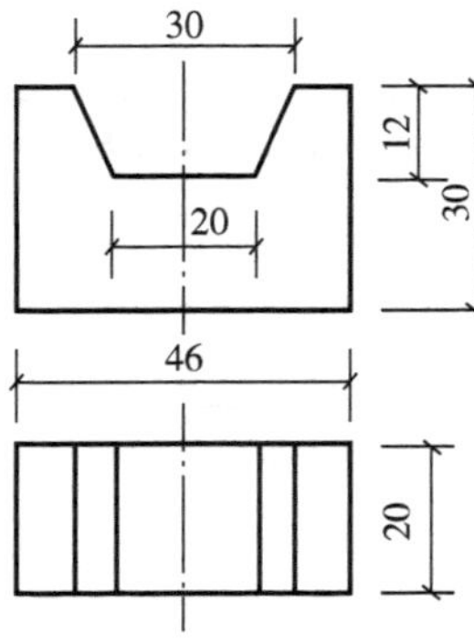

图 4-32　尺寸标注的位置

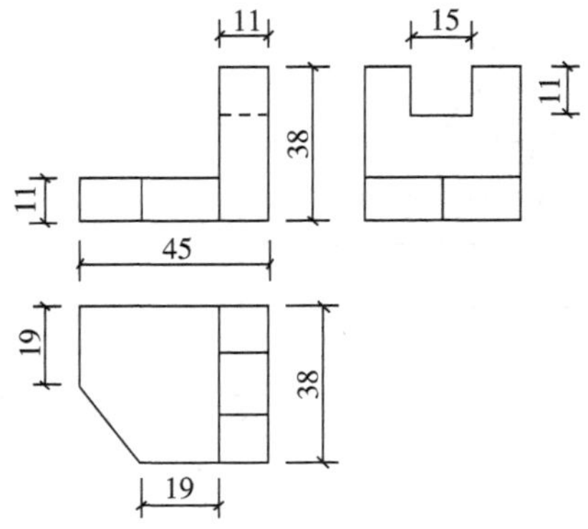

图 4-33　尺寸标注示例

三、组合体投影的读法

组合体投影读图的基本要领是掌握常见组合体的投影特点，将几个视图联系起来看。组合体投影读图的方法有形体分析法读图和线面分析法读图。

（一）形体分析法读图

形体分析法读图是指根据组合体的特点，把表达形状特征明显的视图（一般是主视图），划分为若干封闭线框，再利用投影规律联系其他视图，想象出各部分形状，同时分析各组成部分的相对位置，最后综合起来，想象出形体的整体形状。总体步骤：分析视图，划分线框；对照投影，想出形状；确定位置，想出整体。

形体分析法读图步骤：

（1）假想将主视图划分为若干个封闭图块。

（2）找出各图块在其他视图上对应的投影，逐个想象出各部分的空间形象和相对位置。

（3）综合起来想象整体。

根据图 4-34（a）所示组合体投影，补画侧面投影。

利用投影知识可得此组合体组成，如图 4-34（b）所示。利用位置关系，得到组合体侧面投影，如图 4-34（c）所示。

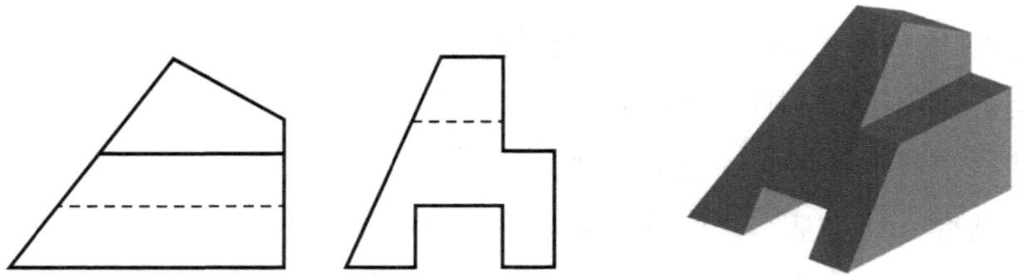

（a）　　　　　　（b）

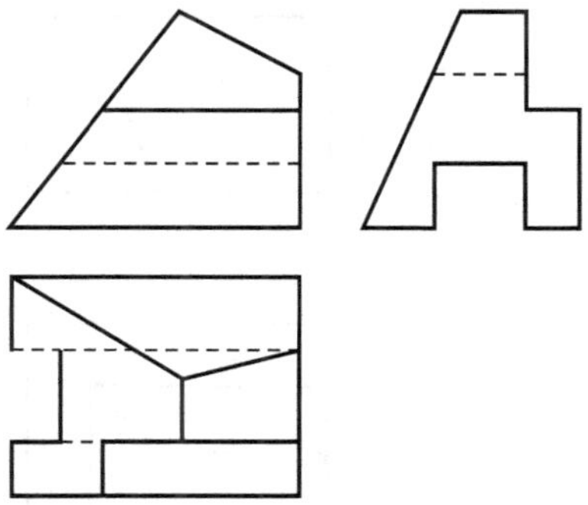

（c）

图 4-34　形体分析法读图示例

（二）线面分析法读图

形体分析法从“体”的角度去分析立体的形状，把复杂立体（组合体）假想成由若干基本立体按照一定方式组合而成；线面分析法则是从“面”的角度去分析立体的形状，把复杂立体假想成由若干基本表面按照一定方式包围而成，确定了基本表面的形状以及基本表面间的关系，复杂立体的形状也就确定了。

1. 线框

视图中每一封闭线框均代表一个面（平面或曲面），并具有“若非类似性，必有积聚性”的特点。线框有以下几类：

（1）一面（平面或曲面）的投影。

（2）面及其相切面（平面或曲面）的投影。

（3）通孔的投影。

2. 线面分析法的读图步骤

（1）看视图，分线框。

（2）对投影，识面形。

（3）定位置，出整体。

在读图时，一般先用形体分析法做粗略的分析，对图中的难点，再利用线面分析法作进一步的分析，即“形体分析看大概，线面分析看细节”。

根据图 4-35（a）所示组合体投影，补画侧面投影。

利用线面分析法可得此组合体组成，利用投影关系，得到组合体侧面投影，如图 4-35（b）所示。

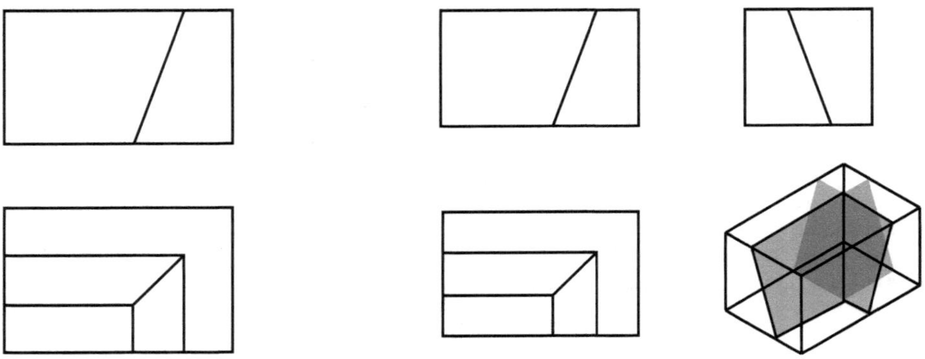
(a)　　　　(b)

图 4-35　线面分析法读图示例

第三节　轴测投影

一、轴测投影的基本知识

(一) 轴测投影的形成与作用

正投影图度量性好，绘图简单，工程实践中一般采用正投影图作为施工的主要图样，但是缺乏立体感。

如果用平行投影的方法，选取适当的投影方向，将形体向一个投影面上进行投影，能同时反映形体长、宽、高三个方向的情况，即得到一个富有立体感的投影图。

如图 4-36 所示，根据平行投影的原理，把形体连同确定它的空间位置的直角坐标系一起，沿着不平行于这三条坐标轴组成的任一坐标面的方向，投射到新投影面 P 上，所得的具有立体感的新投影称为轴测投影。用轴测投影方法绘制的图形，称为轴测投影图（简称轴测图）。当投射方向垂直于轴测投影面 P 时，所得到的新投影称为正轴测投影。当投射方向倾斜于轴测投影面 P 时，所得到的新投影称为斜轴测投影。

轴测投影立体感较强，但对有些形体的形状表达不完全，也不便于标注尺寸，手工绘制较麻烦。因此，轴测投影在工程图中一般仅用作辅助图样，所画的立体图往往以轴测投影的形式出现。

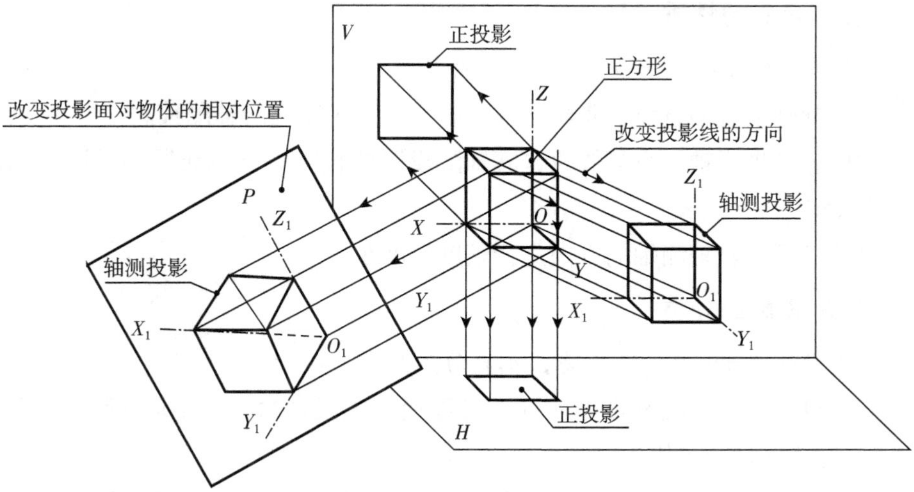

图 4-36　轴测投影的形成

（二）轴测轴、轴间角和轴向变形系数（或轴向伸缩系数）

轴测投影中，投影面 P 称为轴测投影面，表示形体长、宽、高三个方向的直角坐标轴 OX、OY、OZ 在轴测投影面上的投影 O_1X_1、O_1Y_1、O_1Z_1 称为轴测投影轴（简称轴测轴）；两相邻轴测轴之间的夹角 $X_1O_1Z_1$、$X_1O_1Y_1$、$Y_1O_1Z_1$ 称为轴间角；轴测轴上的线段与坐标轴上对应线段的长度之比，称为轴向变形系数（或轴向伸缩系数）。图 4-37 中，X、Y、Z 轴的轴向变形系数分别为：$p=O_1A_1/OA$、$q=O_1B_1/OB$、$r=O_1C_1/OC$。轴测图中，规定用粗实线画出物体的可见轮廓，不可见轮廓线省略不画。

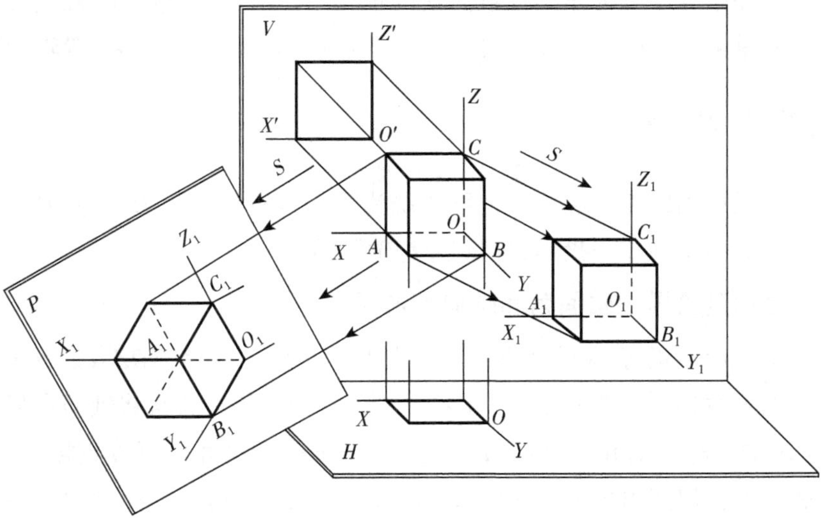

图 4-37　轴向变形系数

（三）轴测投影的性质

轴测投影是平行投影，所以它具有平行投影的一切属性。

（1）与坐标轴平行的直线，其轴测投影必然平行于相应的轴测轴。

（2）物体上与坐标轴平行的线段，其轴测投影的长度等于该线段的长度与相应轴向伸缩系数的乘积。

（3）尺寸必须沿着轴测轴的方向进行长度的度量。

（四）轴测投影的分类

轴测投影按投射方向是否与投影面垂直分为两大类：

（1）如果投射方向与轴测投影面垂直（即使用正投影法），则所得到的轴测图称为正轴测投影图，简称正轴测图。

（2）如果投射方向与轴测投影面倾斜（即使用斜投影法），则所得到的轴测图称为斜轴测投影图，简称斜轴测图。

根据轴向伸缩系数是否相同，又分为三种：

（1）若 $p=q=r$，即三个轴向伸缩系数相同，称正（或斜）等轴测投影，简称正（或斜）等测。

（2）若有两个轴向伸缩系数相等，即 $p=q\neq r$ 或 $p\neq g=r$ 或 $r=p\neq q$，称正（或斜）二等轴测投影，简称正（或斜）二测。

（3）如果三个轴向伸缩系数都不等，即 $p\neq q\neq r$，称正（或斜）三等轴测投影，简称正（或斜）三测。

国家标准中还推荐了三种作图比较简便的轴测图，即正等轴测投影图、正二等轴测投影图、斜二等轴测投影图。工程上用得较多的是正等轴测投影和斜二等轴测投影。

二、正等轴测投影

改变物体与投影面的相对位置，将物体绕铅垂轴（Z）旋转 45°，再绕侧垂轴（X）旋转 35°16′，然后向 V 面作正投影，得到正等轴测图。

（一）正等轴测投影的轴间角和轴向变形系数

如图 4-38 所示，正等轴测投影的三个轴间角相等，即 $\angle XOZ=\angle YOZ=\angle XOY=120°$，轴向变形系数相等，即 $p=q=r=0.82$。为了作图简便，通常将轴向变形系数取 $p=q=r=1$ 代替 0.82，称为简化伸缩系数。这样，沿轴向的尺寸就可以直接量取物体的实长，作图比较方便，但画出的轴测图比原来的投影放大了 $1/0.82\approx1.22$ 倍，不过这并不影响物体的形状。

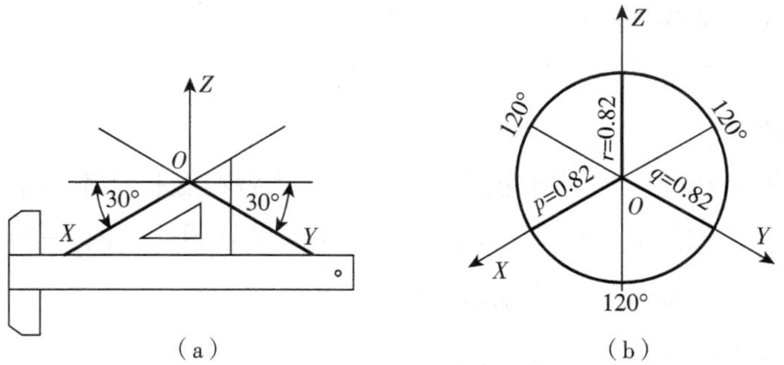

（a）　　　　　　　　（b）

图 4-38　正等轴测图的轴间角及轴向伸缩系数

（二）平面立体的正等轴测图的画法

画平面立体正等轴测图的基本方法有坐标法、切割法和叠加法。

坐标法就是根据物体表面上各点的空间坐标，画出它们的轴测投影，然后连接相应点，即得该物体的轴测图；切割法是将切割式的组合体，视为完整、简单的基本形体，画出它的轴测图，然后将多余的部分切割掉，最后得到组合体的轴测图；叠加法是将叠加式的组合体，用形体分析的方法，分解成几个基本形体，再按其相对位置逐个画出轴测图，最后得到组合体轴测图。在实际应用中，绝大多数情况是将以上三种方法综合在一起应用，可称之为“综合法”。

如图 4-39（a）所示为垫块的三面正投影图，其正等轴测图的作图步骤如下：

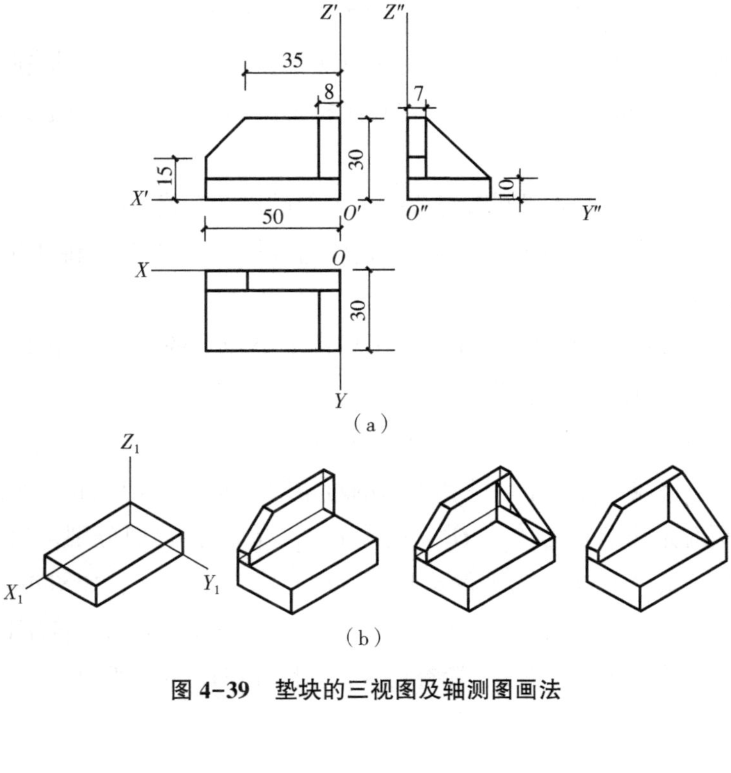

（b）

图 4-39　垫块的三视图及轴测图画法

（1）分析垫块：可分为底板、后板和右板三部分。

（2）确定参考坐标系：在投影图上确定一点 O（O，O'，O''）作为坐标原点。

（3）画出轴测轴。

（4）以轴测轴为基准，先画出底板的轴测图，然后在底板上定出后板，接着画出右板的轴测图，擦去多余的线，整理加深，完成垫块的轴测图，如图 4-39（b）所示。

（三）回转体的正等轴测图的基本画法

1. 平行于坐标面的圆的正等轴测图画法

在平行投影中，当圆所在的平面平行于投影面时，它的投影反映实形，依然是圆。如图 4-40 所示的各圆，虽然它们都平行于坐标面，但三个坐标面或其平行面都不平行于相应的轴测投影面，因此它们的正等轴测投影变成了椭圆。

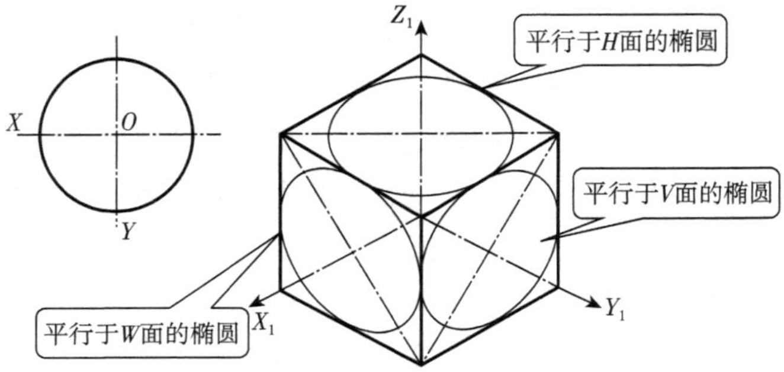

图 4-40　平行于坐标面的圆的正等轴测图

我们把在坐标面 XOZ 内或平行于坐标面 XOZ 的圆称为正平圆，把在坐标面 ZOY 内或平行于坐标面 ZOY 的圆称为侧平圆，把在坐标面 XOY 内或平行于坐标面 XOY 的圆称为水平圆。

工程应用中，大多是用 4 段圆弧组成一个近似的椭圆来代替投影椭圆。如图 4-41 所示，以平行于 XOY 坐标平面的圆的正等轴测投影椭圆的画法为例，说明正等轴测椭圆的作图方法，过程如下：

（1）过圆心 O 画坐标轴 OX、OY，再作平行于坐标轴的圆的外切正方形，切点Ⅰ、Ⅱ、Ⅲ、Ⅳ，如图 4-41（a）所示。

（2）作轴测轴 O_1X_1 与 O_1Y_1，从点 O_1 沿轴向按半径量切点 1_1、2_1、3_1、4_1，通过这些点作轴测轴的平行线，得菱形，并作菱形的对角线，如图 4-41（b）所示。

（3）菱形短对角线端点为 O_2、O_3，连接 O_23_1、O_21_1，它们分别垂直于菱形的相应边，并交菱形长对角线于 O_4、O_5，得 4 个圆心 O_2、O_3、O_4、O_5，如图 4-41（c）所示。

（4）分别以点 O_2、O_3 为圆心，O_23_1 为半径，作弧 3_11_1、4_12_1；分别以 O_4、O_5 为圆心，O_41_1 为半径，作弧 1_14_1、2_13_1。检查描深，如图 4-41（d）所示。

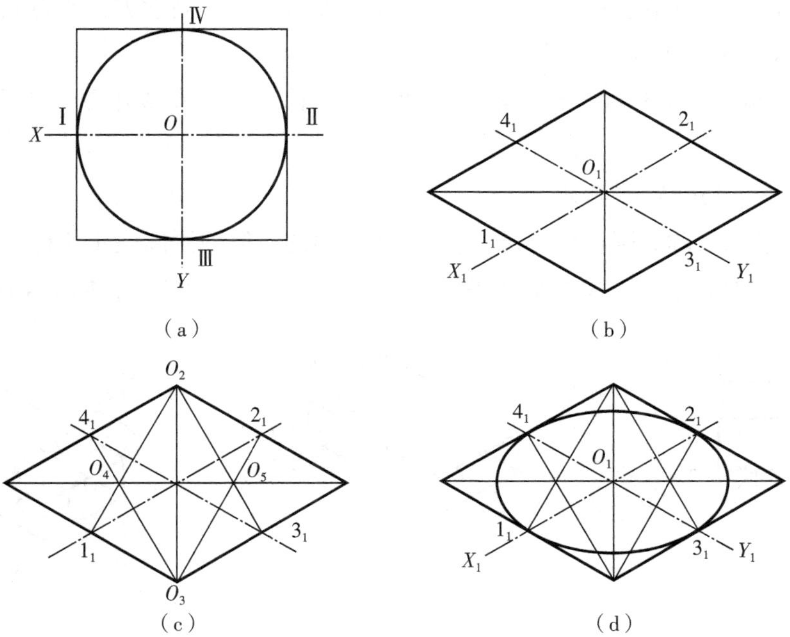

图 4-41　平行于 *XOY* 坐标面的圆的正等轴测椭圆的画法

2. 回转体的正等轴测图的画法

掌握了与坐标面平行的圆的正等轴测图的画法，就可以绘制出各种轴线垂直于坐标面的圆柱、圆锥及其组合体的正等轴测图。画圆柱、圆台的正等轴测图，只要先画出各底面的正等轴测图椭圆，然后画出两椭圆的公切线即可。图 4-42（a）所示，已知圆柱的 *V*、*H* 投影，画出圆柱的正等轴测图。

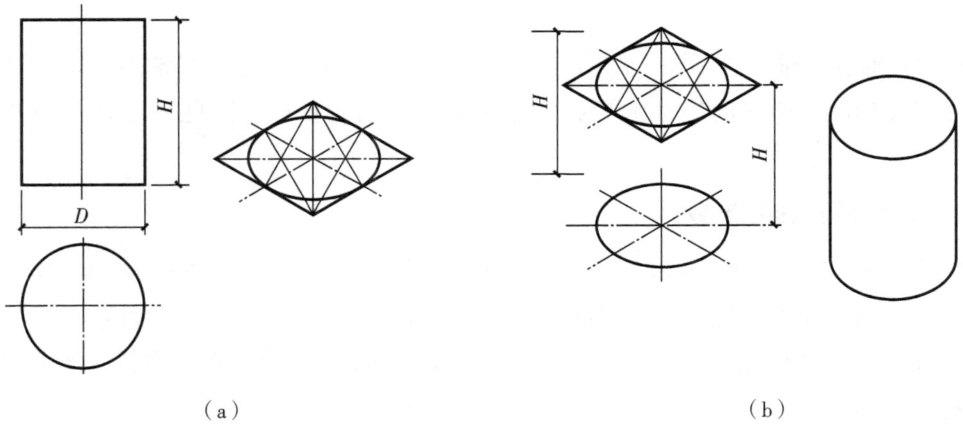

图 4-42　圆柱的正等轴测图画法

（1）确定参考坐标系：选顶圆的圆心为坐标原点，*XOY* 坐标面与上顶圆重合。

（2）画出顶圆的轴测投影椭圆，将椭圆沿 Z 轴向下平移高度 H，即得底圆的轴测投影，如图 4-42（b）所示。

（3）作两椭圆的公切线，擦去不可见的部分，描深后即完成作图，如图 4-42（b）所示。

3. 圆角正等轴测图的画法

1/4 的圆柱面，称为圆柱角（圆角）。圆角轮廓的正等轴测图是 1/4 椭圆弧。实际画圆角的正等轴测图时，没有必要画出整个椭圆，而是采用简化画法，如图 4-43 所示。

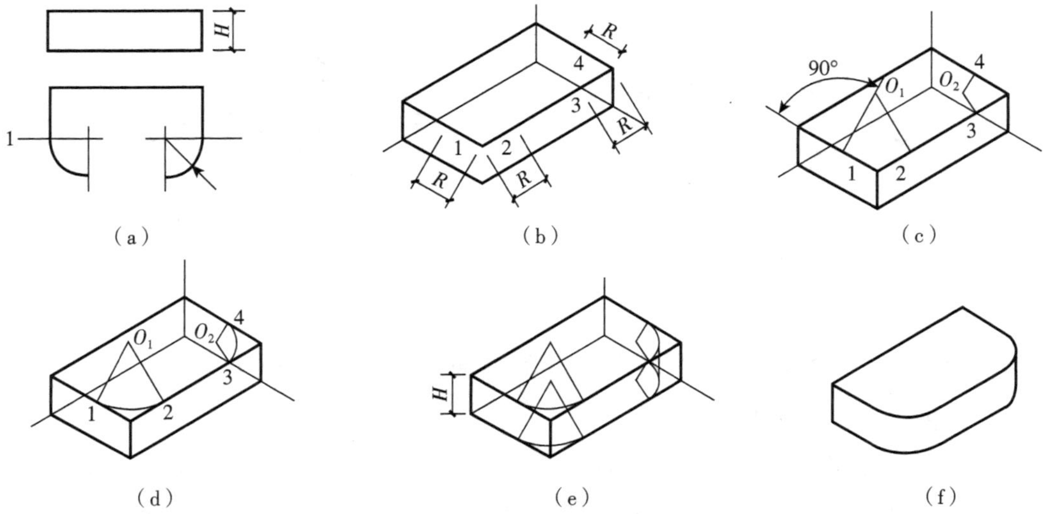

图 4-43　圆角正等轴测图的近似画法

三、斜轴测投影

投射线倾斜于轴测投影面，画出形体有立体感的斜投影，称为斜轴测投影。以 V 面作为轴测投影面，所得的斜轴测投影，称为正面斜轴测投影。同此，还有水平斜轴测投影。

（一）正面斜轴测投影

在形成正面斜轴测投影时，$\angle X_1O_1Z_1=90°$，轴向变形系数 $p=r=1$，$q=1/2$（正面斜二测）或 $q=1$（正面斜等测），且轴测轴 O_1Y_1 与水平线的倾角为 45°，如图 4-44 所示。物体上只要是平行于坐标面 XOZ 的直线、曲线或其他平面图形，在正面斜二测图中都能反映其实长或实形。

在绘制斜轴测图时，OY 轴的方向可灵活安置，以便画出不同方向的轴测图，如图 4-45 所示。

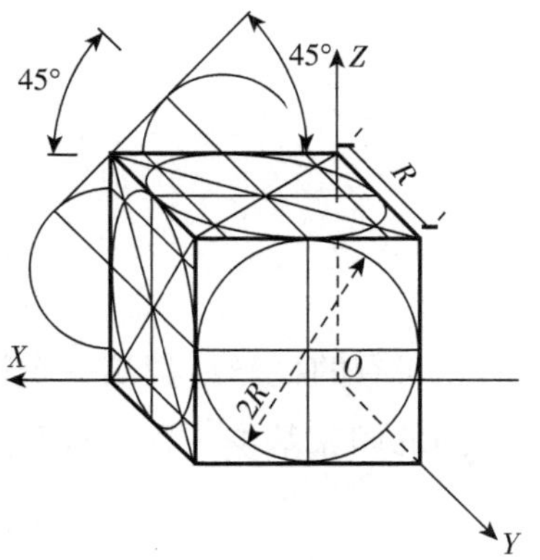

图 4-44　平行于坐标面的圆的斜二测

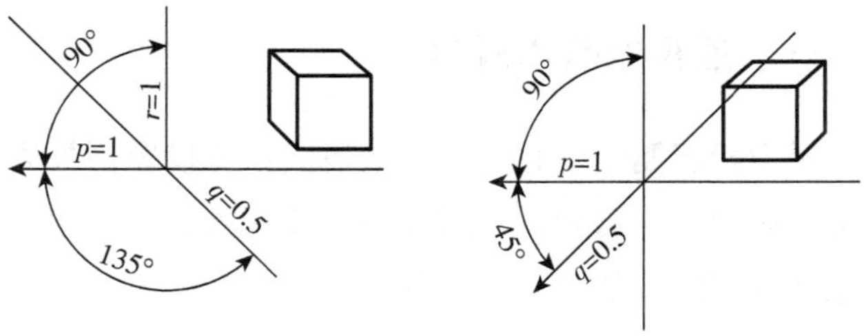

图 4-45　正面斜轴测投影的轴测轴

（二）水平斜轴测投影

保持形体不动，用倾斜于 H 面的投射线向 H 面进行投影，所得的斜轴测图，称为水平斜轴测图，如图 4-46（a）所示。OX 与 OY 之间的夹角仍是 90°，变形系数都是 1，如图 4-46（b）所示。轴间角 $\angle XOZ$ 取为 120°，Z 轴的变形系数取 1 或 1/2。习惯上把 OZ 画成竖直方向，则 OX 和 OY 分别与水平线成 30°和 60°，如图 4-46（c）所示。

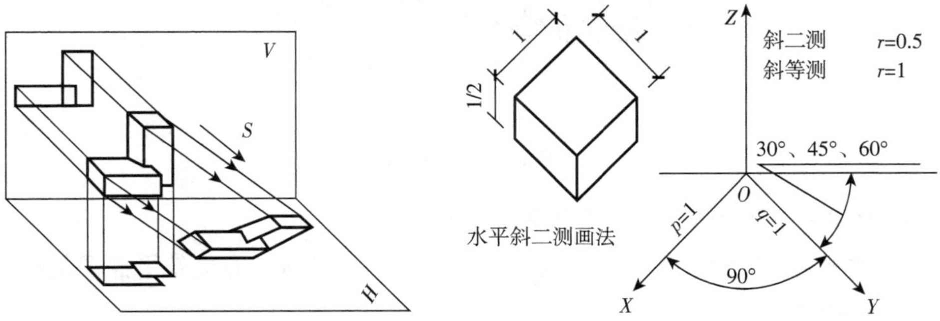

（a）水平斜轴测图的形成　　（b）水平斜轴测图的基本参数和斜二测画法

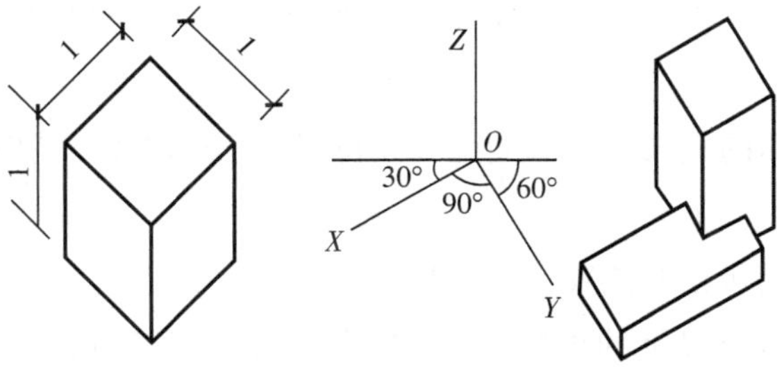

（c）水平斜轴测图的画法

图 4-46　水平斜轴测图的形成和基本参数

第四节　透视投影

一、透视的基本概念

透视投影属于中心投影，就是把物体投影到投影面上时，所有的投影线都从一个被称为投影中心的点发出，所得到的透视投影与观察物体所得到的印象基本一致，富有立体感和真实感，如图 4-47 所示。

图 4-47　透视图

现结合图 4-48 介绍作图中的几个基本术语：

基面：放置建筑物的水平地面，以字母 G 表示，也可将绘有建筑平面图的投影面 H 或任何水平面理解为基面。

画面：透视图所在的平面，以字母 P 表示，一般以垂直于基面的铅垂面为画面，也可以用倾斜平面作画面，甚至柱面和球面也可作画面用（本书仅讨论以平面为画面的透视）。

基线：基面与画面的交线，在画面上以字母 $g-g$ 表示基线，在平面图中则以 $p-p$ 表示画面的位置。

视点：相当于人眼所在的位置，即投影中心 S。

站点：视点 S 在基面 G 上的正投影 s，相当于人观看建筑物时的站立点。

心点：视点 S 在画面 P 上的正投影 s°。

中心视线：引自视点并垂直于画面的视线，即视点 S 和心点 s°的连线 Ss°。

视平面：过视点 S 所作的水平面 G°。

视平线：视平面与画面的交线，以 h–h 表示，当画面为铅垂面时，心点 s°必位于视平线 h–h 上。

视高：视点 S 与基面 G 的距离，即人眼的高度。当画面为铅垂面时，视平线与基线的距离即反映视高。

视距：视点与画面的距离，即中心视线 Ss°的长度。当画面为铅垂面时，站点到基线的距离即反映视距。

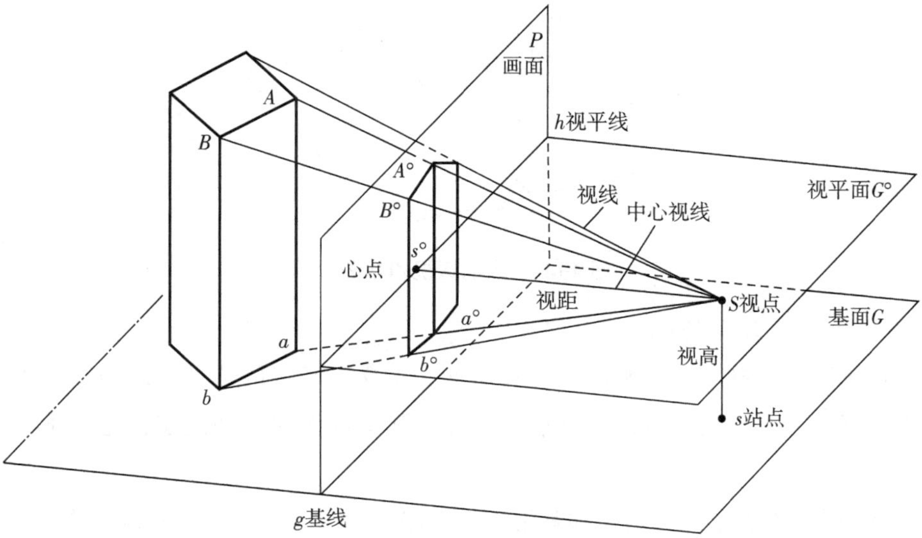

图 4-48　透视的基本概念

图 4-48 中，点 A 是空间任意一点，自视点 S 引向点 A 的直线 SA，就是透过点 A 的视线；视线 SA 与画面 P 的交点 A°就是空间点 A 的透视；点 a 是空间点 A 在基面上的正投影，称为点 A 的基点；基点的透视 a°称为点 A 的基透视。本书中默认点的透视用相同于空间点的字母并在右上角加“°”来标记；基透视则用相同的小写字母、右上角也加“°”来标记。

二、点和直线的透视

（一）点的透视

1. 点的透视和基透视

点的透视就是过该点的视线与画面的交点，即视线的画面迹点；其基透视就是通过该点的基点所引的视线与画面的交点。

图 4-49 中，A 点的透视 A°就是视线 SA 在画面 P 上的迹点，其基透视 a°则是视线 Sa 在画面 P 上的迹点。由图可以看出：A 点的透视 A°与基透视 a°的连线垂直于基线 gg 或视

平线 hh。因为 Aa 线垂直于基面 G，由视点 S 引向 Aa 线上所有点的视线，形成了一个垂直于基面的视线平面 SAa，而画面也处于铅垂位置，因此，视线平面和画面的交线必然也垂直于基面。

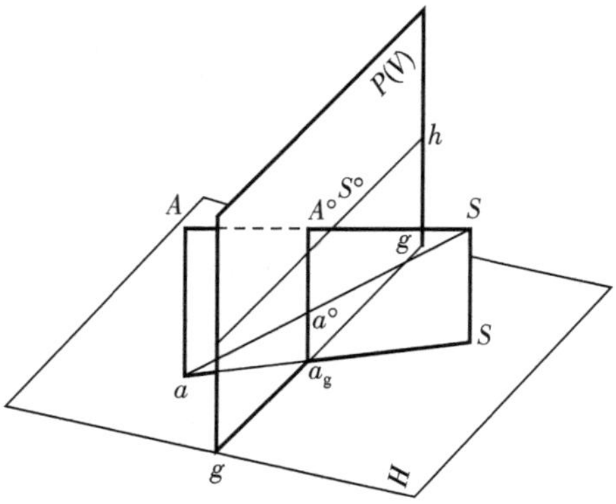

图 4-49　点的透视和基透视

2. 视线迹点法作点的透视

在正投影图的基础上，设想以 V 面作画面，求作空间点的透视。因为点的透视就是通过该点的视线与画面的交点，则所求点的透视就是视线的 V 面迹点，这种画法称为视线迹点法。

图 4-50 展示了求作 A 点透视和基透视的方法。图中 S 点为视点，其 H 面投影 s 为站点，其 V 面投影 $s°$为心点，并位于视平线上。a 和 a'为空间点 A 的 H 面和 V 面投影，a_x 可视为 a 的 V 面投影。为求点 A 的透视与基透视，自 S 点向 A 点和 a 点引视线 SA 和 Sa。这两条视线的 V 面投影分别为 $s°a'$ 和 $s°a_x$，这两条视线的 H 面投影则重合成一条线 sa，sa 与基线 gg（即 OX）相交于点 a_g，这就是 A 点的透视与基透视的 H 面投影，由此向上作竖直线，与 $s°a'$和 $s°a_x$ 相交，就得到 A 点的透视 $A°$和基透视 $a°$了。

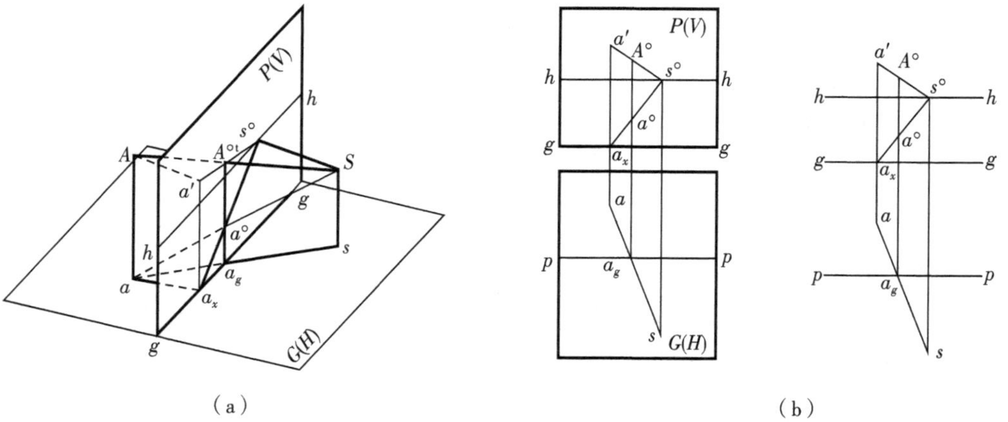

图 4-50　视线迹点法作点的透视

（二）直线的透视

1. 直线及直线上点的透视

（1）直线的透视及基透视

一般情况下，直线的透视及基透视仍为直线。直线的透视是直线上所有点的透视的集合。如图 4-51 所示，由视点 S 引向直线 AB 上所有点的视线，包括 SA、SB、Sa、Sb，形成一个视线平面，它与画面（平面）的交线，必然是一条直线 $A^{\circ}B^{\circ}$，这就是 AB 线的透视。同样，直线 AB 的基透视 $a^{\circ}b^{\circ}$ 也是一条直线。

如图 4-52 所示为过视点的直线的透视，透视 $C^{\circ}D^{\circ}$ 重合成一点，但其基透视 $c^{\circ}d^{\circ}$ 是一段直线，且与基线相垂直。如图 4-53 所示，若直线 EF 是铅垂线，由于它在基面上的正投影 ef 积聚成一个点，故该直线的基透视 $e^{\circ}f^{\circ}$ 是一个点，直线的透视仍为一条铅垂线 $E^{\circ}F^{\circ}$。

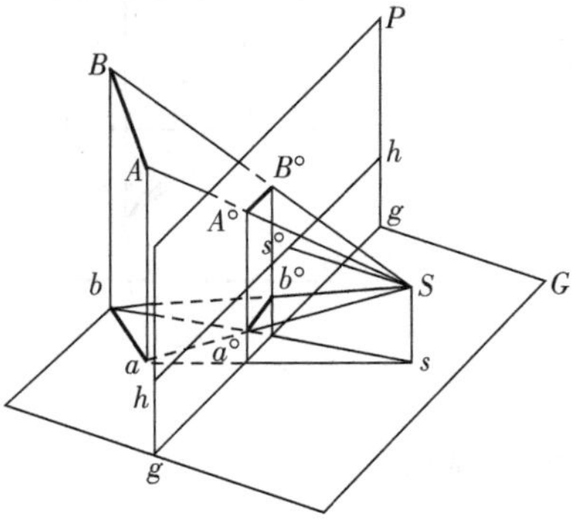

图 4-51　直线的透视

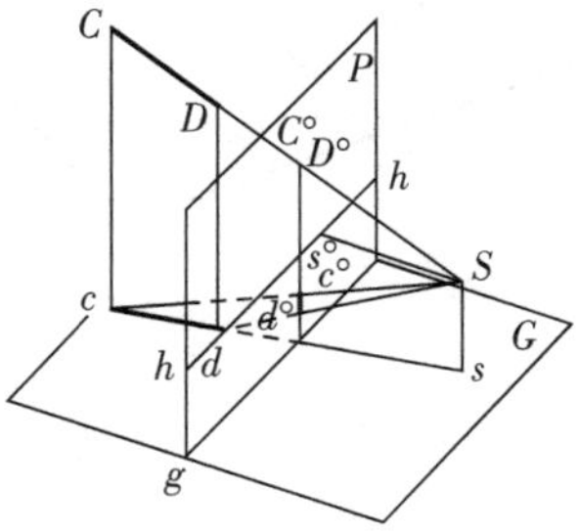

图 4-52　过视点的直线的透视

直线若位于基面上，直线与其基面投影重合，则直线的透视与基透视也重合成一条直线，图 4-54 中的线段 AB 就是如此。直线若位于画面上，则直线的透视与直线本身重合，直线的基面投影与基透视均重合在基线 gg 上，图 4-54 中的 CD 线就是这样的直线。

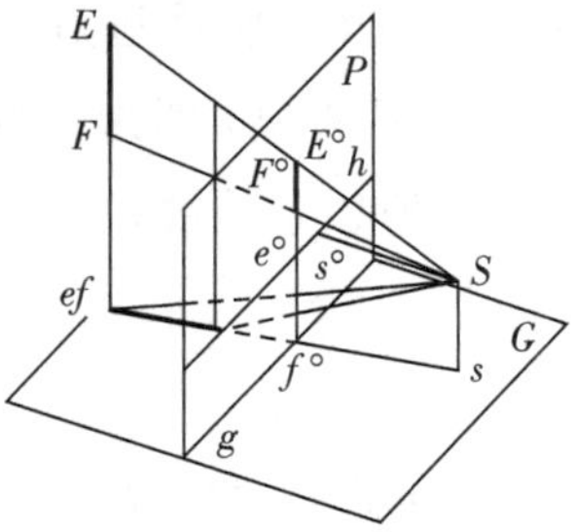

（b）

图 4-53　铅垂线的透视

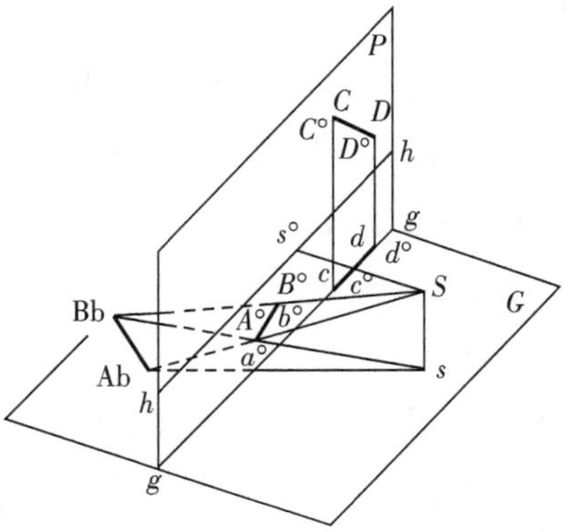

图 4-54　基面和画面上的直线的透视

（2）直线上点的透视和基透视

如图 4-55 所示，直线上点 M 的透视 M° 位于直线的透视 $A^\circ B^\circ$ 上，其基透视 m° 位于直线的基透视 $a^\circ b^\circ$ 上。

从图中还可以看出，点 M 是 AB 的中点，$AM=BM$，但由于 MB 比 AM 远，以致它们的透视长度 $A^\circ M^\circ$ 大于 $M^\circ B^\circ$。也就是说，点在直线上所分线段的长度之比，其透视投影不再保持。

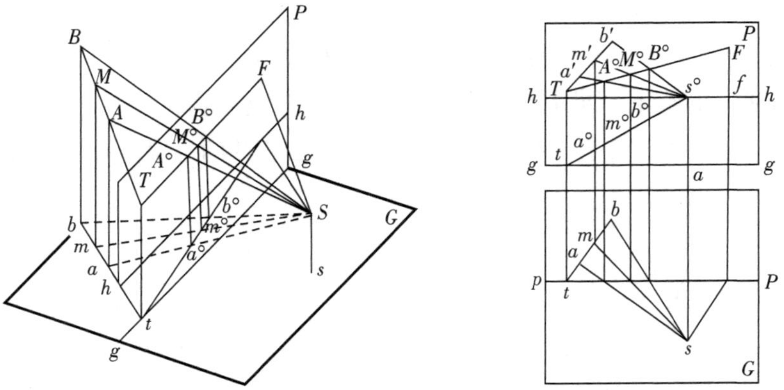

（a）　　　　　　　　　　　　（b）

图 4-55　直线上点的透视

2. 直线的画面迹点和交点

（1）直线的画面迹点

直线与画面的交点称为直线的画面迹点，迹点的透视即为其本身，其基透视则在基线上。

直线的透视必然通过直线的画面迹点；直线的基透视必然通过该迹点在基面上的正投影，即直线在基面上的正投影和基线的交点。

图 4-56 中，线段 AB 延长，与画面相交，交点 T 即为 AB 的画面迹点。迹点的透视即为其自身 T，故直线 AB 的透视 $A^\circ B^\circ$ 通过迹点 T。迹点的基透视 t 即为迹点在基面上的正投影，也是直线的投影 ab 与画面的交点，且在基线上。所以基透视 $a^\circ b^\circ$ 延长，必然通过迹点 T 在基面上的投影 t。

（2）直线的交点

直线上离画面无限远的点，其透视称为直线的交点。如图 4-56 所示，欲求直线 AB 上无限远点 F^{∞} 的透视，则自视点 S 向无限远点 F^{∞} 引视线 SF^{∞}，视线 SF^{∞} 与原直线 AB 必然是互相平行的，SF^{∞} 与画面的交点 F 就是直线 AB 的交点。直线 AB 的透视 $A^\circ B^\circ$ 一定通过交点 F。

同理，可求得直线的投影 ab 上无限远点 f^{∞} 的透视 f，称为基交点。基交点 f 一定位于视平线 hh 上，因为平行于 ab 的视线只能是水平线，它与画面只能相交于视平线上的一点 f。直线 AB 的基透视 $a^{\circ}b^{\circ}$，必然指向基交点 f，基交点 f 与交点 F 处于同一铅垂线上，即 $Ff \perp hh$，自视点 S 引出的视线 SF 和 sf 分别平行于 AB 及其投影 ab，而 AB 与 ab 是处于同一铅垂面内的两条线，因此，由 SF 和 sf 所决定的平面 SFf 也是铅垂面，它与铅垂画面的交线 Ff 只能是铅垂线，故 $Ff \perp hh$。

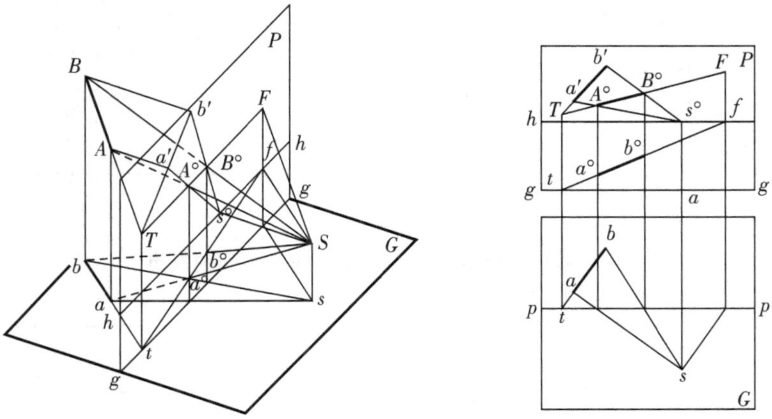

图 4-56　直线的画面迹点和交点

3. 画面相交线和画面平行线的透视

直线根据它们与画面的相对位置，可分为两类：一类是与画面相交的直线，称为画面相交线；另一类是与画面平行的直线，称为画面平行线。这两类直线的透视有着明显的区别。

（1）画面相交线的透视特性

①画面相交线，在画面上必然有该直线的迹点（图 4-57）。同时，也一定能求该直线的交点（图 4-57）。交点与迹点的连线，就是该直线自迹点开始向画面后无限延伸所形成的一条无限长直线的透视。本书将它称为该直线的全线透视。

②点在画面相交线上所分线段的长度之比，在其透视上不能保持（图 4-57）。

③一组平行直线有一个共同的交点，其基透视也有一个共同的基交点。所以，一组平行线的透视及其基透视，分别相交于它们的交点和基交点。

④画面相交线有三种典型形式，不同形式的画面相交线，它们的交点在画面上的位置也各不相同。

a. 如图 4-58 所示，垂直于画面的直线 AB，它的透视为 $A^{\circ}B^{\circ}$，它的交点就是心点 s°，其基透视 $a^{\circ}b^{\circ}$ 的基交点也是心点 s°。

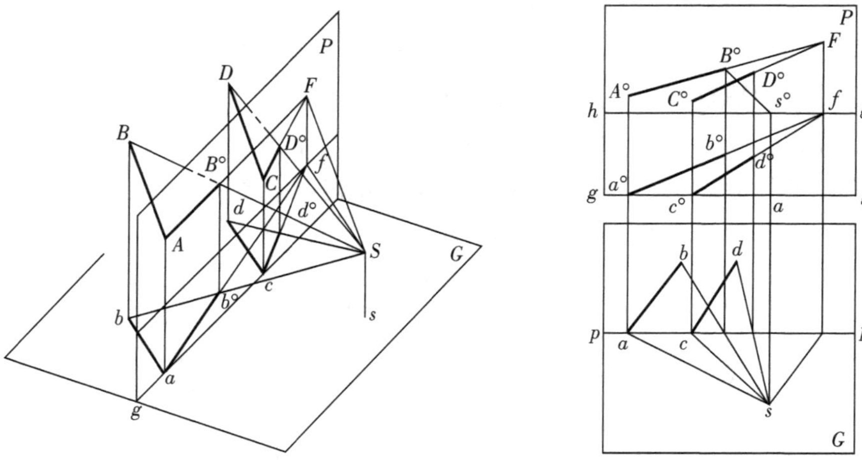

（a）　　　　　　　　　　　　（b）

图 4-57　互相平行的画面相交线有共同的交点

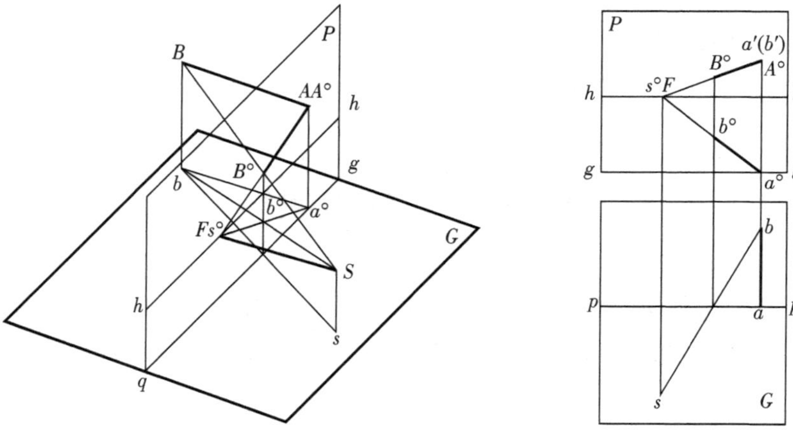

（a）　　　　　　　　　　　　（b）

图 4-58　垂直于画面的直线的透视

b. 如图 4-59 所示，平行于基面的画面相交线 *AB*，它的透视为 *A*°*B*°，它的交点和基交点是视平线上的同一个点 *F*。

c. 倾斜于基面的画面相交线，它们的透视的交点不在视平线上，可能在视平线的上方，也可能在视平线的下方。但它们的基交点都是视平线上的同一点 *f*。

（2）画面平行线的透视特性

①画面平行线，在画面上不会有它的迹点和交点。如图 4-60 所示，由于空间直线 *AB* 平行于画面 *P*，因此，*AB* 与画面 *P* 没有交点（即迹点）。同时，自视点 *S* 所引平行于 *AB* 的视线，与画面也是平行的，因此，该视线与画面 *P* 也没有交点（即迹点）。自视点

S 向 AB 线所引视线平面 SAB，与画面的交线 $AB°$，即直线 AB 的透视，是与 AB 互相平行的（因为 $AB//P$ 面）；并且透视 $A°B°$ 与基线 gg 的夹角反映了 AB 对基面的倾角 α。此外，由于 AB 平行于画面，则投影 ab 平行于基线，所以，基透视 $a°b°$ 也平行于基线和视平线，而成为一条水平线。

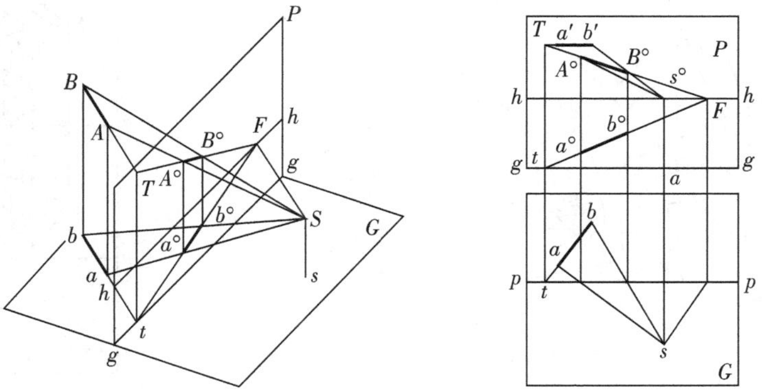

（a）　　　　　　（b）

图 4-59　水平线的透视

②点在画面平行线上所分线段的长度之比，在其透视上仍能保持。如图 4-60 所示，由于 $AB//A°B°$，如一个点 M 在直线 AB 上划分线段的长度之比为 AM：MB，则其透视分段之比 $A°M°$：$M°B°$ 等于 AM：MB。

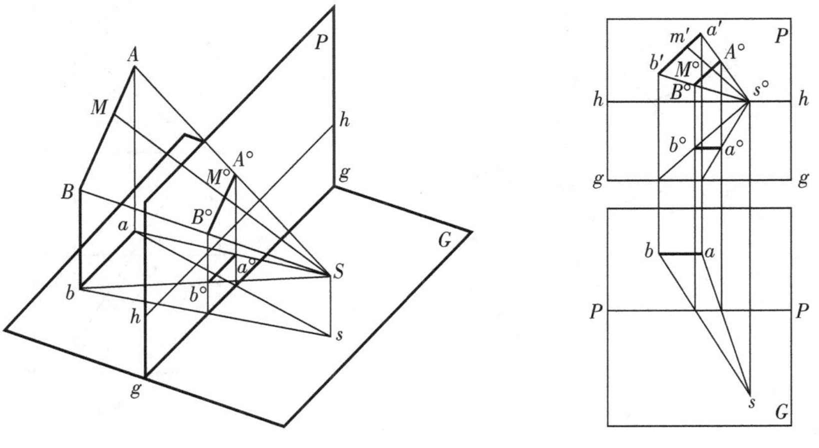

（a）　　　　　　（b）

图 4-60　平行于画面的直线的透视

③一组互相平行的画面平行线，其透视仍保持相互平行，它们的基透视也互相平行，并且平行于基线。如图 4-61 所示，AB 和 CD 是两条相互平行的画面平行线，其透视 $A°B°$ 和 $C°D°$ 相互平行，基透视 $a°b°$ 和 $c°d°$ 也相互平行，并平行于基线 gg。

④画面平行线也有三种典型形式。

a. 垂直于基面的直线（即铅垂线）。如图 4-62 中的铅垂线 AB，其透视 $A°B°$仍为铅垂线，其基透视成为一点。

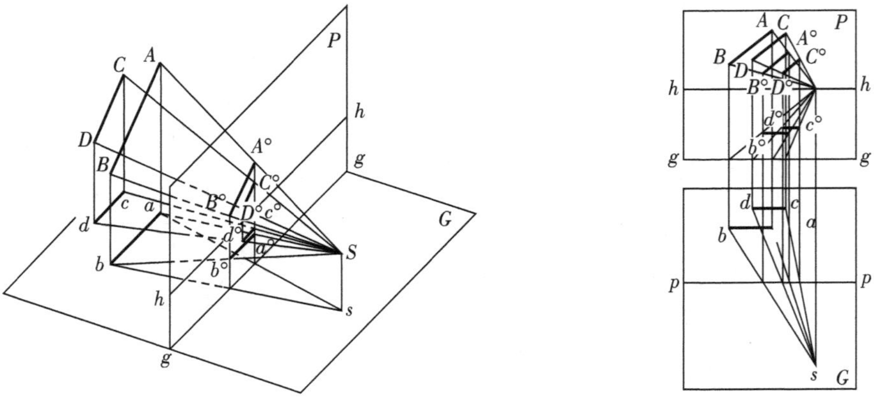

（a）（b）

图 4-61　互相平行的画面平行线的透视

b. 倾斜于基面的画面平行线（即正平线），它们的透视仍为倾斜线段，它和基线的夹角反映了该线段在空间对基面的倾角，其基透视 $a°b°$为水平线段。

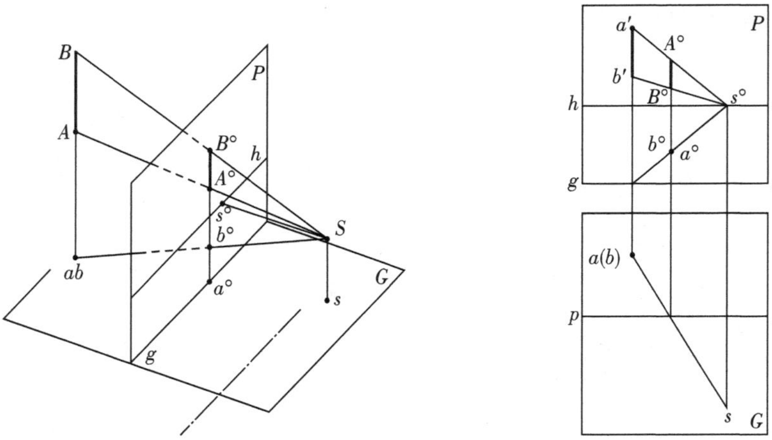

（a）（b）

图 4-62　铅垂线的透视

c. 平行于基线的直线（即侧垂线）其透视与基透视均表现为水平线，如图 4-63 中的 $A°B°$。而直线的基透视，即直线在基面上的投影，一定位于基线上。

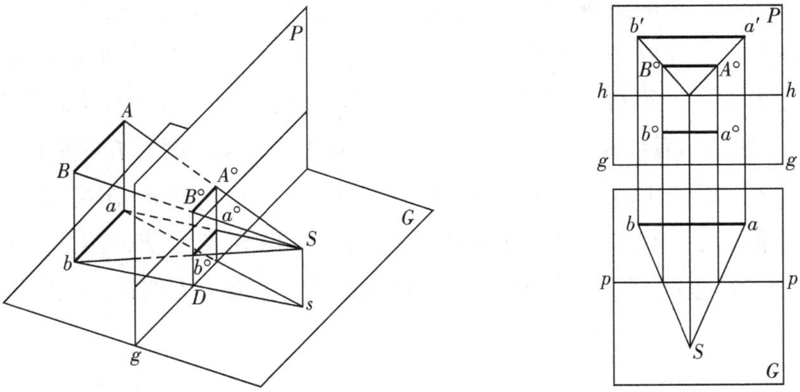

（a）　　　　　　　　（b）

图 4-63　平行于基线的直线透视

4. 透视高度的量取

铅垂线若位于画面上，则其透视即为该直线本身，能反映该直线的实长。人们就利用有这种透视特性的铅垂线，来解决透视高度的量取和确定问题。

如图 4-64 所示透视图中，有一铅垂的四边形 *ABCD*。由于 $A^{\circ}D^{\circ}$和 $B^{\circ}C^{\circ}$交于视平线上的同一个交点 *F*，因此，空间直线 *AD* 和 *BC* 是相互平行的两条水平线，$A^{\circ}B^{\circ}$和 $D^{\circ}C^{\circ}$则是两条铅垂线 *AB* 和 *DC* 的透视，因而 $A^{\circ}B^{\circ}$、$D^{\circ}C^{\circ}$是等高的，但 *CD* 是画面上的铅垂线，故其透视 $C^{\circ}D^{\circ}$直接反映了 *CD* 的真实高度 *L*，而 *AB* 是画面后的直线，其透视 $A^{\circ}B^{\circ}$不能直接反映真高，但可以通过画面上的 *CD* 线确定它的真高。因此，人们将画面上的铅垂线，称为透视图中的真高线。

利用真高线，即可按照给定的真实高度，通过基面上的某一点的透视作出铅垂线的透视。

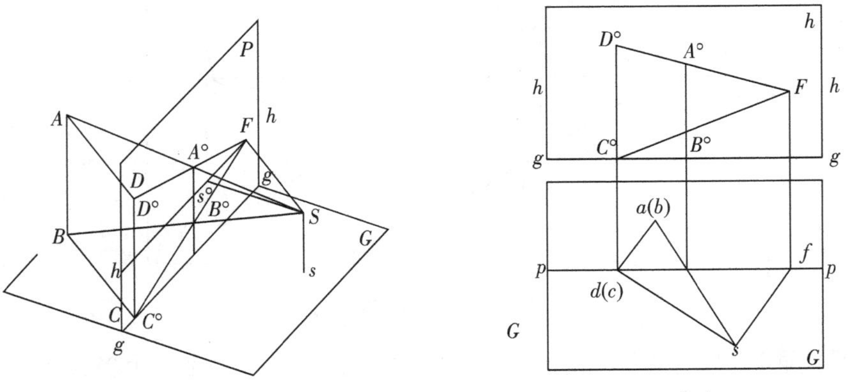

（a）　　　　　　　　（b）

图 4-64　真高线

图 4-65（a）所示的透视图中，欲自点 a°作铅垂线的透视，使其真实高度等于 L。首先在视平线上适当处取一交点 F，如图 4-65（b）所示，连接 F 和 a°两点，使 Fa°延长，与基线交于点 a_x。再自 a_x 作铅垂线，并在其上量取 a_xA，等于真实高度 L，再连接 A 和 F，AF 与 a°处的铅垂线相交于点 A°，则 $a^\circ A^\circ$也就是真实高度为 L 的铅垂线的透视。

也可以首先在基线上取一点 a_x，如图 4-65（c）所示，自 a_x 作高度为 L 的真高线 a_xA，连接 a_x 和 a°，延长 a_xa°，使与视平线相交，得到交点 F，然后，再连接 A 和 F，AF 与 a°处的铅垂线相交于点 A°，则 $a^\circ A^\circ$就是真实高度为 L 的铅垂线的透视。

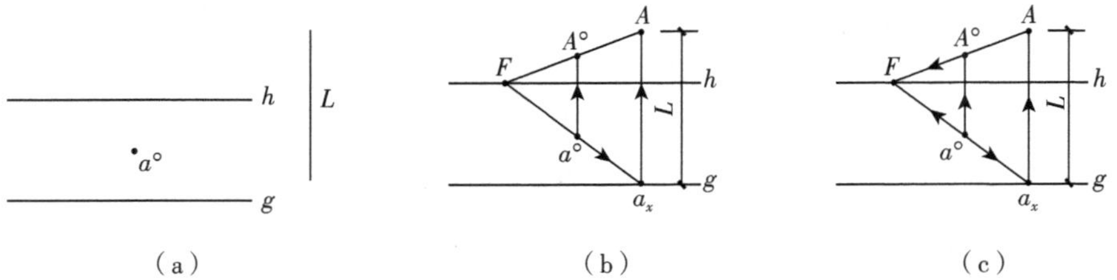

图 4-65　求透视高度的方法

三、平面的透视

（一）平面的透视内容

平面的透视，就是构成平面图形周边各条轮廓线的透视。如果平面是直线多边形，其透视和基透视一般仍是直线多边形，而且边数保持不变。如图 4-66 所示是一个矩形 $ABCD$ 的透视图，矩形的透视 $A^\circ B^\circ C^\circ D^\circ$和基透视 $a^\circ b^\circ c^\circ d^\circ$均为四边形。

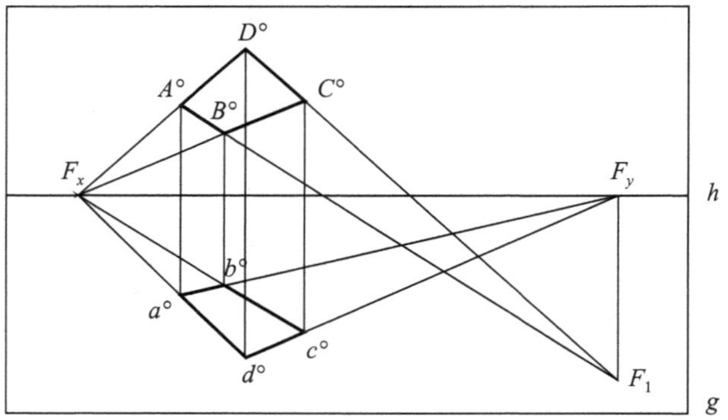

图 4-66　平面的透视

如果平面通过视点，则其透视变成一条直线，而基透视仍是一个多边形。如图 4-67 所示，矩形 $ABCD$ 扩大后通过视点，其透视 $A^\circ B^\circ C^\circ D^\circ$成为一条直线。

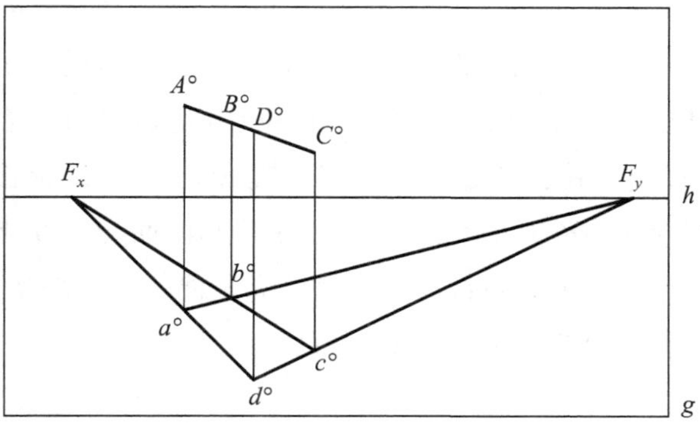

图 4-67　平面通过视点，其透视成为一条直线

如果平面处于铅垂位置，其基透视成为一条直线，其透视仍是一个平面多边形。如图 4-68 所示，五边形 *ABCDE* 就是一个铅垂面，其基透视 $c^\circ b^\circ c^\circ d^\circ e^\circ$成为一条直线。

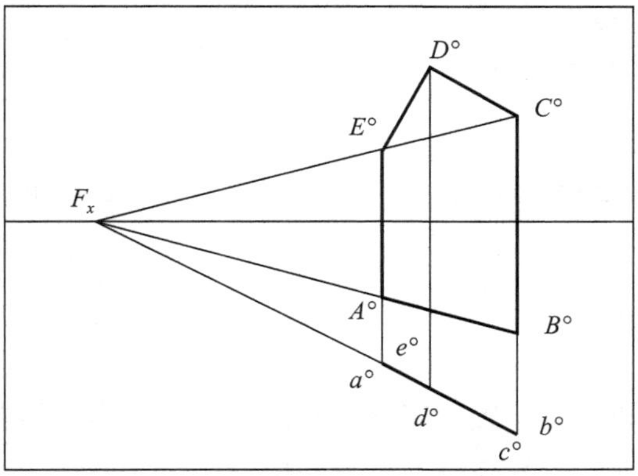

图 4-68　铅垂面的基透视成为一条直线

(二) 平面的迹线和交线

在透视图中，直线有迹点和交点。相对应地，平面有迹线和交线。

1. 平面的迹线

平面扩大后与画面的交线，称为平面的画面迹线；平面扩大后与基面的交线，称为平面的基面迹线。如图 4-69 所示，直线 R_p 是平面 R 的画面迹线，直线 R_g 是平面 R 的基面迹线，画面迹线和基面迹线交于基线 g 上的 N 点。

2. 平面的交线

平面的交线就是平面上所有无限远点的透视的集合，或者说，是平面上各个方向直线的交点的集合。如图 4-69 所示，求平面 R 的交线，过视点作平面的平行线，这些平行线构成一个视线平面，此视线平面与画面的交线 R_f，就是平面 R 的交线。从图 4-69 可知，视线平面和平面 R 是互相平行的，R 平面的画面迹线 R_p 和交线 R_f，也是互相平行的。

在图 4-70 中，矩形平面 $ABCD$ 的透视为 $A^\circ B^\circ C^\circ D^\circ$，基透视为 $a^\circ b^\circ c^\circ d^\circ$。其中 AB 和 CD 是两条水平线，其交点是视平线上的 F_1，AB 和 CD 的透视与基透视均相交于 F_y。AD 和 BC 是两条倾斜的直线，其交点是 F。其基透视 $a^\circ d^\circ$ 和 $b^\circ c^\circ$ 延长后交于视平线上的 F_x，F_x 和 F_y 的连线即平面 $ABCD$ 的交线。AB 延长后与画面交于 H 点，DA 延长后与画面交于 K 点。HK 连线即平面的画面迹线，画面迹线和平面的交线是互相平行的。画面迹线与基线 gg 交于 N 点，连接 NF，即得平面的基面迹线。

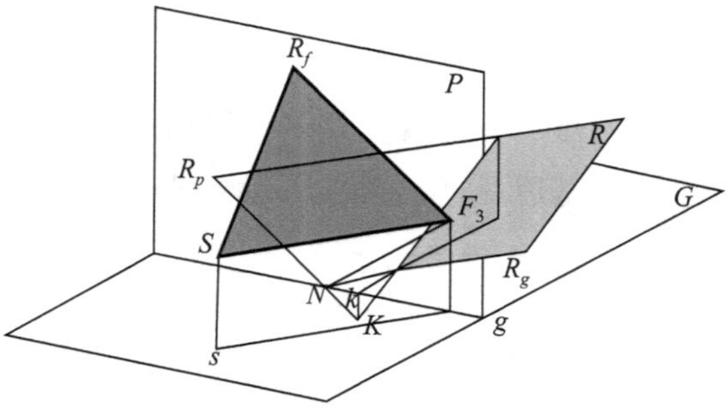

图 4-69　平面的迹线和交线

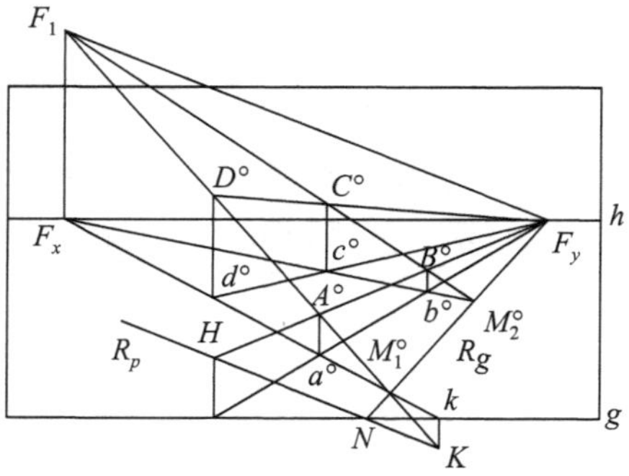

图 4-70　平面的基面迹线

四、透视图的分类

由于建筑物与画面间相对位置的变化，它的长、宽、高三组主要方向的轮廓线与画面可能平行，也可能不平行。与画面不平行的轮廓线，在透视图中会形成交点（称为主向交点）；而与画面平行的轮廓线，在透视图中没有交点。按照画面上的主向交点的多少，透视图分为以下三种：

（一）一点透视

如果建筑物有两组主向轮廓线平行于画面，那么这两组轮廓线的透视不会有交点，而第三组轮廓线必然垂直于画面，其交点就是心点 s°，如图 4-71 所示。这样画出的透视图，称为一点透视。在此情况下，建筑物有一个方向的立面平行于画面，故又称为正面透视，图 4-72 是一点透视的实例。

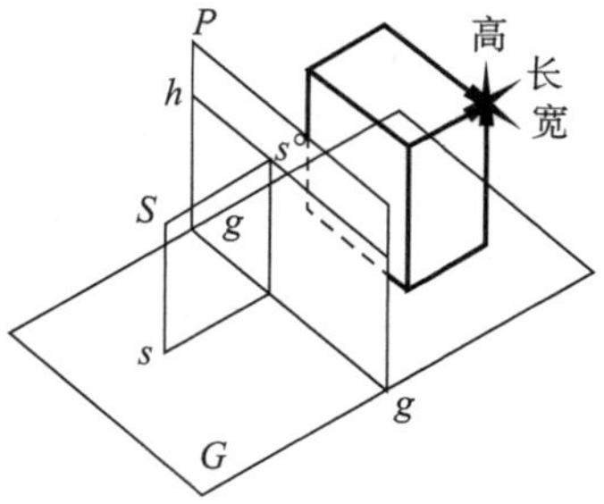

图 4-71　一点透视的形成

图 4-72　一点透视的实例

（二）两点透视

如果建筑物仅有铅垂轮廓线与画面平行，而另外两组水平的主向轮廓线均与画面斜交，在画面上形成两个交点 F_x 及 F_y，这两个交点都在视平线 hh 上，如图 4-73 所示，这样画成的透视图，称为两点透视。在此情况下，建筑物的两个立面均与画面成倾斜角度，故又称成角透视。图 4-74 是两点透视的实例。

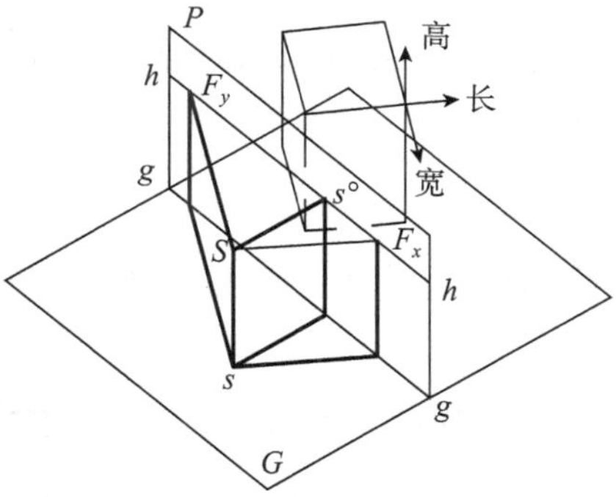

图 4-73　两点透视的形成

图 4-74　两点透视的实例

（三）三点透视

如果画面倾斜于基面，即与建筑物三个主向轮廓线均相交，这样，在画面上就会形成三个交点，如图 4-75 所示。这样画出的透视图，称为三点透视。正因为画面是倾斜的，故又称斜透视。图 4-76 是三点透视的实例。

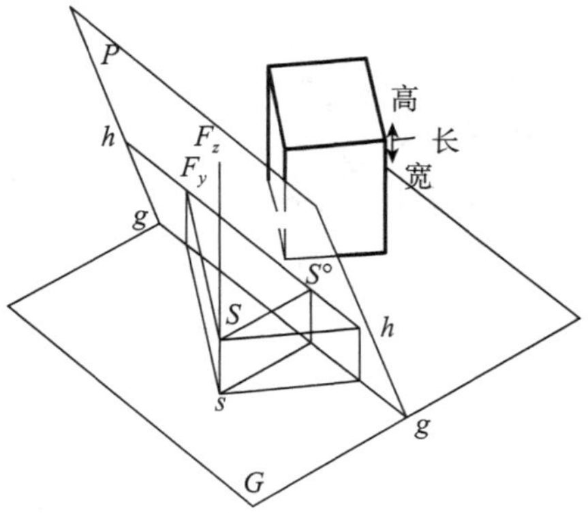

图 4-75　三点透视的形成

图 4-76　三点透视的实例

五、视点和画面的选定

绘制建筑物及其细部的透视图时，视点和画面要选取适当，否则可能表达不充分或失去真实感。下面简单说明如下：

（一）视点的选定

视点的选定，包括在平面上确定站点的位置和在画面上确定视平线的高度。

1. 确定站点的位置

为了得到较满意的透视图，应使物体位于一个视点为顶点、主视线为轴线的直圆锥面所包围的空间内，这个圆锥的顶角（即视角）一般为 20°至 60°，最好是 30°左右，如图 4-77 所示。一般来说，视距为画面宽度的 1.5~2.0 倍。

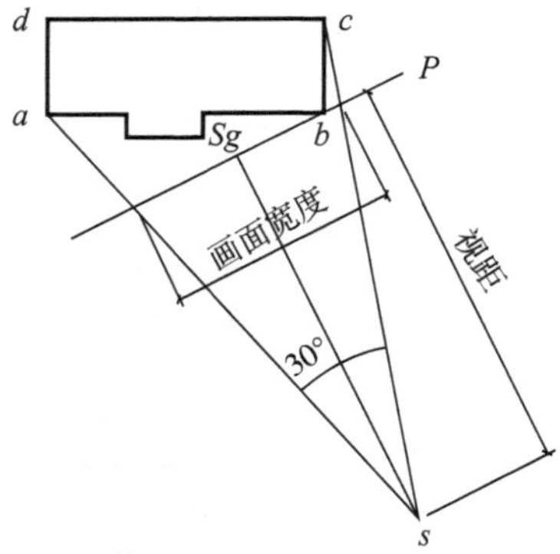

图 4-77　视点的选择

2. 确定视高

视高即视平线的高度，一般取人的身高（1.5~1.8 m）。但有时为了取得某种效果，将视平线适当抬高或降低，如图 4-78 所示。抬高视平线，可使地面在透视图中显得比较开阔，避免前边的建筑遮挡后面的建筑。这种透视图常用来表达某一区域内建筑群的规划和布置，就是人们常说的鸟瞰图，如图 4-79 所示。

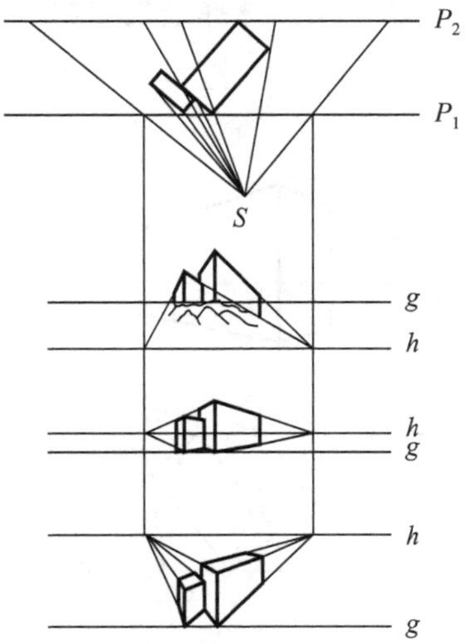

图 4-78　视平线高度对透视效果的影响

图 4-79　抬高视平线透视图

降低视平线，则使建筑物显得高耸宏伟，位于高坡上的建筑常采用这种画法，如图 4-80 所示。

图 4-80　降低视平线透视图

（二）画面与建筑物的相对位置

确定视点后，还要确定画面与建筑物的相对位置，以得到较满意的透视效果。

1. 画面与建筑物主立面夹角的选择

画面与建筑物某立面的夹角愈小，则该立面上水平线的交点愈远，该立面的透视愈宽阔，收敛愈平缓。画面与建筑物主立面的夹角，一般取 30°左右。但有时为了突出主立面，夹角可取小些，如 20°～25°。有时为了兼顾主立面和侧立面，夹角也可取大些，如 40°左右，如图 4-81 所示。

2. 画面与建筑物前后位置的选择

当视点、画面、画面与建筑物主立面的夹角确定之后，若使画面前后平移，将会影响画出来的透视图大小，但透视图的形象不变，如图 4-82 所示。选择透视图的大小，取决于图纸幅面大小，并考虑配景所占的位置。

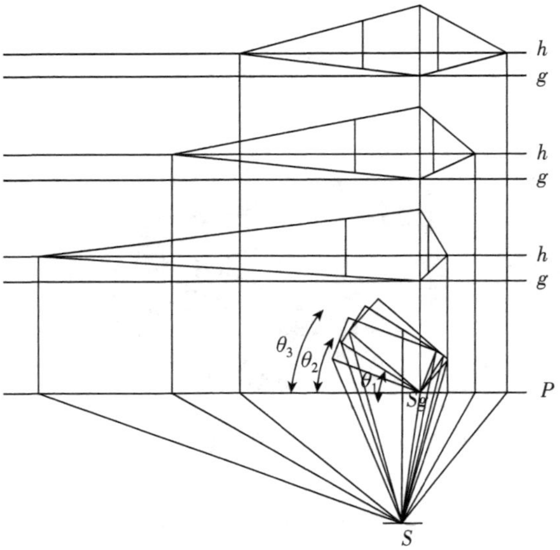

图 4-81　画面与建筑物夹角大小对透视效果的影响

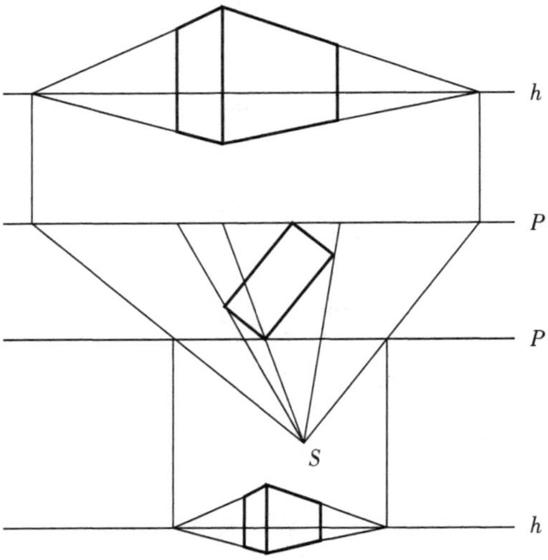

图 4-82　画面前后位置对透视效果的影响

第五节　标高投影

房屋建筑、道路、水利等工程都要与地面发生关系，在设计和施工过程中，常常需要绘制反映地形地貌的地形图，因此，在工程实践中常采用一种新的表达方法——标高投影法来解决。

在多面正投影中，水平投影和标注高度表示形体形状的投影，称为标高投影。

标高投影以水平投影面 H 为投影面，称为基面，并约定其高度为零。标高投影包括水平投影、高程数值、绘图比例尺三要素。

标高就是空间点到基准面 H 的距离。一般规定：H 面上方的点标高为正值，下方的点标高为负值，标高的单位常用米（m）。

在实际工作中，地形图通常以我国青岛附近的黄海平均海平面作为基准面，所得的高程称为绝对高程，否则称为相对高程。

一、点和直线的标高投影

将点向 H 面作正投影，然后在其右下标位置注出该点到 H 面的实际距离（即标高数字），即得到该点的标高投影。如图 4-83 所示，图（a）表示 A、B、C 三点与水平面的空间位置，图（b）即为三点的标高投影。为了表示几何元素间的距离或线段的长度，标高投影图中都要附以比例尺。

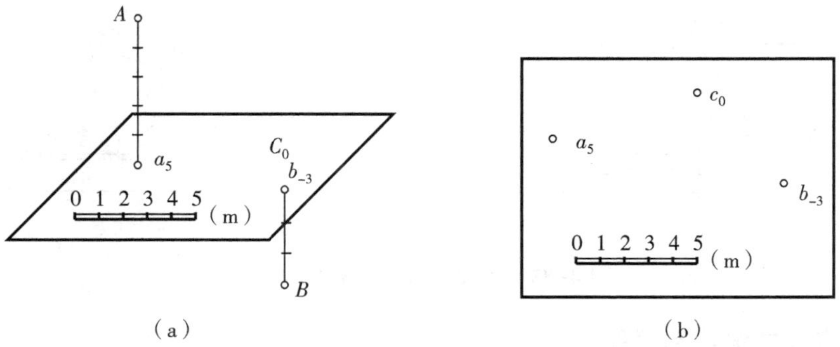

图 4-83 点的标高投影

二、直线的标高投影

（一）直线标高投影的表示法

直线标高投影的表示法有两种：

（1）用直线的水平投影并标注直线上两个端点的高程来表示，如图 4-84 所示，图（a）中倾斜直线 *AB*、水平线 *CD* 的标高投影，分别可表示成图（b）中的 a_3b_5 和 c_3d_3。

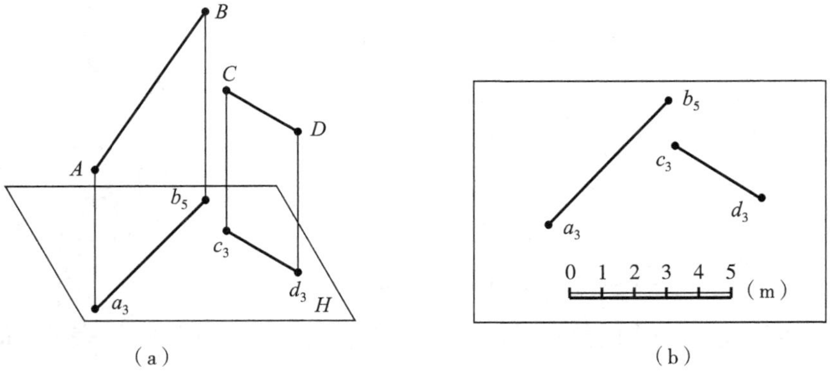

图 4-84 直线的标高投影

（2）用直线上一点的标高投影加注直线的坡度和方向来表示。实心全箭头表示下坡方向，*i* 为该直线的坡度，如图 4-85 所示。

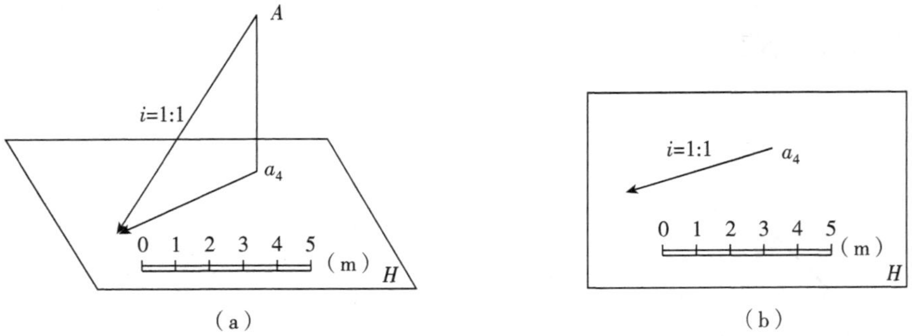

图 4-85 用坡度加方向法表示直线

(二) 直线的坡度和平距

直线的坡度，是指直线上两点的高差与两点间水平距离之比，用符号 i 表示，即

$$坡度（i）=\frac{高度(H)}{水平距离(L)}=\tan\alpha$$

由上式可知，当两点间水平距离为 1 个单位时，两点间的高差即为坡度。

如图 4-86 所示，直线 AB 的高差 $H=3$ m，用比例尺量得其水平距离 $L=4.5$ m，则该直线的坡度 $i=\frac{H}{L}=\frac{3}{4.5}=\frac{1}{1.5}$，一般写作 1：1.5。

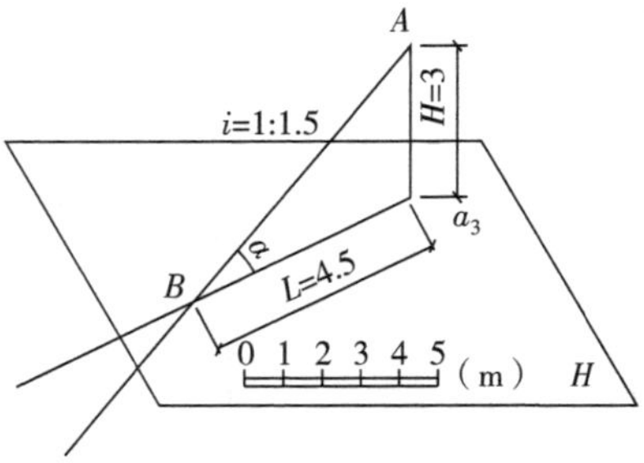

图 4-86 直线的坡度

直线的平距，是指两点间的水平距离与它们的高差之比，用符号 l 表示，即

$$平距（l）=\frac{水平距离(L)}{高度(H)}=\cot\alpha=\frac{1}{i}$$

由上式可知，当两点间的高差为 1 时，两点间的水平距离即为平距，平距和坡度互为倒数，即 $l=\frac{1}{i}$。坡度越大，平距越小；反之，坡度越小，平距越大。

(三) 直线的实长和整数标高点

在标高投影中求直线的实长，可以采用正投影中的直角三角形法。如图 4-87 所示，图（b）中的斜边即为 AB 实长。

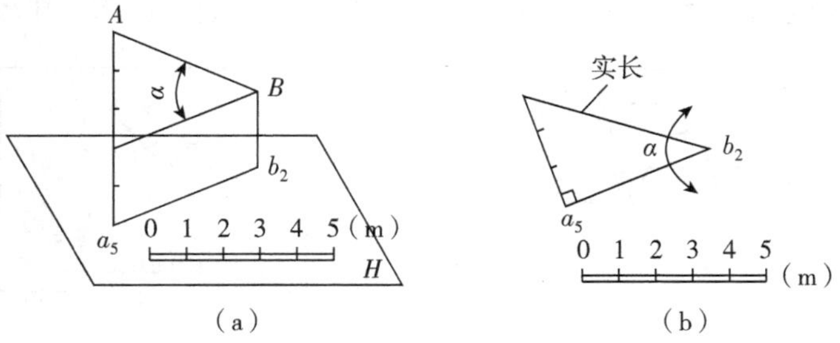

图 4-87　线段 *AB* 的实长

三、平面的标高

（一）平面的标高投影相关概念

1. 等高线

在标高投影中，预定高度的水平面与所表达表面（可以是平面、曲面或地形面）的截交线称为等高线，如图 4-88 所示。在工程实际应用中，常在整数标高位置作等高线，它们的高差一般也取整数，并且把平面与基准面的交线作为高程为零的等高线。图（b）所示为图（a）中平面 *P* 上的等高线的标高投影。

2. 平面的平距

从图 4-88 的标高投影图中可以看出，平面上的等高线是一组互相平行的直线，当相邻等高线的高差相等时，其水平间距也相等。

如图 4-88（a）所示，平面的最大坡度线和平面上的水平线垂直，根据直角投影定理，它们的水平投影应互相垂直，如图 4-88（b）所示。最大坡度线的坡度就是该平面的坡度。由此可以得出，最大坡度线的平距亦为平面的平距，它反映了平面上高差为一个单位时，相邻等高线间的水平距离。

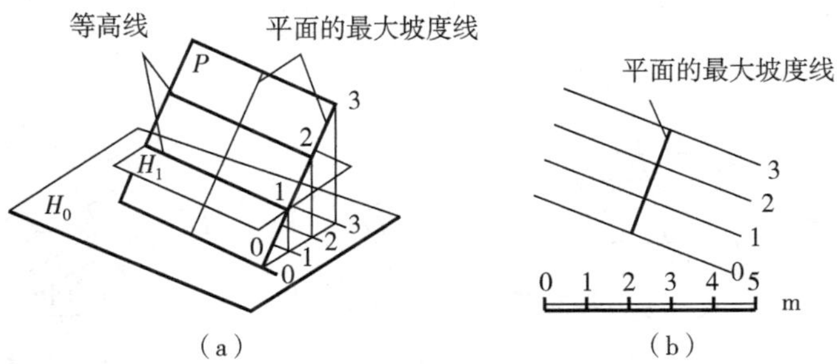

图 4-88　平面上的等高线

3. 平面的坡度比例尺

将最大坡度线的标高投影，按整数标高点进行刻度和标注，并画成一粗一细的双线，称为平面的坡度比例尺，如图 4-89 所示，*P* 平面的坡度比例尺用 *Pi* 表示。

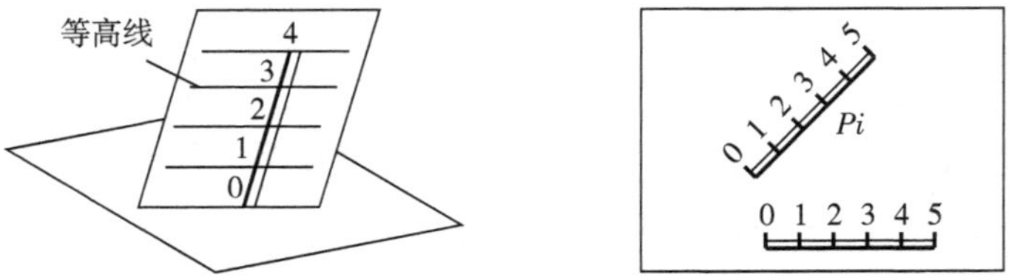

（a）　　（b）

图 4-89　坡度比例尺

（二）平面的表示法

在标高投影中，平面常采用以下几种方法表示。

1. 等高线表示法

一般采用高差相等、标高为整数的一系列等高线来表示平面，并把基准面 *H* 上的等高线作为标高为零的等高线，如图 4-89 所示，当高差相同时，等高线间距也相等。

2. 坡度比例尺表示法

这种表示法实质上就是最大坡度线表示法，如图 4-89 所示。已知平面的等高线组，可以利用等高线与坡度比例尺的相互垂直的关系，作出平面上的坡度比例尺，反之亦然。

如图 4-89（b）所示是根据平面的等高线作出的坡度比例尺。要注意在用坡度比例尺表示平面时，标高投影的比例尺或比例一定要给出。

3. 以平面内的一条等高线和平面坡度线表示平面

已知平面上的一条等高线和坡度值及其坡度线的方向，如图 4-90 所示。

如图 4-90（c）所示，作平面上的等高线。利用坡度求得等高线的平距为 2，然后作已知等高线的垂线，在垂线上按图中所给比例尺截取平距，再过各分点作已知等高线的平行线，即可作出平面上一系列等高线的标高投影。

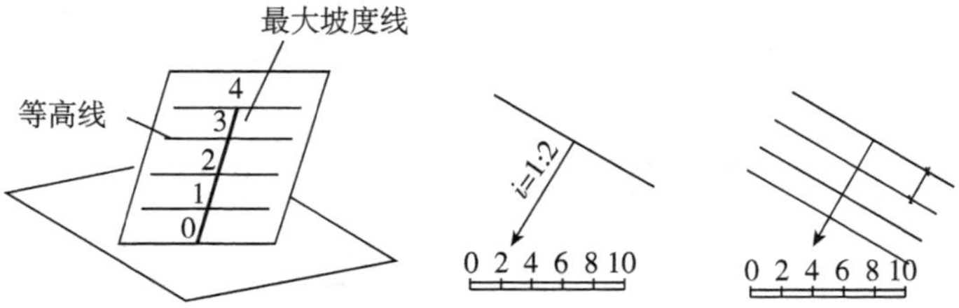

（a）立体图　　（b）表示方法　　（c）作等高线

图 4-90　用一条等高线和坡度表示平面

4. 以平面内的一般位置直线和平面坡度倾向表示平面

如图 4-91 所示为一标高为 8 m 的水平场地及一坡度为 1 ∶ 3 的斜坡引道，斜坡引道

两侧的倾斜平面 ABC 和 DEF 的坡度均为 1 ：2，这种倾斜平面可由平面内一条倾斜直线的标高投影加上该平面的坡度来表示，如图 4-91（b）所示。

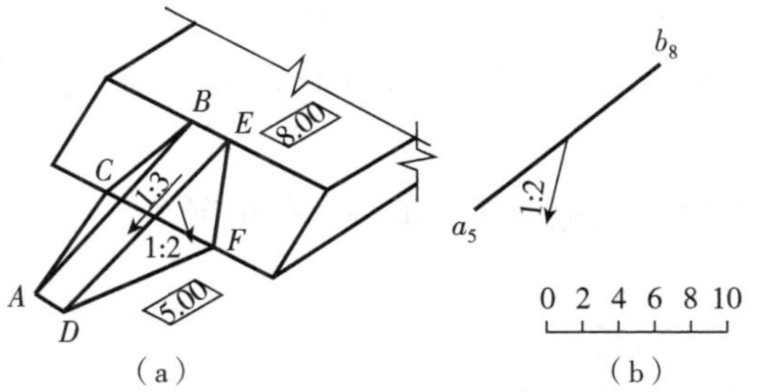

图 4-91　用一般位置直线和坡度倾向表示平面

四、曲面和地形面的标高投影

(一) 曲面的标高投影

在标高投影中是用一系列等高线来表示曲面的。

如图 4-92 所示，三个圆锥面被一系列等高距的水平面截切，所得一系列截交线，即为锥面的等高线。正圆锥面的等高线都是同心圆，锥面坡度相等时，其等高线的平距也相等，如图 4-92（a）所示。当锥面正立时，越靠近圆心，等高线的标高数值越大；当锥面倒立时，则相反，如图 4-92（b）所示。非正圆锥面的标高投影如图 4-92（c）所示，坡度越陡，等高线越密；坡度越缓，等高线越稀。

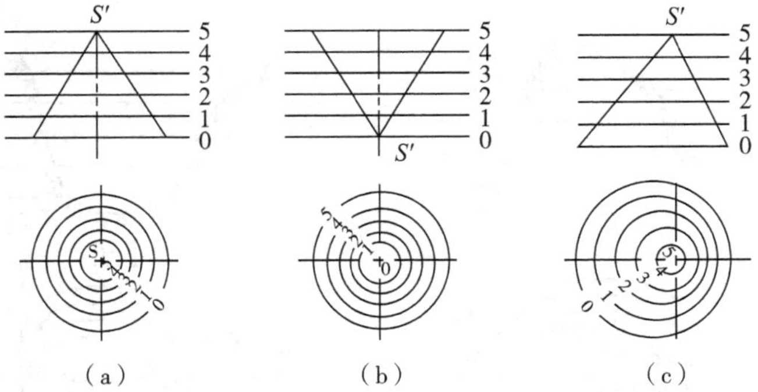

图 4-92　圆锥的标高投影

(二) 地形面的标高投影

假想用一组高差相等的水平面切割地形面，截交线是一组不同高程的等高线，如图 4-93 所示，画出等高线的水平投影，并标注其高程值，即为地形面的标高投影，通常也叫地形图。

地形图有下列特性：

（1）其等高线一般是封闭的不规则的曲线。

（2）等高线一般不相交（除悬崖、峭壁外）。

（3）同一地形图内，等高线的疏密反映地势的陡缓。

（4）等高线的标高数字，字头都是朝向地势高的方向。图 4-94（a）所示为山丘，图 4-94（b）所示为洼地。

（5）地形图的等高线能反映地形面的地势地貌情况。

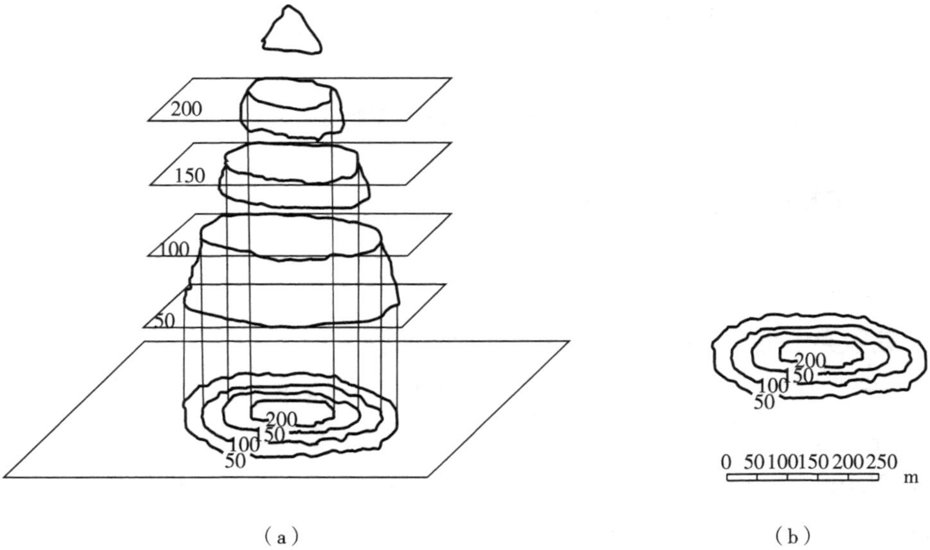

图 4-93　地形图表示法

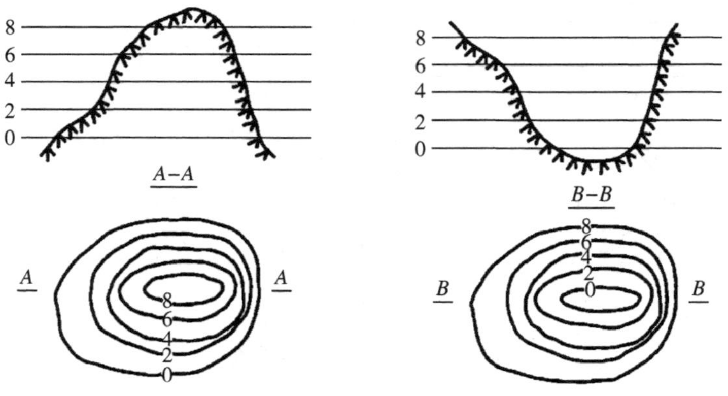

图 4-94　山丘和洼地的标高示意图

用铅垂面剖切地形面，在剖切平面与地形面的截交线上画上相应的材料图例，称为地形断面图。其作图方法如图 4-95 所示。

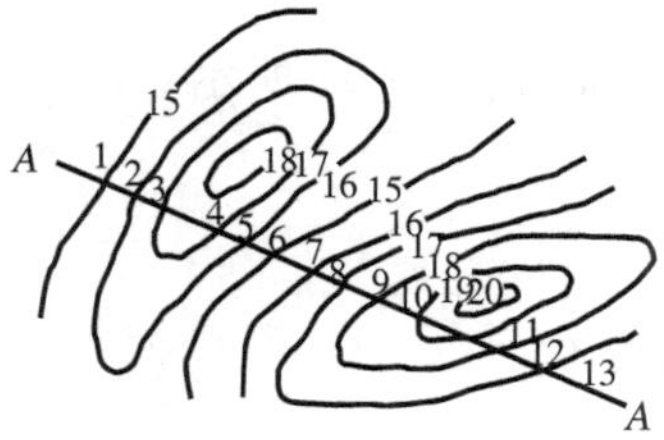

（a）

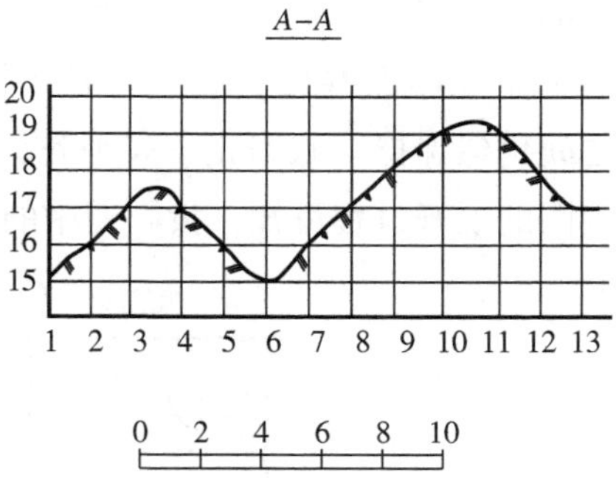

（b）

图 4–95　地形断面图的画法

第六节　工程形体的图示方法

在生产实践中，工程形体是复杂多样的，仅用三视图难以将形体的形状完整、清晰、简便地表达出来。

一、视图

视图是物体向投影面做正投影所得到的图形。视图通常有基本视图、局部视图和斜视图等。

（一）基本视图

国标规定用正六面体的表面作为基本投影面，将物体放在其中，分别向这六个基本投影面投影得到的视图，称为基本视图，如图 4–96（a）所示。除原来的正立面图、平面图和左侧立面图外，其余三个视图的名称为：右侧立面图、底面图和背立面图。

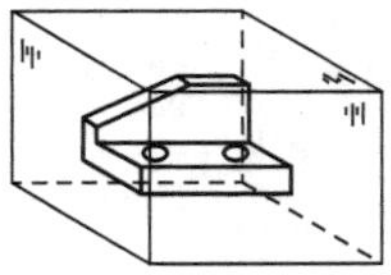

（a）

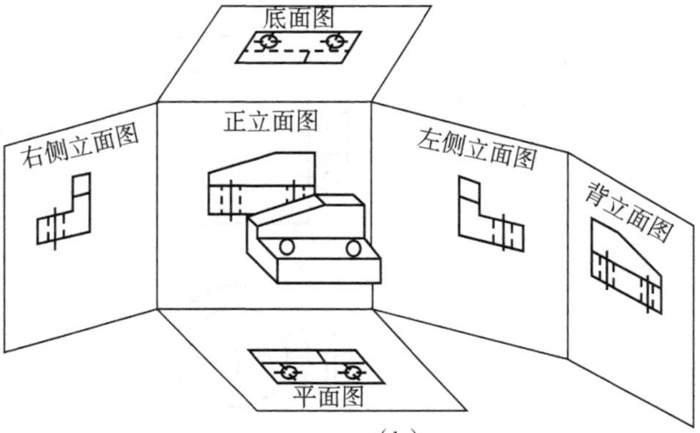

（b）

图 4–96　基本视图的形成与展开

基本视图的展开方法：正立投影面保持不动，其余各投影面按图 4-96（b）中方向旋转，使之与正立投影面共面。展开后各视图的名称及在图样中的位置如图 4-96 所示，各视图之间仍然保持“长对正、高平齐、宽相等”的投影关系。

由基本视图的展开过程可知，投影图中的方位关系如图 4-97 所示。

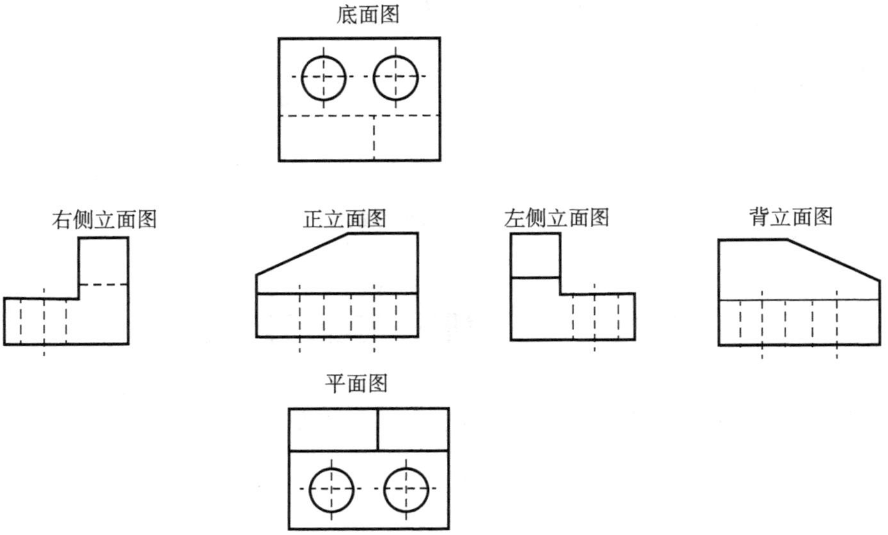

图 4-97　基本视图的名称及配置

（二）局部视图

将物体的某一部分向基本投影面投射所得的视图，称为局部视图，如图 4-98 所示。

局部视图的画法和配置及标注规定如下：

（1）局部视图的断裂边界一般用波浪形表示，如图 4-98 中的 *A* 向局部视图。当所表示的局部结构是完整的，且外轮廓线封闭时，波浪线可省略不画。

（2）局部视图可按基本视图的形式配置。

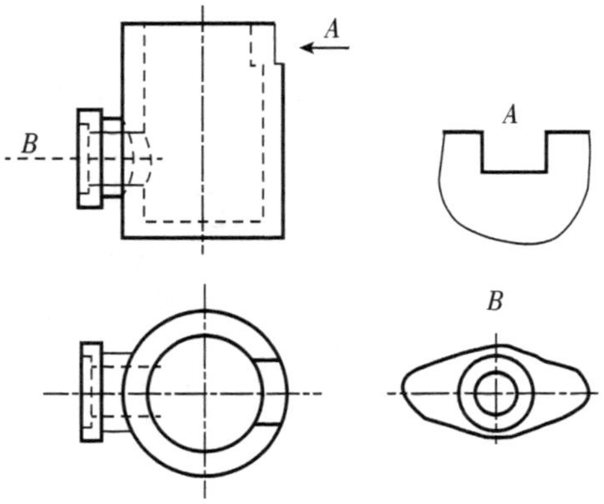

图 4-98　局部视图

（三）斜视图

把物体向不平行于基本投影面的平面投射所得的视图，称为斜视图。

为了表达倾斜表面的真实形状，可以选择一个与倾斜部分平行的平面作为辅助投影面，这样就可以得到反映这一部分实形的视图，即斜视图，如图 4-99 所示。

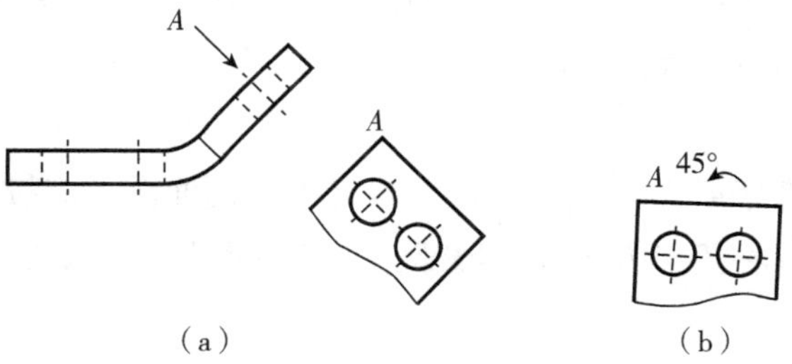

图 4-99　局部视图

二、剖面图

当物体的内部结构比较复杂时，图形中会有很多虚线，这时通常采用剖面图来表达。

（一）剖面图的概念

假想用剖切面剖开物体，将处在观察者和剖切面之间的部分移去，而将其余部分向投影面投射所得的图形，称为剖面图，简称剖面。图 4-100 所示为剖面图的形成过程。用来剖切被表达物体的假想平面或曲面称为剖切面。剖切面与物体的接触部分称为剖面区域。

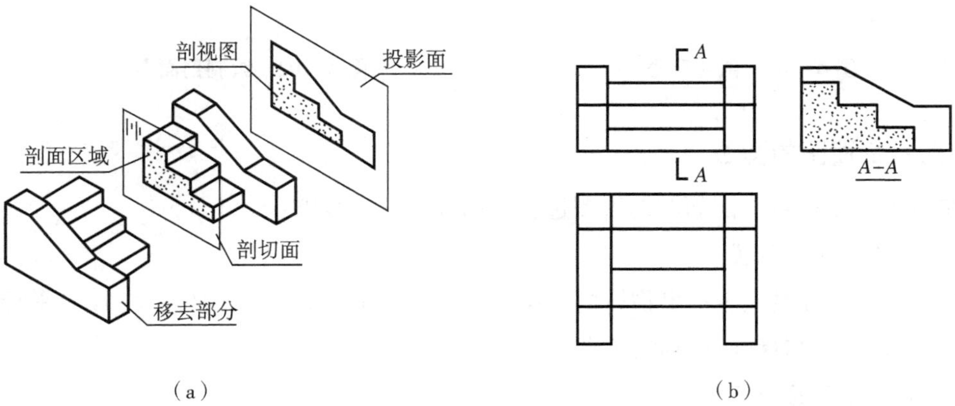

图 4-100　剖面图的形成

（二）剖面图的标注

为了清楚地表示剖面图与其他视图的关系，剖面图需要进行标注，需标注的内容如

图 4-100（b）所示。

1. 剖切符号

剖切符号由剖切位置线和投射方向线组成，两线均以粗实线绘制。剖切位置线表示剖切面所在的位置及转折（如图 4-101 中的 2 剖切面），长度以 6~10 mm 为宜；投射方向线位于剖切位置线外侧端部，垂直于剖切位置线，长度以 4~6 mm 为宜。绘图时，剖面图的剖切符号不应与其他图线接触。

2. 剖切编号

编号采用阿拉伯数字或大写拉丁字母，若有多个剖面图，应按顺序由左至右，由下至上连续编号，编号写在投射方向线的端部，并且一律水平书写。

3. 剖面图的名称

用与剖切符号的编号对应的“X-X”表示，剖面图的名称写在相应剖面图的下方或上方，并在名称下画一条粗实线。

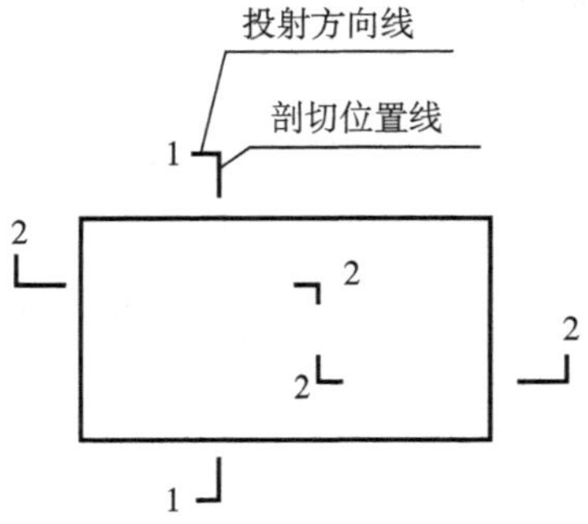

图 4-101　剖切符号

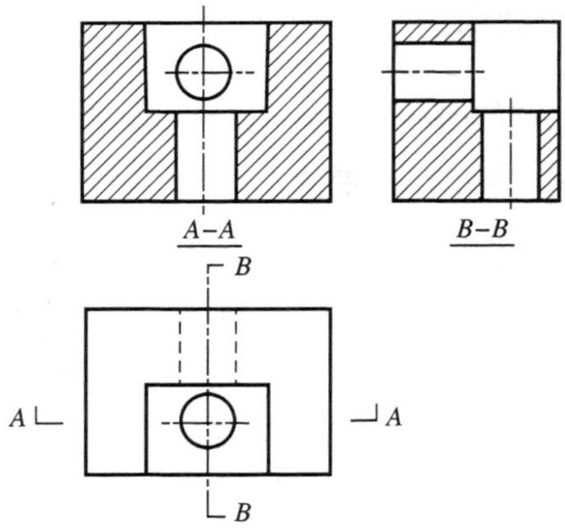

图 4-102　绘制剖面图

（三）剖面图的画法

如图 4-102 所示，剖面图的绘图过程包括以下几个步骤：

1. 确定剖切面位置

为了清楚、方便地表示出物体内部结构的真实形状，剖切面的位置一般应平行于投影面，且与物体的对称面或轴线重合。

2. 画剖面图的轮廓线

为了使视图清晰地反映要表示的结构，绘制剖面图时一般省略虚线。在剖面图中，可见部分的线条均用粗实线绘制。

3. 画剖面材料符号

剖面图中的剖面区域需绘制材料符号。

4. 标注剖面图图名

剖面图的图名一般以剖切符号的编号来命名。

（四）剖面图的分类

按国家标准规定，剖面图可以分为全剖面图、半剖面图、阶梯剖面图、展开剖面图、局部剖面图与分层剖面图。

1. 全剖（一个剖切面）

用一个剖切平面将物体完全切开所得到的剖面图称为全剖面图。全剖面图一般应用于不对称的建筑形体，或对称但较简单的建筑构件中，如图 4-103 所示。

2. 半剖（一个剖切面）

以形体的对称线为分界线，由一半表示外形的视图，一半表示内部的剖面图组成的剖面图。半剖面图一般用于对称形体，剖面图一般画在对称线的右方或下方，已用实线表达清楚的结构，对称的虚线一般省略不画，半剖面图的标注与全剖面图完全相同，如图 4-104 所示。

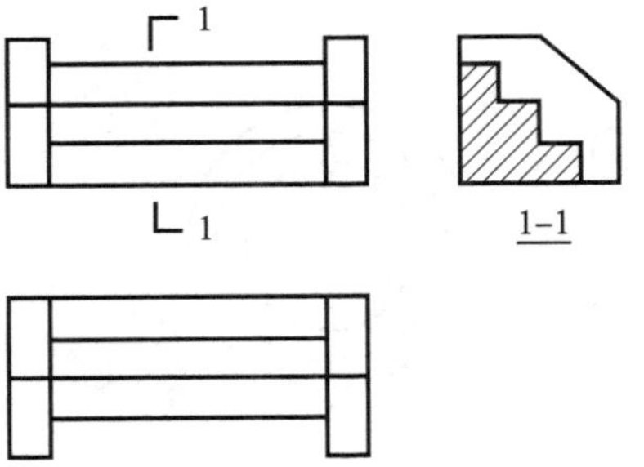

图 4-103　全剖面图

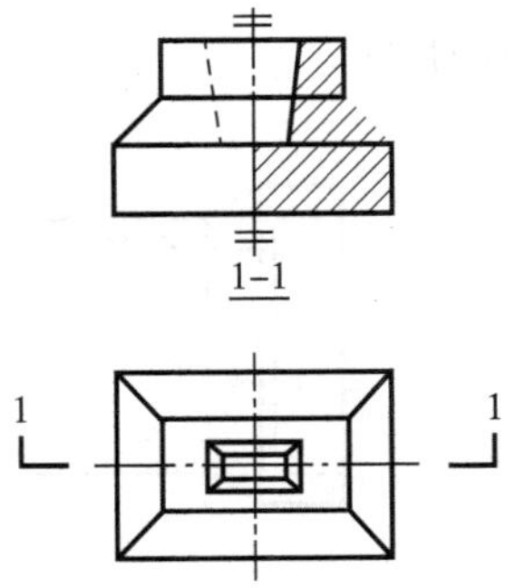

图 4-104　半剖面图

3. 阶梯剖（两个及以上平行剖切面）

用一组相互平行的剖切平面将形体剖开所得的剖面图。

阶梯剖面图用于有两个不在同一轴线上的孔洞的建筑形体，在阶梯剖切平面的转折处，在剖面图上不画分界线，如图 4-105 所示。

4. 展开剖（两个相交剖切面）

用两个相交的剖切面剖切物体，把两个剖切到的图形，旋转到与投影面平行的位置，再投影得到的剖面图称为展开剖面图。展开剖面图用于两部分成一定角度的建筑形体，如图 4-106 所示。

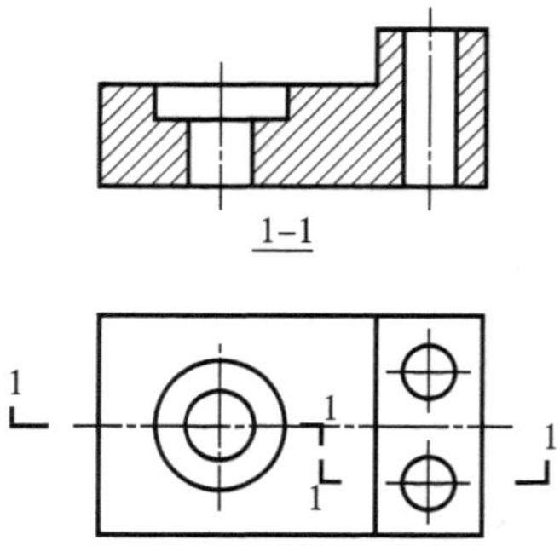

图 4-105　阶梯剖面图

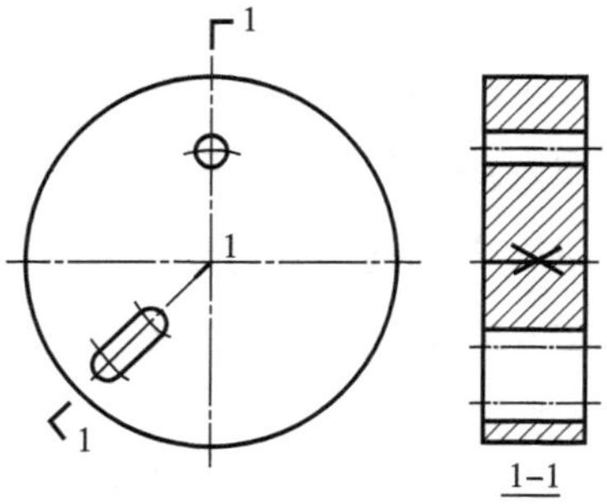

图 4-106　展开剖面图

5. 局剖（按需要剖切局部而成）

仅需要表达形体某局部的内部构造时，可以只将该局部剖切开，只作该部分的剖面图，称为局部剖面图。

局部剖面图一般不再进行标注，剖切范围用波浪线表示，是外形视图和剖面的分界线。波浪线不能与轮廓线重合，也不应超出视图的轮廓线，波浪线在视图孔洞处要断开，如图 4-107 所示。

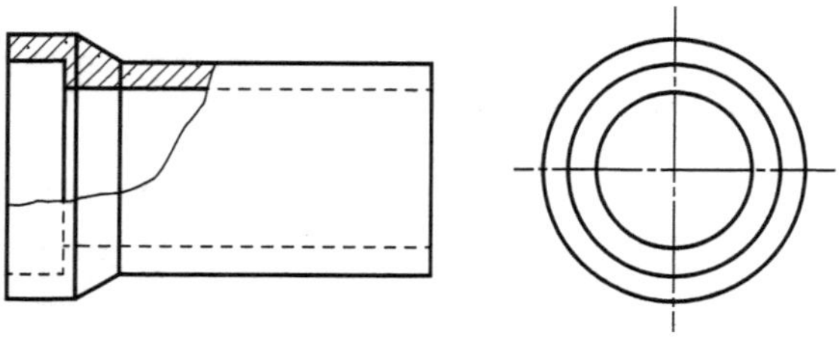

图 4-107　局部剖面图

6. 分层剖（将形体按层次用波浪线隔开）

对一些具有不同层次构造的建筑构件，可按实际需要，用分层剖切的方法获得剖面图，称为分层剖面图，如图 4-108 所示。

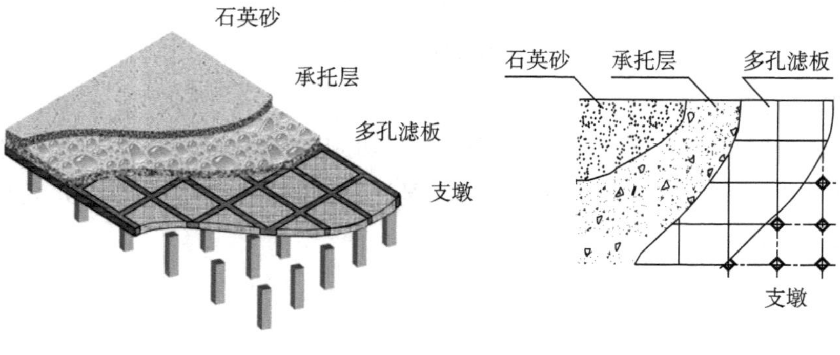

图 4-108　分层局部剖面图

三、断面图

（一）断面图的概念

假想用剖切面将物体的某处切断，仅画出物体与该剖切面接触的部分，并填充剖面符号或材料图例的图形，称为断面图，简称断面，如图 4-109 所示。

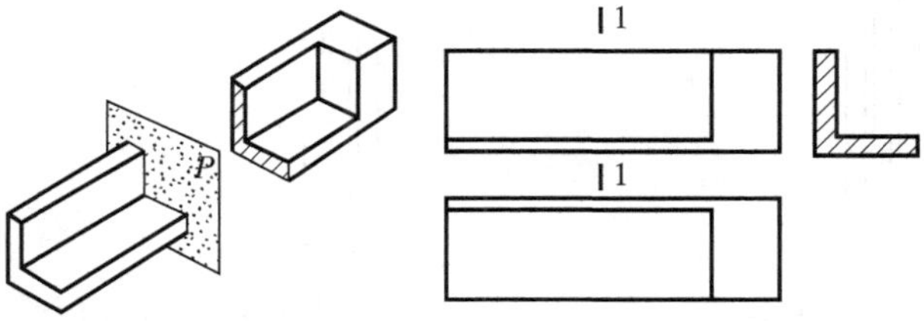

图 4-109　断面图

（二）断面图的标注

1. 断面剖切符号

断面剖切符号只有剖切位置线，以粗实线绘制，长度以 6~10 mm 为宜。

2. 断面编号

断面编号和剖面图编号相同，采用阿拉伯数字或大写拉丁字母。若有多个断面图，应按顺序由左至右，由下至上连续编号，编号写在投射方向线的一侧，并且一律水平书写。

断面编号的注写位置表示剖视方向。向左剖视时，断面编号应注写在剖切位置线的左侧；向下剖视时，断面编号应注写在剖切位置线的下方，如图 4-110 所示。

3. 断面图的名称

用与断面剖切符号的编号对应的“*X*-*X*”表示，断面图的名称写在相应断面图的下方或上方，并在名称下画一条粗实线。

（三）断面图的分类和画法

根据断面图在图上的位置，可以分为移出断面图、重合断面图和中断断面图。

1. 移出断面图

将形体某一部分剖切后所形成的断面图，画在原投影图以外的一侧，称为移出断面图。

移出断面图的轮廓线用粗实线画出，在断面轮廓内标注材料图例，应尽量画在剖切位置线的延长线上。

在移出断面图下方应注出与剖切符号相应的编号，如 1-1、2-2，断面图应按剖切顺序排列，尽量放在剖切位置的延长线上，如图 4-111 所示。

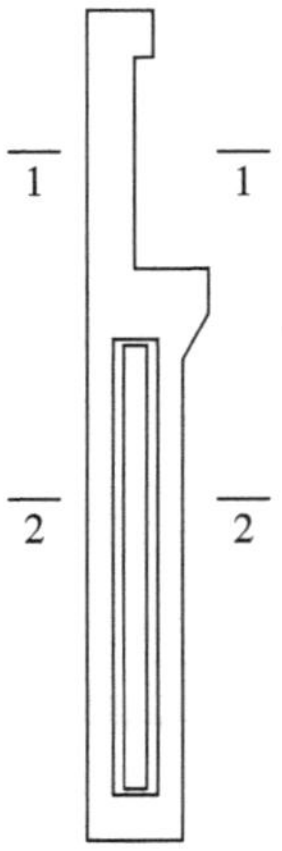

图 4-110　局部剖面图

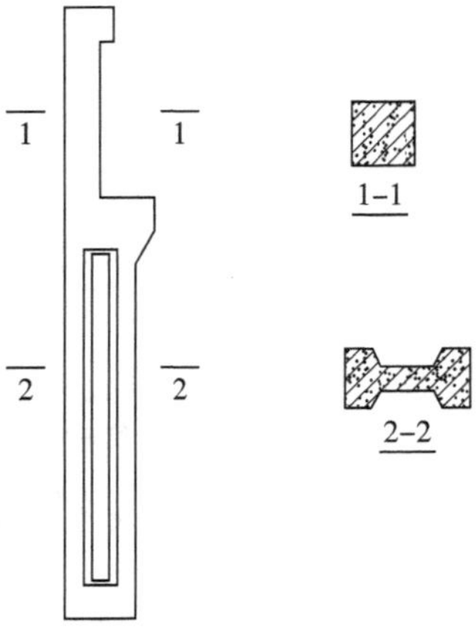

图 4-111　移出断面图

2. 重合断面图

将断面图直接画在投影图中，二者重合在一起，称为重合断面图。

重合断面图用细实线画出，并画出相应的材料图例。投影图的轮廓线应完整地画出，不可间断。重合断面图的比例应与原投影图一致，通常画在所剖切的部位，并向左或向上侧倒在投影图面上，如图 4-112 所示。

3. 中断断面图

对于单一长向构件，可将断面图画在构件投影图的中断处，这种断面图称为中断断面图。

中断断面图的轮廓线用粗实线绘制，投影图的中断处用折线或波浪线画出。中断断面图不必画剖切符号，如图 4-113 所示。

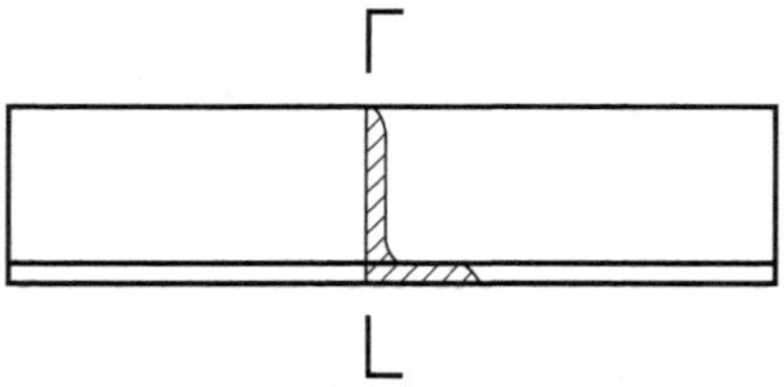

图 4-112　重合断面图

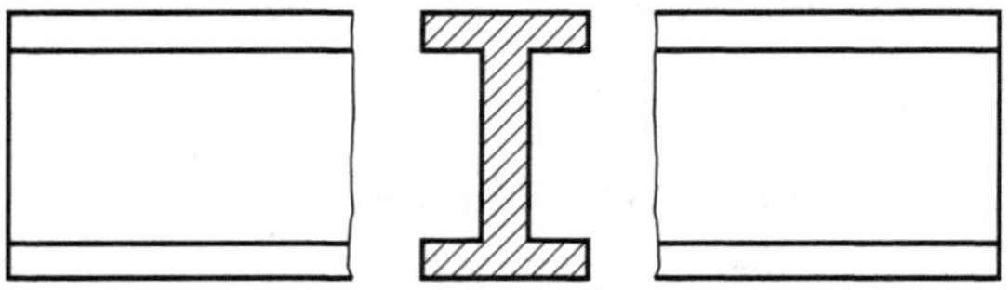

图 4-113　中断断面图

四、简化画法

（一）对称图形的简化画法

为了节省绘图时间和图幅，物体的对称视图可只画一半或四分之一，并在对称轴的两端画出对称符号，如图 4-114 所示。对称符号由两条与对称轴垂直的平行细实线组成，细实线长度为 4～6 mm，平行线间距为 2～3 mm，平行线在对称线两侧的长度应相等。

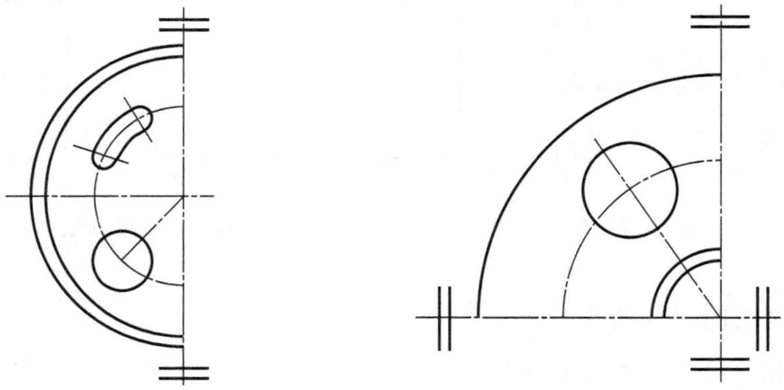

（a）　　　　（b）

图 4-114　对称图形的简化画法

（二）相同结构要素的省略画法

当物体上有多个完全相同的结构要素，且呈现有规律的排列时，为了简化作图，可在两端或适当位置画出该结构要素的完整形状，其余部分省略不画，仅以中心线或中心线的交点表示，如图 4-115（a）、（b）、（c）所示。若物体上有多个完全相同的结构要素，但是呈无规律的排列，则作图时可在适当位置画出该结构要素的完整形状，其余部分在相同结构要素位置的中心线交点处用小圆点表示，如图 4-115（d）所示。

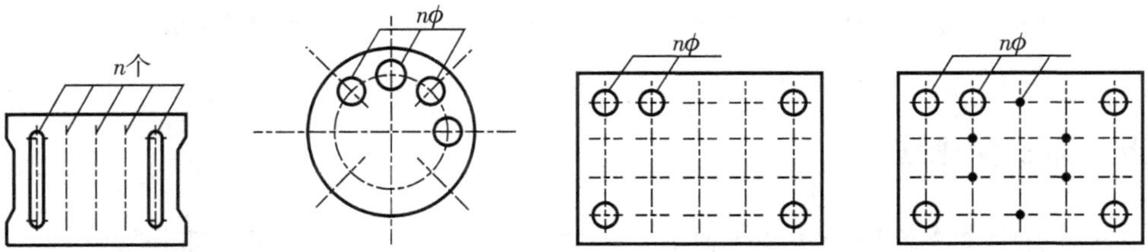

（a）　　（b）　　（c）　　（d）

图 4-115　相同结构要素的省略画法

（三）折断省略画法

物体较长且沿长度方向的形状相同或按一定规律变化时，在图样中可用折断线将图形中间断开，省略不画，沿长度方向使图的首尾两端靠近，如图 4-116 所示。

（四）接长图画法

如绘制空间不够，一个物体可分成几个部分绘制，并以连接符号（一组折断线）表示相连，如图 4-117 所示，图中 A 表示该处对接。

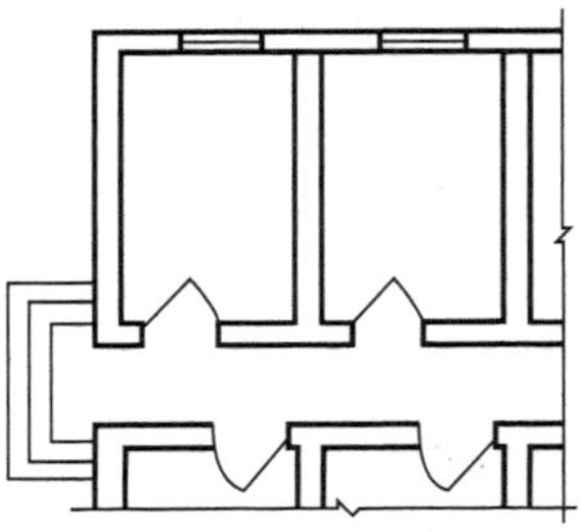

图 4-116　折断省略画法

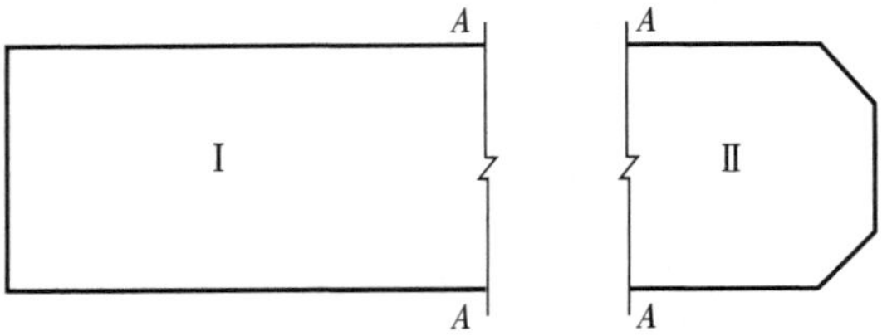

图 4-117　接长图画法

（五）省略相同部分画法

一个物体如与另一物体仅部分不相同，该构配件可只画不同部分，但应在两个构配件的相同部分与不同部分的分界线处分别绘制连接符号，如图 4-118 所示。

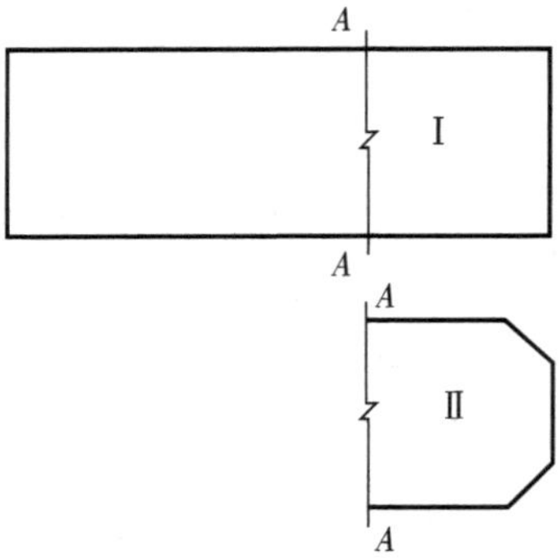

图 4-118　省略相同部分画法

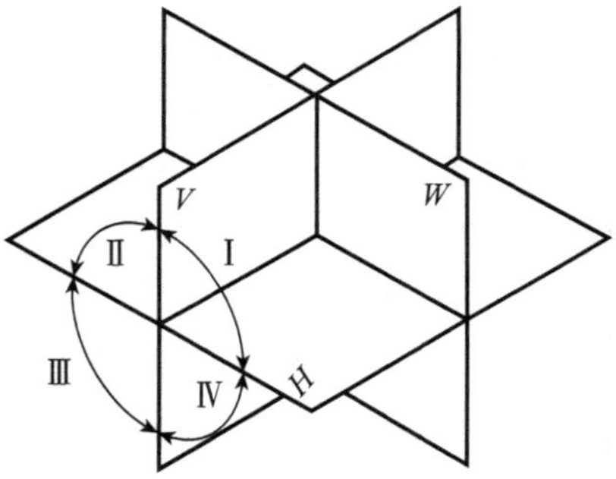

图 4-119　空间的分角画法

五、第三角画法

相互垂直的三个投影面 *V*、*H* 和 *W*，把空间划分为八部分，每个部分被称为一个分角，并规定：在 *W* 面以左、*V* 面以前、*H* 面以上的部分称为第一分角；在 *W* 面以左、*V* 面以后、*H* 面以下的部分称为第三分角，如图 4-119 所示。

目前，国际上使用两种投影制，即第一角画法（又称第一角投影）和第三角画法（又称第三角投影）。中国、英国、德国和俄罗斯等国家采用第一角画法，美国、日本、新加坡及我国香港、台湾地区等采用第三角画法。

第三角画法是将物体放在投影面后边，按正投影法得到各个视图。从前向后投影是正立面图，从上向下投影是平面图，从右向左投影是右侧立面图，如图 4-120 所示。各投影面按图 4-121 所示的方法展开。

国际标准规定了第一角画法和第三角画法的识别方法，如图 4-122 所示。为了便于进行国际交流，这里简单介绍第三角画法的形成及第三角画法与第一角画法的区别。

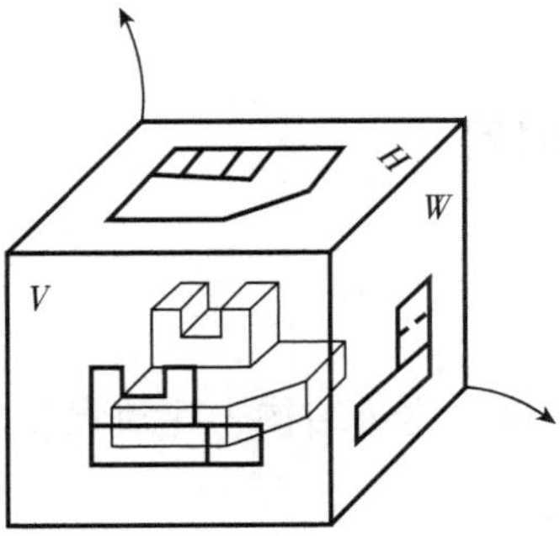

图 4-120 第三角画法的形成

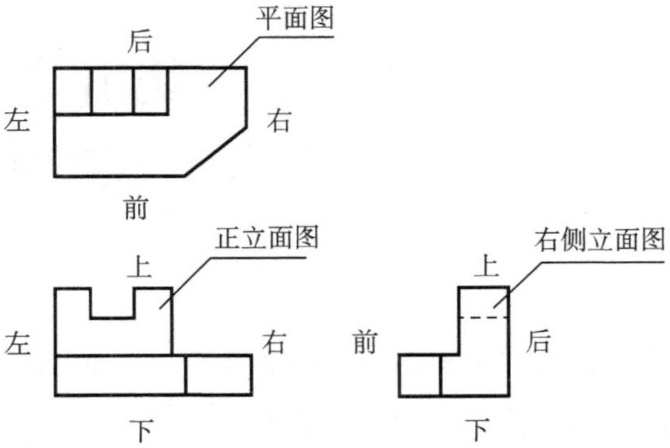

图 4-121 第三角画法的三视图

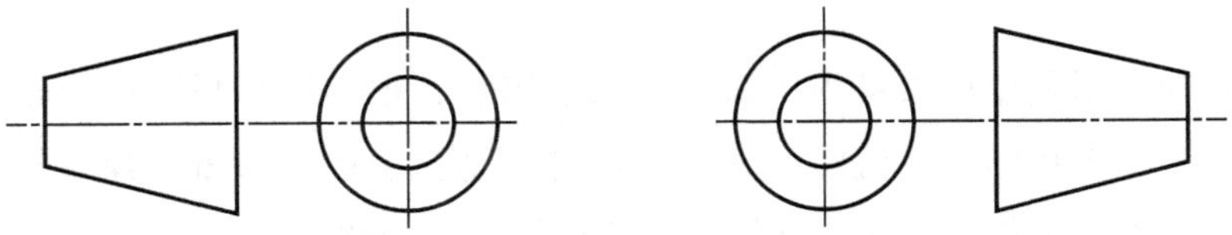

（a）第一角标识符号　（b）第三角标识符号

图 4-122 两种画法的标识符号

（1）第一角画法是将物体置于观察者和投影面之间，其位置关系为观察者-物体-投影面；第三角画法是将投影面置于观察者和物体之间，其位置关系为观察者-投影面-物体。假设投影面是透明的，则在第三角画法中，物体的投影相当于观察者隔着玻璃看到的物体的图像。

（2）第三角画法的视图名称和视图配置关系与第一角画法的视图名称和视图配置关系不同。第三角画法的三面投影图分别为正立面图、平面图和右侧立面图；第一角画法的三面投影图分别为正立面图、平面图和左侧立面图。

（3）视图间的投影对应关系不同。在第三角画法的三视图中，靠近正立面图的一侧为物体的前面，远离正立面图的一侧为物体的后面。在第一角画法中正好相反，投影图中距离正立面图近的一侧是后面，远的一侧是前面。

第五章
土木工程专业制图

本章介绍各类工程的制图内容与方法，包括房屋建筑、建筑结构、建筑设备、钢结构、道路路线、桥梁、涵洞和隧道。

第一节　房屋建筑施工图

房屋建筑施工图是设计人员为了满足施工的需要，根据用户提出的要求，按照国家建筑制图标准，用正投影的方法将拟建建筑的外部造型、内部布置、建筑构造、内外装修及各部分的构件、配件等内容，详细且准确地绘制成的图样。

一、概述

（一）建筑物的组成

建筑是建筑物与构筑物的总称。建筑物是人们生产和生活的重要场所，可以从不同的方面将其进行分类。

建筑物按其使用性质通常可分为非生产性建筑和生产性建筑，非生产性建筑即民用建筑，生产性建筑指工业建筑和农业建筑。

建筑物按其承重结构的型式可分为砖混结构、框架结构、剪力墙结构、框架剪力墙结构、简体结构和其他结构型式。

建筑物按其建筑层数可分为低层建筑、多层建筑和高层建筑。

不同类型的建筑物，在建设规模大小、建筑使用功能要求等方面有着不同的特点，但是建筑物的主要组成部分是相同或相似的，一般由基础、柱、墙、梁、楼面、楼梯、门及窗等基本部分所组成，此外还包括雨篷、阳台、台阶、雨水管、窗台、明沟、勒脚以及其他各种装饰等，图 5-1 中标记了房屋的一些组成部分的名称。

（二）建筑施工图

修建一幢建筑物，要经过设计和施工两个阶段。设计阶段是设计方根据建设方所提出的设计要求，编制成套图纸文件来全面表达建筑物整体和局部的建筑、结构详细情况，包括完善的配套设施。民用建筑工程设计一般分为方案设计、初步设计和施工图设计三个阶段。

建筑工程施工图按内容和作用的不同一般可分为建筑施工图、结构施工图和设备施工图。一套完整的房屋施工图一般包括图纸目录、施工总说明、建筑施工图、结构施工图、设备施工图等。

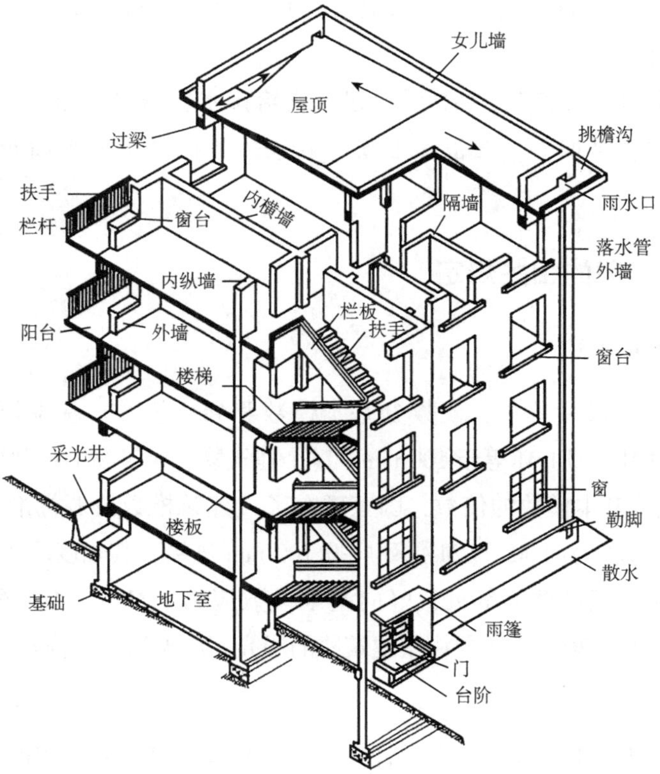

图 5-1　房屋的组成

1. 建筑施工图

建筑施工图简称“建施”。在房屋建筑设计阶段，在方案设计或初步设计的基础上，将建筑物的总体布置、内部布局、外部造型、内外装饰、细部构造以及一些固定设施和施工要求等反映在图纸上，这就是建筑施工图。

建筑施工图主要用来作为施工放线、砌筑基础及墙身、安装门窗、室内外装饰以及编制预算和施工组织计划等的依据。

一套完整的建筑施工图一般应包括：①图纸目录及建筑施工总说明；②基本图样，表明全局性的内容，包括总平面图、建筑平面图、建筑立面图、建筑剖面图；③详图，表明某一构件或某一局部的详细尺寸和材料作法等，如楼梯、门窗、厕所、浴室及各种装修、构造等详细做法等；④其他，如门窗表等。

2. 结构施工图

结构施工图简称“结施”，主要反映承重构件的布置、类型、尺寸、材料以及结构做法等。结构施工图是基础、墙（柱）、梁、板等承重构件以及其他受力构件施工的依据。

一套完整的结构施工图一般应包括：①图纸目录及结构设计总说明；②基本图，包括基础图、结构平面布置图等；③构件结构详图，包括墙、柱、梁、板、楼梯等。

3. 设备施工图

设备施工图简称“设施”，主要反映建筑物给排水、采暖、通风、电器等设备的布置、走向和构造安装要求等。设备施工图一般包括各种设备的平面布置图、系统图和详图。

二、建筑施工图的相关规定

（一）建筑模数

模数就是选定的尺寸单位，模数分基本模数和导出模数。基本模数的数值，应为 100 mm，其符号为 M，即 1 M 等于 100 mm。整个建筑物、建筑物的一部分以及建筑组合体的模数化尺寸，应为基本模数的倍数，国家颁布了《建筑模数协调标准》（GB/T 50002—2013），水平基本模数应为 1 M，1 M 数列应按 100 mm 进级，其幅度应由 1 M 至 20 M，主要用于门窗洞口和构配件截面等处；竖向基本模数应为 1 M，1 M 数列应按 100 mm 进级，其幅度应由 1 M 至 36 M，主要用于建筑物的层高、门窗洞口和构配件截面等处。

（二）标准图

为了加快设计和施工速度，提高设计和施工的质量，将大量常用的建筑物及其构件、配件，按国标规定的模数协调，根据不同的规格标准，设计编绘成套的施工图，以供设计和施工时选用。这种图样称为标准图或通用图，将其装订成册即为标准图集或通用图集。

（三）建筑施工图的相关规定

为了提高效率、统一要求、便于识读，建筑施工图应该遵守《房屋建筑制图统一标准》（GB/T 50001—2017）的规定，在识读和绘制总平面图时，还应该遵守《总图制图标准》（GB/T 50103—2010）的规定，在识读和绘制建筑平面图、立面图、剖面图和详图时，还应遵守《建筑制图标准》（GB/T 50104—2010）的规定。

1. 图线

《房屋建筑制图统一标准》（GB/T 50001—2017）中给出了图线的选用，部分线型要求如表 5-1 所示。

表 5-1 建筑施工图中图线的选用

名称		线型	线宽	用途
实线	粗		b	1. 平、剖面图中被剖切的主要建筑构造（包括构配件）的轮廓线； 2. 建筑构造详图中被剖切的主要部分的轮廓线； 3. 建筑构配件详图中的外轮廓线； 4. 平、立、剖面图的剖切符号。
	中粗		0.7b	1. 平、剖面图中被剖切的次要建筑构造（包括构配件）的轮廓线； 2. 建筑平、立、剖面图中建筑构配件的轮廓线； 3. 建筑构造详图及建筑构配件详图中的一般轮廓线。
	中		0.5b	小于 0.7b 的图形线，尺寸线、尺寸界线、图例线、索引符号、标高符号、详图材料做法引出线、粉刷线、保温层线、地面、墙面的高差分界线等。
	细		0.25b	图例填充线、家具线、纹样线等。
虚线	中粗		0.7b	1. 建筑构造详图及建筑构配件不可见的轮廓线； 2. 平面图中的起重机（吊车）轮廓线； 3. 扩建的建筑物轮廓线。
	中		0.5b	投影线。小于 0.5b 的不可见轮廓线。
	细		0.25b	图例填充线、家具线等。
细单点长画线	细		0.25b	中心线、对称线、定位轴线。
折断线	细		0.25b	部分省略表示时的断开界线。
波浪线	细		0.25b	部分省略表示时的断开界线、曲线形构件的断开界线、构造层次的断开界线。

2. 比例

在建筑施工图中选用的各种比例，宜符合表 5-2 中的规定。

表 5-2 建筑施工图的比例

图名	比例
总平面图、管线图、土方图	1∶500、1∶1 000、1∶2 000
建筑物或构筑物的平面图、立面图、剖面图	1∶50、1∶100、1∶150、1∶200、1∶300
建筑物或构筑物的局部放大图	1∶10、1∶20、1∶25、1∶30、1∶50
配件及构造详图	1∶1、1∶2、1∶5、1∶10、1∶15、1∶20、1∶30、1∶50

3. 定位轴线

（1）用途

定位轴线用来确定房屋主要承重构件墙、柱位置以及标注尺寸的基线，是施工定位放线及构件安装等的依据。

（2）绘制要求

《房屋建筑制图统一标准》（GB/T 50001—2017）规定：定位轴线应以细单点长画线绘制，在定位轴线的延长线上或延长线的折线上绘制直径为 8~10 mm 的细实线圆，并在圆内对定位轴线进行编号。

（3）编号

定位轴线的编号宜注写在图样的下方与左侧。横向编号用阿拉伯数字从左至右顺序编写，竖向编号用大写拉丁字母从下至上顺序编写，其中拉丁字母的 I、O、Z 不得用于轴线编号，如图 5-2 所示。

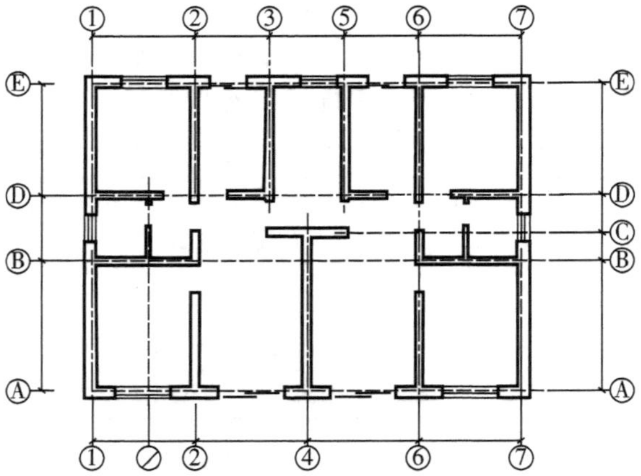

图 5-2　定位轴线的编号

（4）附加定位轴线

对于非承重墙及次要的承重构件，有时用附加定位轴线表示其位置。其编号可用分数表示，分母表示前一轴线的编号，分子表示附加轴线的编号，用阿拉伯数字顺序编写。如图 5-3 所示，1 号轴线或 A 号轴线之前的附加轴线的分母应以 01 或 0A 表示。

图 5-3　附加定位轴线

一个详图适用于几根轴线时，应同时注明各有关轴线的编号。通用详图中的定位轴线，应只画圆，不注写轴线编号。

（5）其他

圆形平面图中定位轴线的编号，其径向轴线宜用阿拉伯数字表示，从左下角开始，按逆时针顺序编写；其圆周轴线宜用大写英文字母表示，从外向内顺序编写。

4. 符号

(1) 标高符号

标高是标注建筑物高度的另一种形式，可分为绝对标高和相对标高，均以米为单位，精确到小数点后第三位，在总平面图中，可精确到小数点后第二位，零点标高应注写成±0. 000，正数标高应注“+”，负数标高应注“-”。

绝对标高是以青岛附近黄海平均海平面为零点测出的高度尺寸，它仅使用在建筑总平面图中。相对标高是以建筑物室内主要地面为零点测出的高度尺寸。标高符号应以直角等腰三角形表示，尖端宜向下，也可向上，见图 5-4。

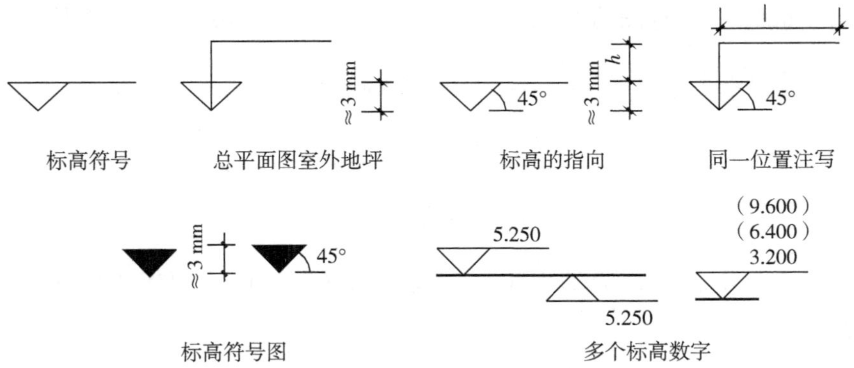

图 5-4　标高符号

(2) 索引符号和详图符号

建筑施工图中，房屋的平、立、剖面图均采用小比例绘制，因而某些局部无法表达清楚，需要另绘制其详图进行表达。用索引符号和详图符号来反映基本图与详图之间的对应关系。

①索引符号

索引符号由直径为 8~10 mm 的圆和水平直径组成，圆和水平直径均应以细实线绘制。

当详图与被索引图同在一张图纸上时，如图 5-5（a）所示；当详图与被索引图不在一张图纸上时，如图 5-5（b）所示；索引出的详图采用标准图，如图 5-5（c）所示。

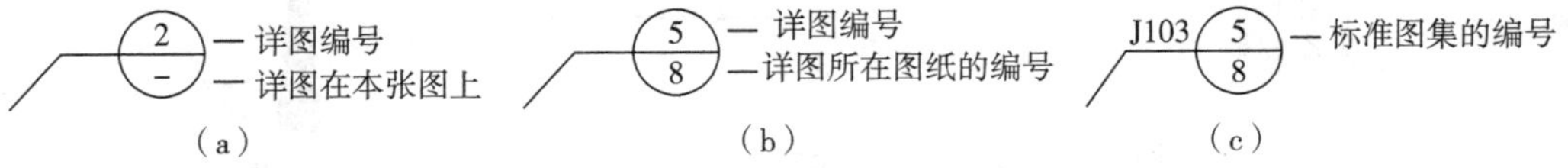

图 5-5　索引符号

②详图符号

详图符号是直径为 14 mm 的圆，以粗实线绘制。当详图与被索引图同在一张图纸上时，如图 5-6（a）所示；当详图与被索引图不在一张图纸上时，如图 5-6（b）所示。

图 5-6　详图符号

（3）引出线

在建筑施工图中，某些部位需要用文字或详图加以说明，通常用引出线从该部位引出说明。引出线应以细实线绘制，宜采用水平方向的直线，或者与水平方向成 300°、450°、600°、900°的直线，或经上述角度再折为水平线，文字说明宜注写在水平线的上方，也可注写在水平线的端部，索引详图的引出线，应与水平直径线相连接，如图 5-7 所示。

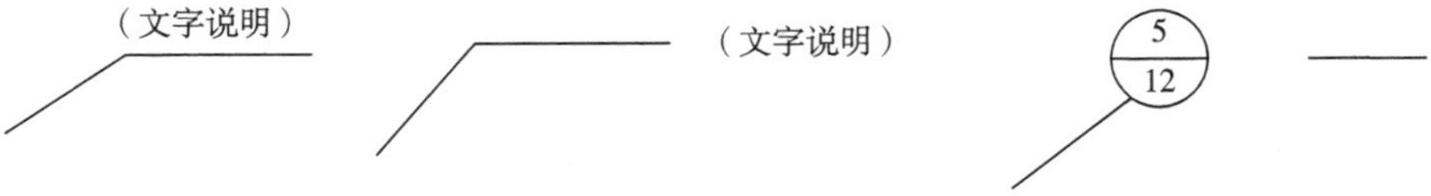

图 5-7　引出线

同时引出的几个相同部分的引出线，宜互相平行，也可画成集中于一点的放射线，如图 5-8 所示。

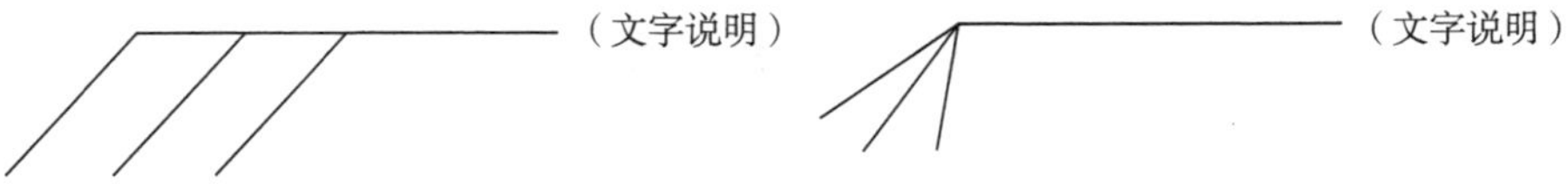

图 5-8　共同引出线

多层构造或多层管道共用引出线，应通过被引出的各层，文字说明宜注写在水平线的上方或端部，顺序应由上至下，并应与被说明的层次对应，如层次为横向排序，则由上至下的说明顺序应与由左至右的层次对应，如图 5-9 所示。

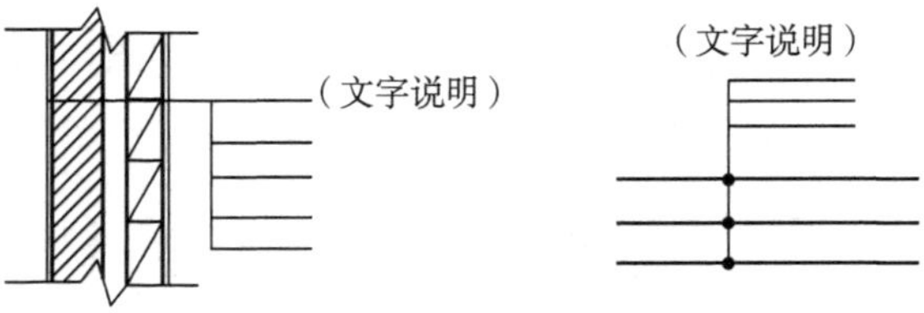

图 5-9　多层构造引出线

图 5-10　指北针

（4）指北针

指北针用直径为 24 mm 的细实线圆绘制，指北针尾部的宽度一般为 3 mm，指北针头部应注明“北”或“N”。当需要用较大直径绘制指北针时，指针尾部的宽度宜为直径的

1/8，如图 5-10 所示。

5. 常见图例

国标规定了一系列图形符号来代表建筑构配件、卫生设备、建筑材料等，这种图形符号称为图例。《房屋建筑制图统一标准》（GB/T 50001—2017）中给出了常用建筑材料图例，《建筑制图标准》（GB/T 50104—2010）中给出了构造及配件图例。常见的构造及配件图例如表 5-3 所示。

表 5-3　常见构造及配件图例

序号	名称		图例	说明	序号	名称		图例	说明
1	门	单扇平开门	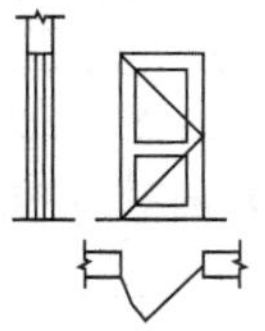	1. 门的名称代号用 M 表示。 2. 平面图中，下为外、上为内。门开启线为 90°、60° 或 45°，开启弧线宜绘出。 3. 立面图中，开启线实线为外开，虚线为内开。开启线交角的一侧为安装合页一侧。开启线在建筑立面图中可不表示，在立面大样图中可根据需要绘出。 4. 剖面图中，左为外、右为内。 5. 附加纱扇应以文字说明，在平、立、剖面图中均不表示。 6. 立面形式应按实际情况绘制。	4	窗	固定窗	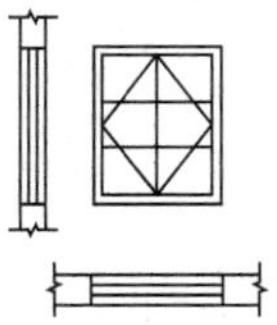	1. 窗的名称代号用 C 表示。 2. 平面图中，下为外，上为内。 3. 立面图中，开启线实线为外开，虚线为内开。开启线交角的一侧为安装合页的一侧。开启线在建筑立面图中可不表示，在门窗立面大样图中需绘出。 4. 剖面图中，左为外、右为内。虚线仅表示开启方向，项目设计不表示。 5. 附加纱窗应以文字说明，在平、立、剖面图中均不表示。 6. 立面形式应按实际情况绘制。
		单扇双向弹簧门	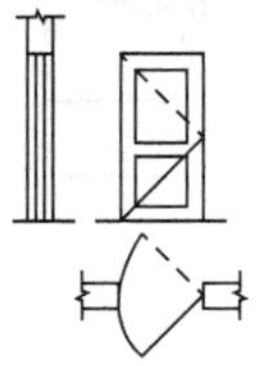				单层外开平开窗	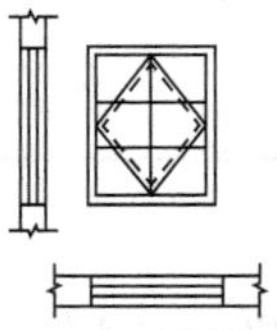	
		双扇平开门	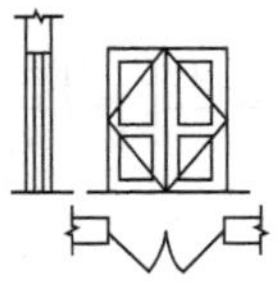				双层内外开平开窗	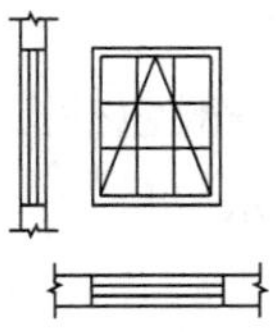	
		双扇双向弹簧门	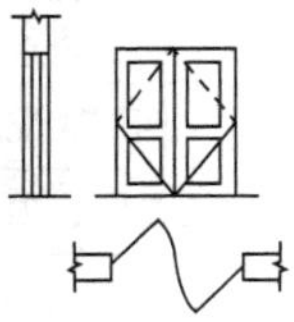				上悬窗	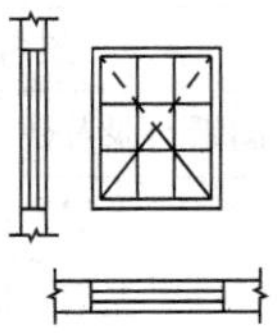	
		空门洞	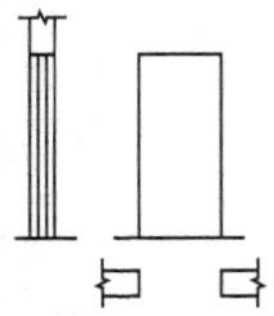				中悬窗	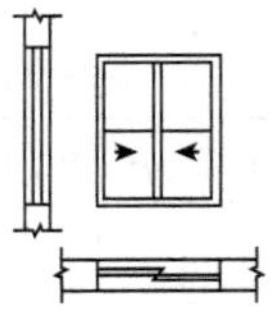	
		卷帘门	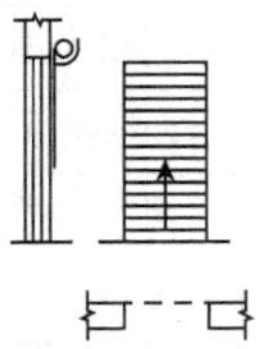				固定窗	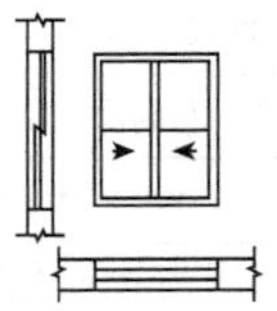	

续表

序号	名称	图例	说明	序号	名称	图例	说明
2	楼梯	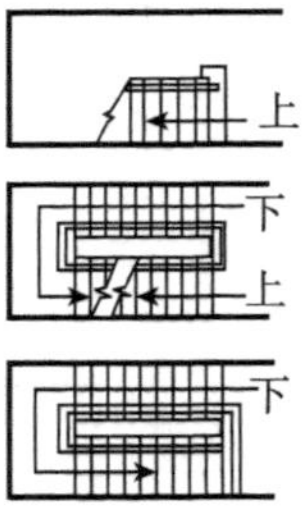	楼梯栏杆、扶手和台阶的数目根据楼梯的实际情况在图中表示。	5	孔洞		阴影部分也可以填充灰度或涂色代替。
				6	检查孔	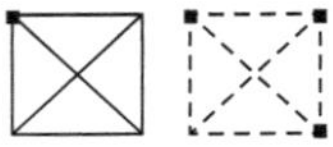	左图为可见检查孔，右图为不可见检查孔。
				7	墙预留洞	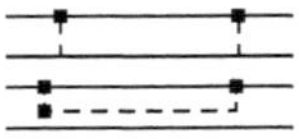	
3	坑槽			8	烟道	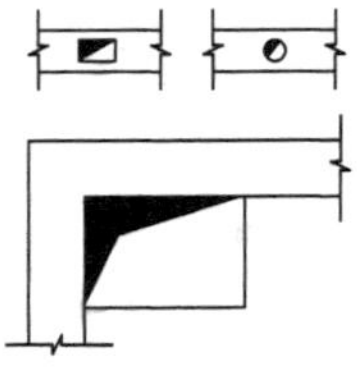	

三、建筑设计总说明和建筑总平面图

施工图首页一般包括图纸目录、建筑设计说明、工程作法表、门窗统计表等。图纸目录如表 5-4 所示。

表 5-4　图纸目录

图别	序号	图名	图别	序号	图名
建施	1	图纸目录及建筑设计说明	结施	10	四层梁配筋图
建施	2	一层平面图	结施	11	顶层梁配筋图，顶层结构平面图
建施	3	二层早面图	结施	12	标高 4.170 层结构平面图
建施	4	三、四层平面图，门窗表	结施	13	标高 7.770，11.370 层结构平面图
建施	5	五层平面图	结施	14	标高 14.970 层结构平面图
建施	6	屋顶平面图、楼梯平面图、卫生间大样	结施	15	楼梯平面配筋图
建施	7	正立面图	结施	16	楼梯剖面配筋图
建施	8	背立面图	水施	1	图例表，说明，材料统计表
建施	9	右侧立面图，I－I 剖面图，节点详图	水施	2	一层给水排水平面图
建施	10	I－I 剖面图，楼梯剖面图	水施	3	二~四层给水排水平面图
结施	1	结构设计总说明	水施	4	五星给水排水平面图
结施	2	梁配筋图示例	水施	5	给水排水系统图、室外管网平面图

续表

图别	序号	图名	图别	序号	图名
结施	3	基础平面图	水施	6	消火栓系统图
结施	4	基础详图（一）	电施	1	供电系统图，设计说明，电话系统图，主材表
结施	5	基础详图（二）	电施	2	一层照明平面图
结施	6	一层柱配筋平面图	电施	3	二～四层照明平面图
结施	7	二～五层柱配筋平面图	电施	4	五层照明及防雷平面图，屋顶防雷
结施	8	一层梁配筋图	电施	5	一层弱电平面图
结施	9	二、三层梁配筋图	电施	6	二～四层弱电平面图
			电施	7	五层弱电平面图

（一）设计总说明

建筑设计总说明是施工图样的必要补充，主要是对图样中未能表达清楚的内容用文字加以详细说明，其内容一般包括设计依据、工程概况、施工要求、门窗表、设备要求、补充说明等。

（二）建筑总平面图

1. 图示方法

用水平投影法和相应的图例，在画有等高线或加上坐标方格网的地形图上，画出新建、拟建、原有和要拆除的建筑物、构筑物的图样，称为总平面图。

2. 图示内容

（1）比例

根据国家《总图制图标准》（GB/T 50103—2010）规定，总平面图应采用 1∶500、1∶1 000、1∶2 000 的比例绘制。

（2）图例

《总图制图标准》（GB/T 50103—2010）中列出了常见的总图图例，见表 5-5。

表 5-5　总平面图常用图例

名称	图例	说明
新建建筑物	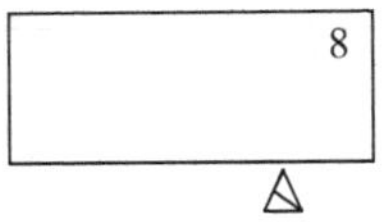	1. 新建建筑物以粗实线表示与室外地坪相接处±0. 000 外墙定位轮廓线； 2. 建筑物一般以±0. 000 高度处的外墙定位轴线交叉点坐标定位，轴线用细实线表示，并标明轴线号； 3. 地下建筑物以粗虚线表示其轮廓； 4. 需要时可在图形右上角用点数或数字表示层数

续表

名称	图例	说明
原有的建筑物	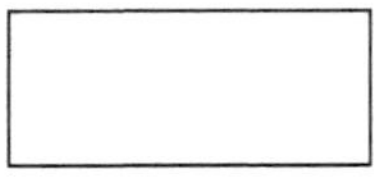	用细实线表示
计划扩建的预留地或建筑物		用中粗线表示
拆除的建筑物	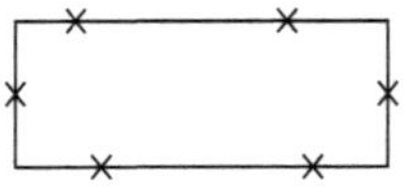	用细实线表示
围墙或大门	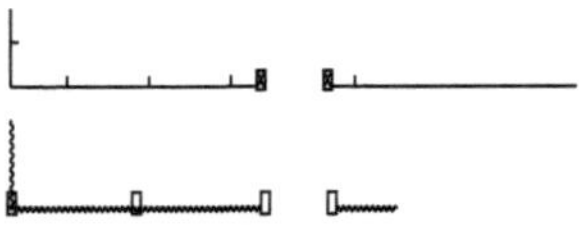	上图为实体性质的围墙，下图为通透性质的围墙；如仅表示围墙时不画大门
测量坐标	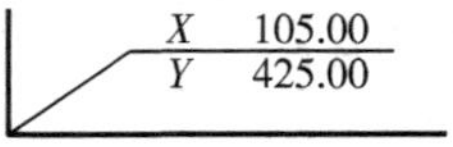	表示测量坐标
施工坐标	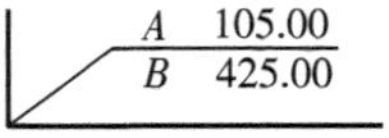	表示施工坐标
室内标高	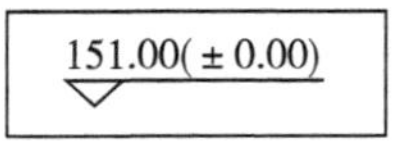	数字平行于建筑物书写
室外标高		室外地坪标高
填挖边坡	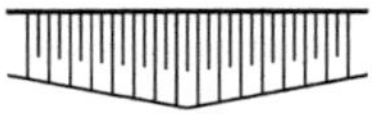	边坡较长时可在一端或两端局部表示
原有道路	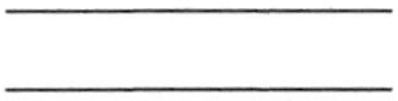	
计划扩建的道路		
新建道路	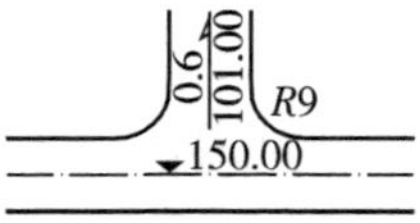	“R9” 表示道路转弯半径，“150.00” 为路面中心标高，“0.6” 表示 6%，为纵向坡度，“101.00” 表示变坡点
桥梁	 	1. 上图为公路桥； 2. 下图铁路桥； 3. 用于旱桥时应注明

（3）风向频率玫瑰图

在总平面图中通常画有带指北针的风向频率玫瑰图（风玫瑰），如图 5-11 所示，用来表示该地区常年的风向频率和房屋的朝向。风向频率玫瑰图是根据当地多年统计的各个方向吹风次数的百分数，按一定比例绘制的，风的吹向是从外吹向中心。

3. 建筑总平面图的阅读

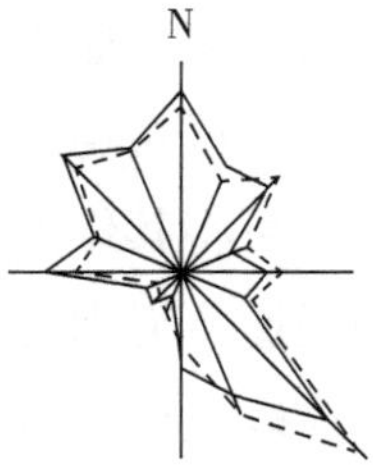

图 5-11　风向频率玫瑰图

图 5-12 所示为建筑 20 号楼的总平面图，该图绘制比例为 1∶1 000。图上部加粗的轮廓线为本工程项目，即编号为 20 号楼。本工程位于平地，地形状况北高南低。此楼位于总图东南面，占地尺寸为 25. 70 M×13. 40 M，此建筑坐北朝南，由图中 20 号楼的标注可知，其层数为五层。20 号楼的标高符号上方和下方有两个标高数据，其中 33. 60 代表室内相对标高，33. 00 代表绝对标高。此楼西面为六层的 12 号楼；北面为平地，无建筑物；南边临小区道路。

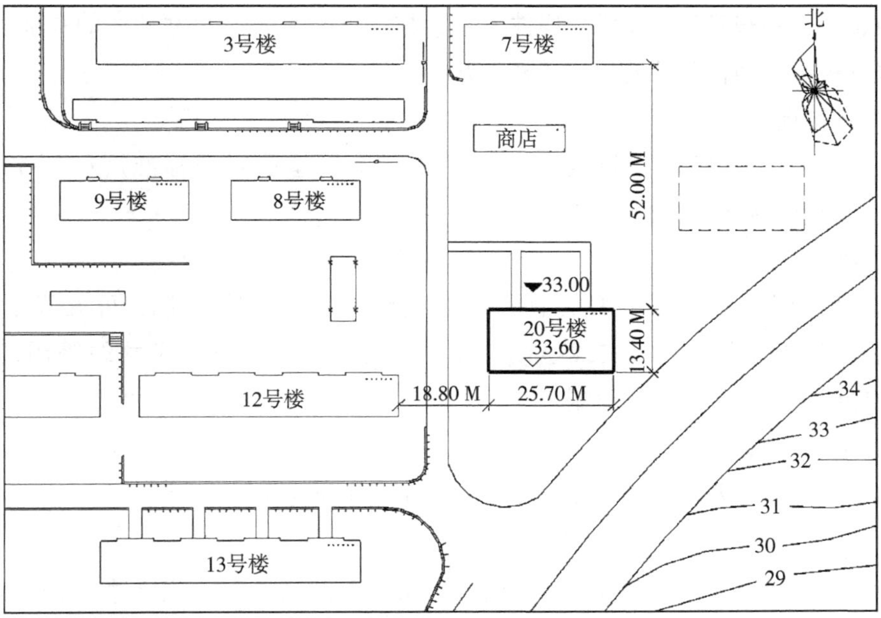

图 5-12　建筑总平面图的阅读

四、建筑平面图

（一）图示方法

假想用一水平面剖切平面，沿房屋建筑的各层门、窗洞口处将房屋切开，移去剖切平面以上部分，向下投影所作出的水平剖面图，称为建筑平面图。

建筑平面图是建施图的主要图纸之一，它是放线、砌筑墙体、安装门窗、做室内外装修及编制预算、施工备料等的基本依据。它主要反映房屋的平面形状、大小和各部分水平方向的组合，如房间的布置，墙、柱的位置，楼梯、走廊的设置，门窗位置等。

建筑平面图通常以所在层数来命名，如底层平面图、二层平面图、三层平面图等。原则上每一楼层均要绘制一个平面图，并在平面图下方注写图名。若房屋某几层平面布置相同，可将其作为标准层。除了以层数命名的平面图以外，还需要绘制建筑物向水平投影面投影所得到的屋顶平面图。底层平面图应反映出室外散水、台阶、花坛等，二层平面图应表达出入口门上部的雨篷等。

（二）图示内容

1. 比例

一般采用 1：50、1：100、1：200 绘制建筑平面图。

2. 定位轴线

定位轴线是用来确定主要承重构件（墙、柱、梁）位置及尺寸标注的基准，纵横交错的轴线网也给其他构配件的定位带来了方便。

3. 图例及代号

建筑平面图中的常用建筑构造及配件图例见《建筑制图标准》（GB/T 50104—2010），门窗用图例还应编号。

4. 图线

建筑平面图中的图线，一般被剖切到的墙体、柱用粗实线绘制，可见部分轮廓线、门扇、窗台的图例线用中粗实线绘制，较小的构配件图例线、尺寸线等用细实线绘制，定位轴线用细单点长画线绘制。

5. 尺寸和标高

建筑平面图中主要标注长、宽尺寸，分外部尺寸和内部尺寸。

（1）外部尺寸

包括外墙三道尺寸及局部尺寸。三道尺寸分别是总尺寸、定位尺寸、细部尺寸。总尺寸是指最外一道尺寸，即两端外墙外侧之间的距离，也叫外包尺寸。定位尺寸是指中间一道尺寸，是两相邻轴线间的距离，也叫轴线尺寸。细部尺寸是指外墙上门窗洞口、墙段等位置大小尺寸。局部尺寸是指建筑外的台阶、花台、散水等位置大小尺寸。

（2）内部尺寸

包括室内净空、内墙上的门窗洞口、墙垛位置大小、内墙厚度、柱位置大小、室内固定设备位置大小等尺寸。

建筑平面图中应标注室内外地面、楼面、卫生间等相对标高（装修后的完成面标高），底层地面标高为±0.000 m，其他以此作为基准。

6. 详图索引及文字说明

当图中有需要另画详图或引用标准图集的构造时，应在相应部位以索引符号索引。

文字说明主要有图名、比例、构配件注释、功能、做法引注等。

7. 屋顶平面图

屋顶平面图上一般应表示出女儿墙、檐沟、屋面坡度、分水线与雨水口、变形缝、楼梯间、水箱间、天窗、上人孔、消防梯及其他构筑物、索引符号等。屋顶平面图内容较少，可只绘制端部和主要转折处的轴线及其编号。

8. 其他

底层平面图应绘制指北针和剖切符号，底层平面图还有散水、明沟、花坛、雨水管等，楼层平面图则还有本层阳台、下一层的雨篷顶面和局部屋面等。

（三）建筑平面图的阅读

1. 底层平面图

如图 5-13 所示，一层平面图比例为 1 : 100，由图中指北针可知，本例房屋坐北朝南。轴线处均有墙、柱通过，横向轴线为①～⑬，竖向轴线为Ⓒ～Ⓗ。外墙厚度为 240 mm，未标注墙厚处墙厚均为 240 mm，未标注门垛垛宽为 120 mm。图中粗实线表示的均是被剖切到的墙身的断面，纵横墙交接处涂黑的是钢筋混凝土柱。

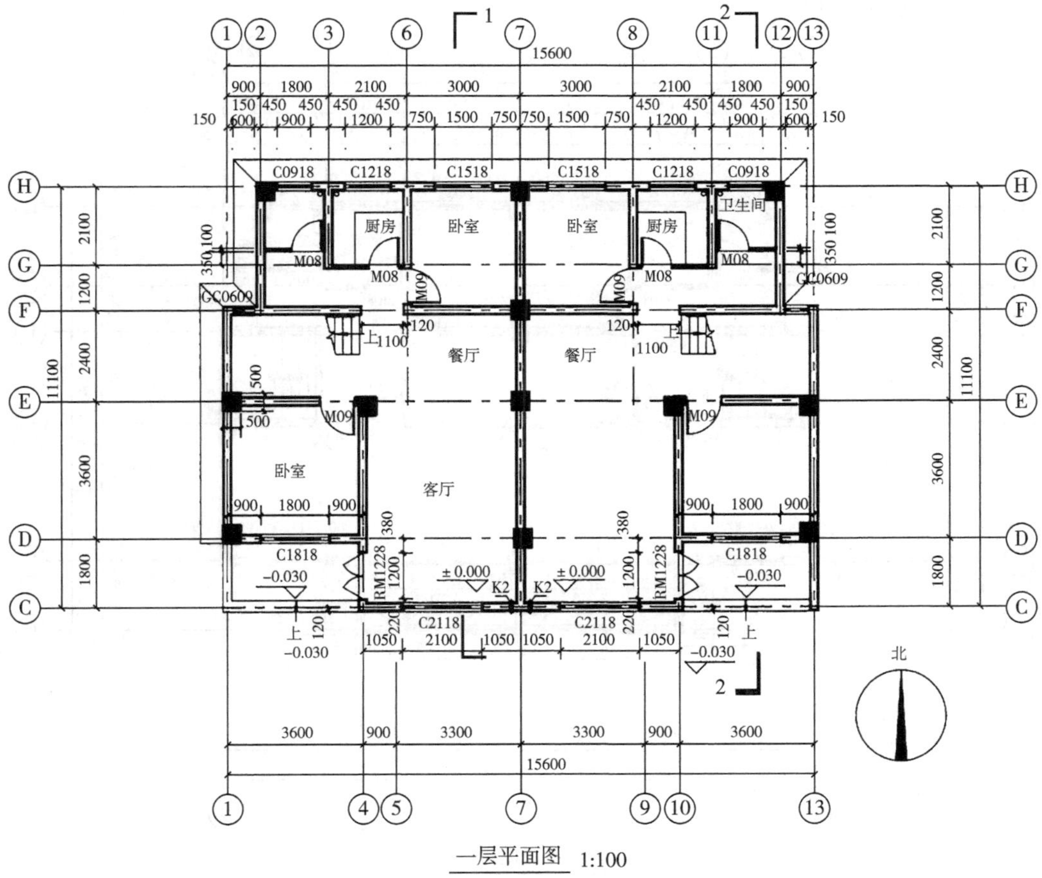

图 5-13　一层平面图

由图可知该建筑层房间的平面布置情况。客厅的开间是 3 300 mm+900 mm=4 200 mm，卫生间的开间是 1 800 mm，餐厅的开间是 3 000 mm，厨房的开间是 2 100 mm，南卧室的开间是 3 600 mm，北卧室的开间是 3 000 mm，客厅的进深为 1 800 mm+3 600 mm=5 400 mm，餐厅的进深是 2 400 mm，厨房的进深是 2 100 mm，南卧室的进深是 3 600 mm，北卧室的进深是 1 200 mm+2 100 mm。

该建筑±0. 000 定在客厅入口内，客厅入口外面标高是-0. 030 m，表示客厅入口外面比客厅入口内低出 30 mm；室外地坪标高为-0. 300 m，比客厅入口外面标高低 270 mm，所以在建筑入户处设置了两级台阶。

从图中还可看出此层门窗的型号、数量及位置。例如，窗 C1518 宽度为 1 500 mm，窗边距离轴线为 750 mm，厨房部分的门为 M08，平墙垛安装。

根据国家标准中有关施工图设计深度的要求，建筑中一些复杂和关键的部位，如楼梯、厨房、卫生间、外墙身等，应拿出来用更大比例的图绘制。另外，还应画出剖面图的剖切符号，如图中的 1-1，以便与剖面图对照查阅。

2. 中间层平面图

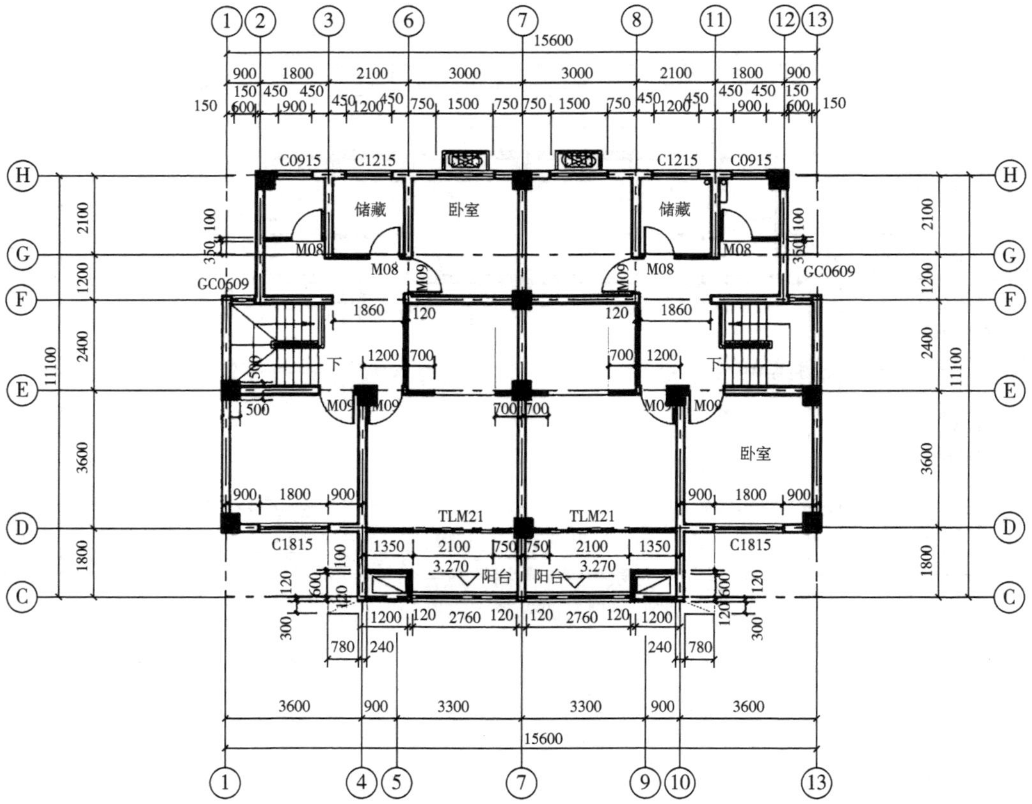

二层平面图 1:100

图 5-14　二层平面图

图 5-14 所示为该建筑二层平面图，该层比例为 1 : 100。二层平面图的表达，内容和要求与一层平面图基本相同，一层已经表达过的信息不需要在二层重复表达，如台阶、剖面符号、详图符号等。从图中可以看到，作为垂直交通设施的楼梯，竖向贯穿各楼层，因此，建筑的两个室内楼梯间在各层平面图中的位置保持不变。与一层平面图不同，二层平面图中的楼梯可以显示出完整的平面形式。二层的功能与一层有所不同，二层有卧室、储藏室等。在原客厅的上方二楼有阳台，阳台标高为 3. 270 m，比二层室内楼面低 300 mm，并在入口处设置移门 TLM21。

3. 屋顶平面图

图 5-15 所示为该建筑的屋顶平面图，比例为 1 : 100。由图可知，屋面为坡屋面，屋顶设置太阳能，具体做法采用了索引符号，表示该太阳能做法参考图集 16J908-6 的详图。

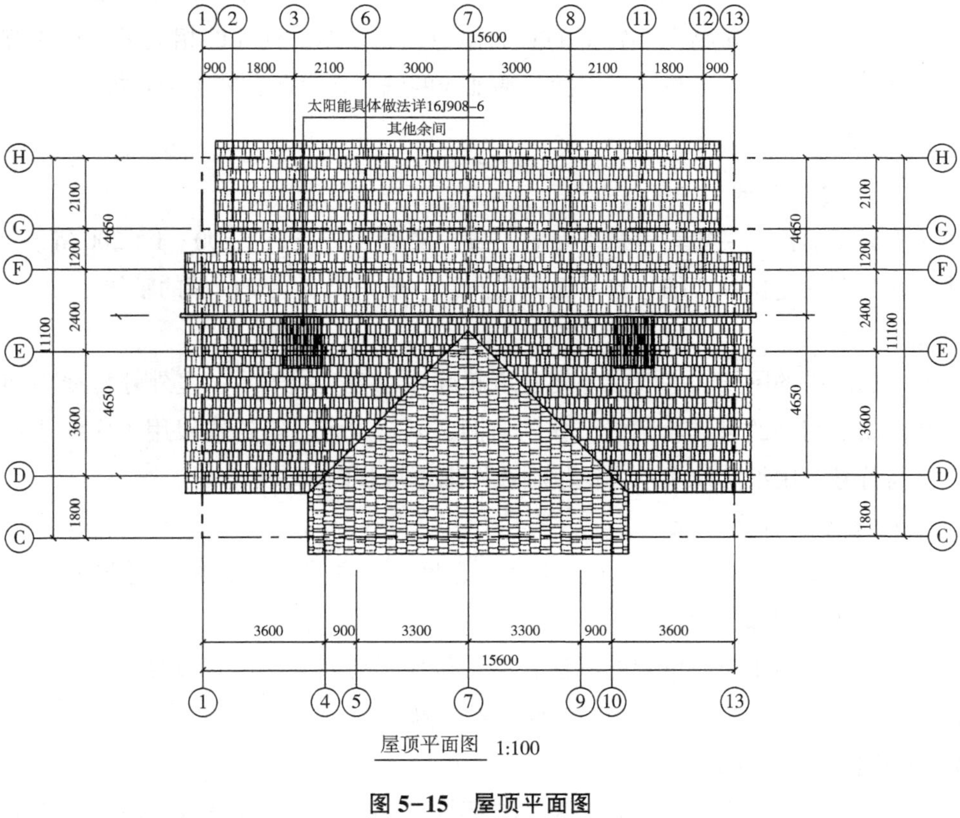

图 5-15　屋顶平面图

（四）建筑平面图的绘制

①选择合适的比例，进行合理的图面布置。

②定出轴线位置。

③画出主要轮廓线，如柱、墙、门窗洞口等。

④画出细部，如阳台、台阶、散水等细部的可见轮廓线。

⑤标注尺寸、标高、轴线编号、详图索引符号等。

⑥整理图面，加深图线。

⑦注写必要的文字说明、比例和图名等。

五、建筑立面图

（一）图示方法

建筑立面图是房屋各个方向的外墙在平行于该外墙面的投影面上所做的正投影图。

建筑立面图是用来表示建筑物的体型和外貌、门窗形式和位置及墙面装修材料和色调等的图样。

建筑立面图通常按照建筑物的朝向来命名，如北立面图、东立面图。也可以将建筑物的主要入口或反映建筑物主要特征的立面作为正立面图，其他的相应可以称为背立面图、右侧立面图等。还可以按立面图的两端轴线的编号来命名，如①~⑦立面图。

（二）图示内容

1. 比例和定位轴线

建筑立面图的比例一般与建筑平面图一致，采用 1：50、1：100、1：200 等。

建筑立面图的定位轴线编号与平面图相同，一般只绘制建筑两端的轴线。

2. 图线

建筑立面图中的图线，一般最外侧建筑轮廓线用粗实线表示；室外地坪线用加粗线表示；其他没剖切到的可见轮廓线，如门窗洞、阳台、台阶等轮廓线用中实线表示；尺寸线、标高符号等用细实线表示；定位轴线用细单点长画线表示。

3. 竖向尺寸和标高标注

竖向尺寸主要是外部三道尺寸，即第一道尺寸为总高尺寸，第二道尺寸为层高尺寸，第三道尺寸为细部尺寸。

标高标注是专用于竖向位置的标注，通常包括楼地面、门窗、阳台等标高，符号大小一致，排列整齐，注写在立面图的左侧或者右侧。

4. 详图索引及文字说明

如需另画详图或引用标准图集来表达局部构造、装饰节点详图等，应在图中的相应部位以索引符号索引。常见的文字说明有房屋外墙面的装饰材料、做法、色彩等。

（三）建筑立面图的阅读

如图 5-16 和图 5-17 所示，为建筑的南立面和东立面图，比例均为 1：100，与平面图一致，便于对照阅读。南立面图即建筑的正立面图，从图 5-16 中可看到房屋的正立面外貌形状，了解建筑大门、室外台阶、外墙面窗户、屋顶、外墙装饰做法等细部的形式和位置等。标高一般标注在图形外，要求符号排列整齐，大小一致。如果立面左右对称，可以只标注左侧。

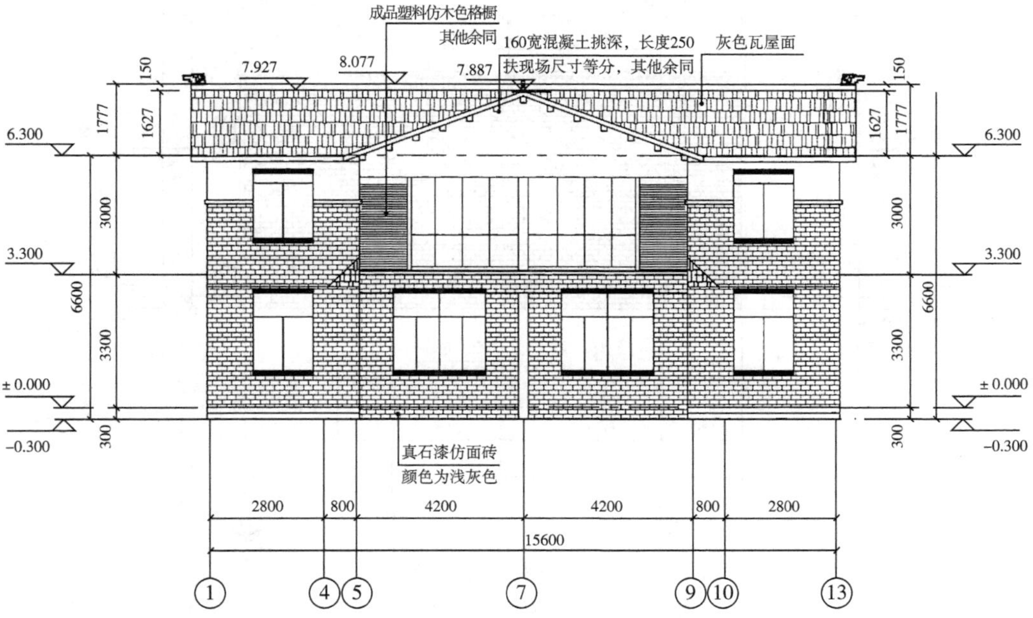

南立面图　1:100

注：外窗上下口，窗套线条凸出墙体100，宽100，颜色为防红木颜色。

图 5–16　南立面图

（四）建筑立面图的绘制

①选择合适的比例，进行合理的图面布置。

②定出轴线位置，并根据轴线绘制墙体的外轮廓线。

③绘制出房屋的层高线，包括室内外地面线、楼面线、檐口、女儿墙轮廓、屋面等横线。

④画出细部，如门窗、阳台、台阶、散水等细部的可见轮廓线。

⑤标注尺寸、标高、轴线编号等。

⑥整理图面，加深图线。

⑦注写必要的文字说明、比例和图名等。

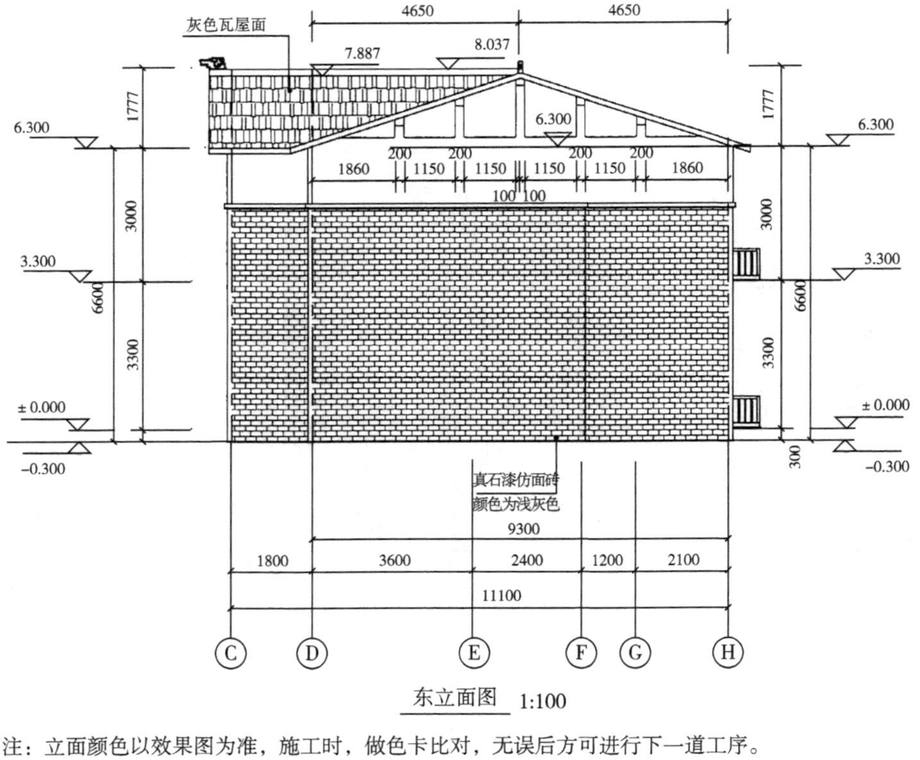

图 5-17　东立面图

六、建筑剖面图

(一) 图示方法

假想用一竖直的切平面把房屋剖开，移走观察者与切平面之间的部分，对剩余部分在与剖切平面平行的投影面上作正投影，称为建筑剖面图。

剖面图主要用来表示房屋内部的竖向分层、结构形式、构造方式、材料、做法、各部位间的联系及高度等情况。

(二) 图示内容

1. 图名、比例和定位轴线

建筑剖面图的图名应该与平面图上所标注的剖切符号的编号一致，如 1–1 剖面图。

建筑剖面图的比例一般与建筑平面图一致，采用 1∶50、1∶100、1∶200 等。

建筑剖面图的定位轴线编号与平面图相同。

2. 图线

建筑剖面图中的图线一般是被剖切到的墙体、楼面、屋面梁的断面线，用粗实线表示，室内外地坪线用加粗线表示，钢筋混凝土构件的断面通常涂黑表示，其他没剖切到的可见轮廓线，如门窗洞、阳台、台阶、楼梯、栏杆等轮廓线用中实线表示，尺寸线、标高、符号、引出线等用细实线表示，定位轴线用细单点长画线表示。

3. 竖向尺寸和标高标注

外部尺寸：外部尺寸一般标注三道，第一道尺寸为总高尺寸，第二道尺寸为层高尺寸，第三道尺寸为细部尺寸。

内部尺寸：地坑（沟）深度、隔断、内窗、洞口、平台、吊顶等。

楼地面和门窗标高通常紧贴三道尺寸线的最外道注写，并竖向成直线排列。

4. 详图索引及文字说明

如需另画详图或引用标准图集来表达局部构造，应在图中的相应部位以索引符号索引。其他符号有箭头、折断线、连接符号、对称符号等。常见的文字说明有图名、比例、构配件名称、做法引注等。

（三）建筑剖面图的阅读

图 5-18、图 5-19 为建筑 1-1、2-2 剖面图。以阅读 1-1 剖面图为例，该图比例是 1：100，对照建筑一层平面图，找到相应的剖切符号，以确定该剖面图的剖切位置和剖切方向。在识读剖面图的过程中，需要对照建筑各层平面图。本例中，剖切位置在⑥~⑦轴线间，通过建筑客厅、餐厅、北卧室，剖切后向右观看，为一个横剖面图。从图 5-18 中可以看出，建筑共二层，层高 3 300 mm，建筑室内外高差为 300 mm，楼板及屋面为钢筋混凝土板。

图中左右两侧均标注了标高和线性尺寸，表示外墙上的门窗洞口、楼地面、阳台的平台面的高度信息，图中还注写了坡屋顶的坡度符号。

（四）建筑剖面图的绘制

①选择合适的比例，进行合理的图面布置。

②定出轴线位置，并根据轴线绘制墙体。

③绘制出房屋的层高线，包括室内外地面线、楼面线、楼梯平台面线、楼梯段的起止点。

④定出门窗洞的位置，画出细部，如门窗、阳台、屋面、楼梯平台、檐口、各种梁等。

⑤标注尺寸、标高、轴线编号等。

⑥整理图面，加深图线。

⑦注写必要的文字说明、比例和图名等。

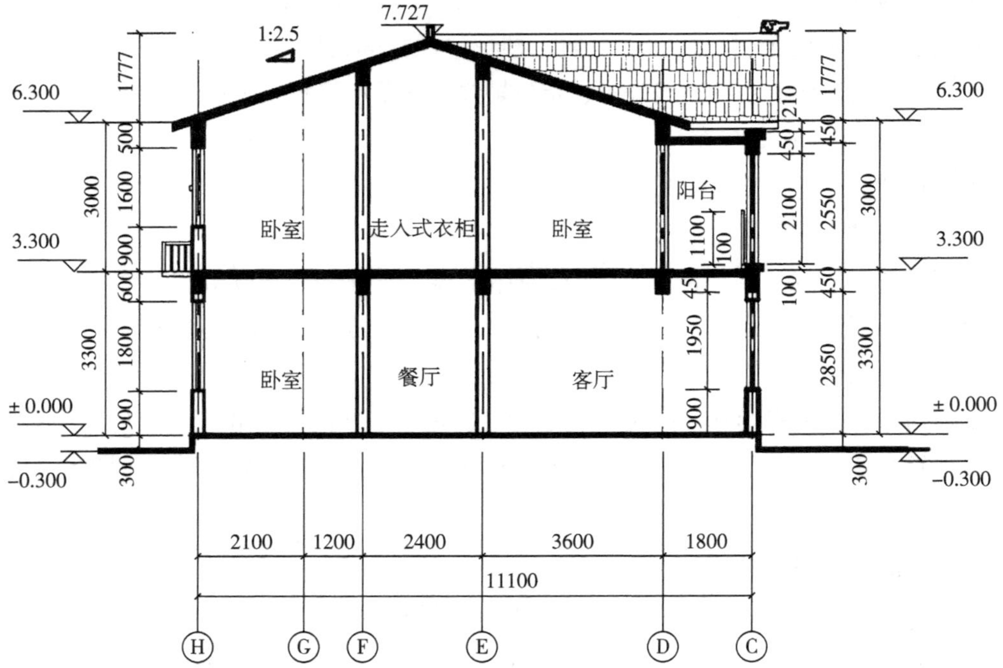

1−1剖面图 1:100

图 5−18　1−1 剖面图

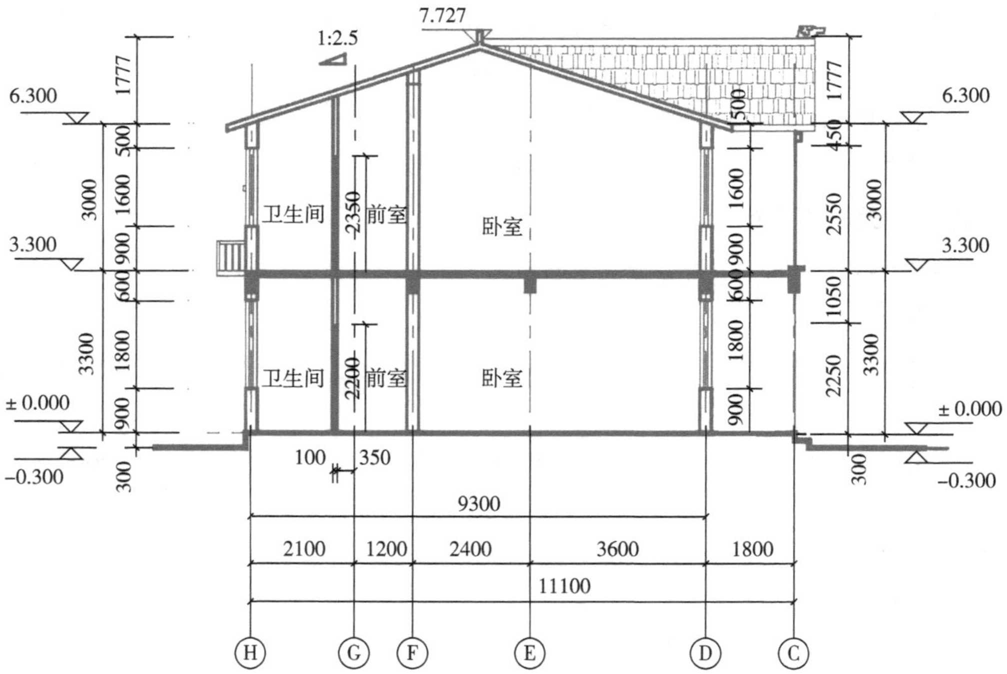

2−2剖面图 1:100

图 5−19　2−2 剖面图

七、建筑详图

建筑平面图、立面图、剖面图是建筑施工图中表达房屋的最基本的图样，由于其比例小，无法把所有详细内容表达清楚。建筑详图可以用较大比例表达局部的详细构造，如形状、尺寸大小、材料和做法。也可以说，建筑详图是建筑平、立、剖面图的补充图样。

（一）图示方法

建筑详图的表达方法应视建筑构配件或建筑细部的复杂程度而定，可使用视图、剖视图和断面图的图示方法进行表达。

（二）图示内容

民用建筑应绘制建筑详图的部位很多，如不同部位的外墙详图、楼体间详图、室内固定设备布置（卫生间、厨房等）的详图。建筑详图的比例、定位轴线、尺寸、标高等一般都与建筑平、立、剖面图一样。

（三）建筑详图的阅读

一套建筑图纸中有很多详图，本节主要介绍外墙详图和楼梯详图。

1. 外墙详图

外墙详图也叫外墙剖面详图，详细表示外墙从地面到屋顶各主要节点的构造做法。外墙详图可以表示墙的轴线编号、墙厚及其与轴线的关系，各层梁、板等构件的位置及其与墙身的关系等。建筑外墙身剖面详图实例如图 5-20 所示。

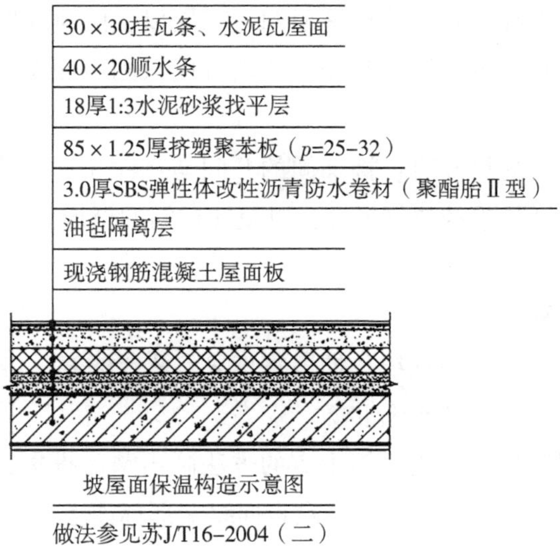

图 5-20　建筑外墙身剖面详图

2. 楼梯详图

楼梯是建筑物上下交通的重要通道之一，主要由楼梯段、休息平台、栏杆和扶手等组成（图 5-21 所示）。楼梯详图反映了楼梯的布置形式、结构形式以及踏步、栏杆扶手、防滑条等详细构造、尺寸和装修做法。楼梯详图包括：楼梯平面图、楼梯剖面图以及踏步、栏杆扶手、防滑条的构造详图。

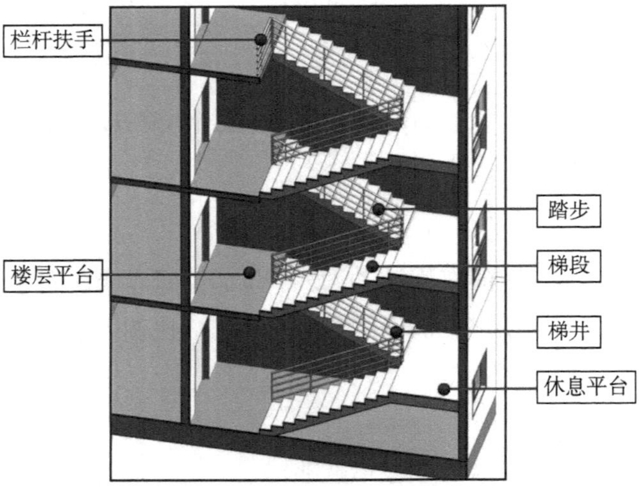

图 5-21　楼梯组成

（1）楼梯平面图

楼梯平面图主要表达楼梯位置、墙身厚度、各层梯段、平台和栏杆扶手的布置以及梯段的长度、宽度和各级踏步宽度。

一般来说，每一层楼都要画出楼梯平面图。三层以上的建筑物，若中间各层的楼梯位置及其梯段数、踏步数、台阶尺寸都相同，则可以只画出底层、中间层和顶层楼梯平面图。

楼梯平面图中应标注的尺寸有：楼梯间的开间与进深尺寸、休息平台尺寸、楼梯段与楼梯井尺寸、楼梯栏杆扶手的位置尺寸，以及楼梯间的楼地面和休息平台面标高尺寸、上下楼梯的步级数，并标注定位轴线。

楼梯平面图绘制步骤：

①画出楼梯间的横向、纵向轴线，梯段宽度 a，平台深度 s，踏面宽度 b，梯井宽度 k，梯段长度 $L=b\times(n-1)$，n 为台阶步数。

②根据 b、L、n 用等分平行线间等距离的方法画出踏面投影，画出墙、柱及门窗洞口；再画出栏杆、剖切符号、走向线，并在走向线端部标注上、下和台阶步数。

③按要求加深、加粗线型，标注标高、尺寸、材料图例、图名、比例等。

（2）楼梯剖面图

楼梯剖面图主要表达楼梯的形式、结构类型、楼梯间的梯段数、各梯段的步级数、楼梯段的形状、踏步和栏杆扶手（或栏板）的形式、高度及各配件之间的连接等构造做法。

楼梯剖面图常采用 1∶50 的比例绘制。

楼梯剖面图绘制步骤：

①画出轴线、地面、平台面、楼面，定出楼梯梯段和平台尺寸。

②画出楼梯坡度线、踏步位置线；画出墙身、梁、板、门窗洞口、踏面和梯板厚度。

③按要求加深、加粗线型，标注标高、尺寸、材料图例、详图索引符号、图名、比例等。

（3）节点详图

楼梯节点详图主要包括踏步、栏杆、扶手等详图。踏步详图表明踏步的形状、大小、面层做法等；栏杆详图表明栏杆的形式、材料、规格及其连接构造情况；扶手详图表明扶手的截面形状、尺寸、材料及与栏杆的连接方式。节点详图常采用 1∶20、1∶50 的比例绘制。如图 5-22 所示。

（四）建筑详图的绘制

①选择合适的比例，进行合理的图面布置。

②定出轴线位置，并根据轴线绘制建筑构配件。

③画出细部构造，必要时还需要引出大样图。

④对图样进行尺寸标注、标高、轴线编号等。

⑤整理图面，加深图线。

⑥注写必要的文字说明、比例和图名等。

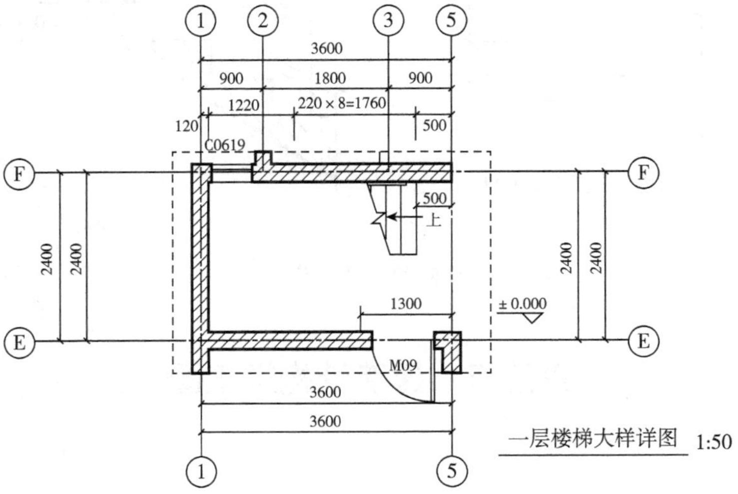

（a）

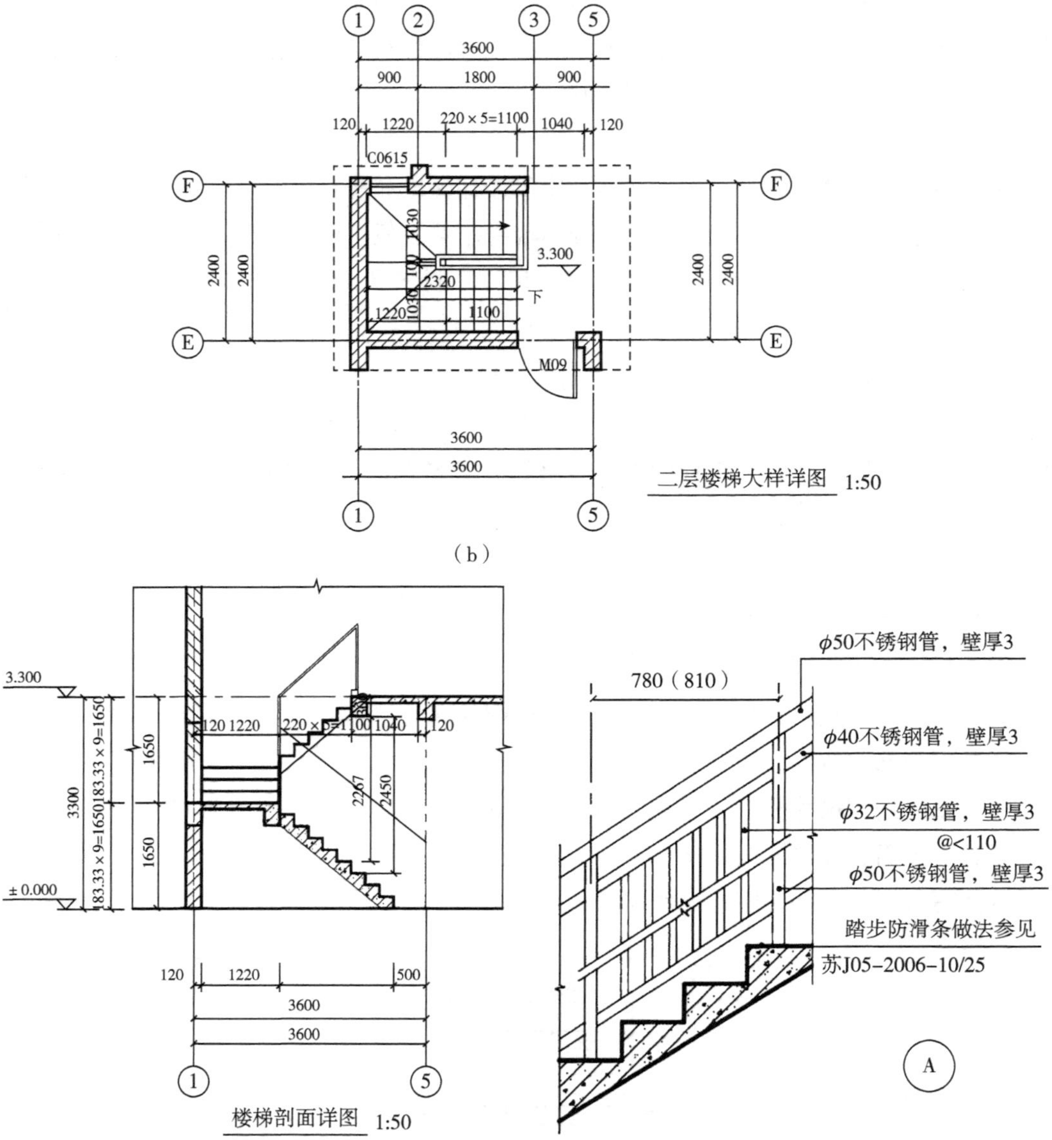

图 5-22　楼梯详图

第二节　建筑结构施工图

一、概述

建筑物由结构构件和建筑配件组成，其中有一些主要承重构件互相支承，按一定的构造和连接方式连成整体，构成建筑物的承重结构体系，称为建筑结构。

在房屋设计中，除了进行建筑设计外，还需进行结构设计，绘制出结构施工图。结构设计是根据建筑各方面的要求，进行承重结构选型和结构构件的布置，将结构设计的结果绘制成施工图，即结构施工图，简称结施。

建筑结构施工图一般包括两大类：一类是结构布置图，表示房屋结构中各承重构件整体布置的图样；另一类是构件详图。

结构施工图是开挖基槽，支撑模板，绑扎钢筋，浇灌混凝土，安装梁、柱、板等构件，以及编制施工组织设计等的重要技术依据。

（一）结构构件的配筋表示

建筑结构施工图中最重要的就是配筋的表达，一般有以下三种表达方式：

1. 详图法

假想混凝土是透明材料，通过平面图、立面图、剖面图将各构件的结构尺寸、配筋规格等表示出来。

2. 梁柱表法

采用填写表格的方法，将各个结构构件的尺寸和配筋规格用数字符号等填写在表格中。

3. 平面整体表示法

采用平面整体表达方法绘制结构布置平面图，把结构构件的尺寸和配筋等在构件的平面位置用数字和符号直接表示出来，构成一套完整的结构施工图。

（二）结构施工图的内容

建筑结构施工图一般按照施工的顺序排序，包含图纸目录、结构设计说明、结构平面布置图、构件详图等。结构平面布置图包括基础平面图、楼层结构平面布置图、屋面结构平面布置图等。梁、板、柱及基础等详图都属于构件详图。

二、结构施工图的相关规定

结构施工图的绘制，应符合《房屋建筑制图统一标准》（GB/T 50001—2017）和《建筑结构制图标准》（GB/T 50105—2010）的基本规定。

（一）图线

结构施工图中图线的线型和线宽应符合表 5-6 中的规定。

表 5-6　结构施工图中常用图线

线型名称	线宽	用途
粗实线	b	螺栓、主钢筋线。结构平面图中的单线结构构件线、钢木支撑及系杆线，图名下横线，剖切线
中粗实线	0.7b	结构平面图及详图中剖到或可见的轮廓线，基础轮廓线、钢、木结构混凝土构件轮廓线、钢筋线
中实线	0.5b	结构平面图及详图中剖到或可见的轮廓线，基础轮廓线、可见的钢筋混凝土构件轮廓线、钢筋线
细实线	0.25b	标注引出线、标高符号线、索引符号线、尺寸线
粗虚线	b	不可见的钢筋线，螺栓线，结构平面图中不可见的单线结构构件线及钢、木支撑线
中粗虚线	0.7b	结构平面图中不可见构件、墙身轮廓线及不可见钢、木结构构件线，不可见的钢筋线
中虚线	0.5b	结构平面图中不可见构件、墙身轮廓线及不可见钢、木结构构件线，不可见的钢筋线
细虚线	0.25b	基础平面图中的管沟轮廓线，不可见的钢筋混凝土构件轮廓线
粗单点长画线	b	柱间支撑，垂直支撑，设备基础轴线图中的中心线
细单点长画线	0.25b	定位轴线、对称线、中心线、重心线
粗双点长画线	b	预应力钢筋线
细双点长画线	0.25b	原有结构轮廓线
细折断线	0.25b	断开界线
细波浪线	0.25b	断开界线

（二）比例

在结构施工图中选用的各种比例，宜符合表 5-7 中的规定。

表 5-7　结构施工图的比例

图名	常用比例	可用比例
结构平面图、基础平面图	1∶50、1∶100、1∶150	1∶60、1∶200
圈梁平面图，总图中管沟、地下设施等	1∶200、1∶500	1∶300
详图	1∶10、1∶20、1∶50	1∶5、1∶25、1∶30

（三）构件代号

结构构件种类繁多，布置复杂，为了简明扼要地表示梁、柱、板等钢筋混凝土构件，便于绘图和查阅，在结构施工图中一般用构件代号来标注构件名称。《建筑结构制图标准》（GB/T 50105—2010）规定，预制钢筋混凝土构件、现浇钢筋混凝土构件、钢构件和木构件，一般可直接采用表 5-8 中的构件代号。

表 5-8　常用构件代号

序号	名称	代号	序号	名称	代号	序号	名称	代号
1	板	B	19	圈梁	QL	37	承台	CT
2	屋面板	WB	20	过梁	GL	38	设备基础	SJ
3	空心板	KB	21	联系梁	LL	39	桩	ZH
4	槽形板	CB	22	基础梁	JL	40	挡土墙	DQ
5	折板	ZB	23	楼梯梁	TL	41	地沟	DG
6	密肋扳	MB	24	框架梁	KL	42	柱间支撑	ZC
7	楼梯板	TB	25	框支梁	KZL	43	垂直支撑	CC
8	盖板或沟盖板	GB	26	屋面框架梁	WKL	44	水平支撑	SC
9	挡雨板或檐口板	YB	27	檩条	LT	45	梯	T
10	吊车安全走道板	DB	28	屋契	WJ	46	雨篷	YP
11	墙板	QB	29	托架	TJ	47	阳台	YT
12	天沟板	TGB	30	天窗架	CJ	48	梁垫	LD
13	梁	L	31	框架	KJ	49	预埋件	M—
14	屋面梁	WL	32	刚架	GJ	50	天窗端壁	TD
15	吊车梁	DL	33	支架	ZJ	51	钢筋网	W
16	单轨吊车梁	DDL	34	柱	Z	52	钢筋骨架	G
17	轨道连接	DGL	35	框架柱	KZ	53	基础	J
18	车挡	CD	36	构造柱	GZ	54	暗柱	AZ

三、钢筋混凝土构件详图

（一）钢筋混凝土结构的基本知识

混凝土由水、水泥、黄砂、石子按一定的比例拌和硬化而成。采用抗拉强度高的钢筋来加强混凝土结构的受拉区，就构成了钢筋混凝土构件。钢筋和混凝土之所以能协同工作，主要是因为钢筋与混凝土之间有很好的黏结力和相近的热膨胀系数，黏结力使两者能可靠地结合成一个整体，相近的热膨胀系数可以使两者在荷载作用下共同变形。

1. 混凝土强度等级

根据立方体抗压强度标准值，《混凝土结构设计规范》（GB 50010—2010）将混凝土强度定为 14 个等级：C15、C20、C25、C30、C35、C40、C45、C50、C55、C60、C65、C70、C75、C80。

2. 钢筋的品种和级别

钢筋分为热轧钢筋和冷轧钢筋两大类。热轧钢筋根据其力学指标的高低又分为四个等级，常见钢筋符号及强度标准值见表 5-9。

表 5-9　普通钢筋标准值

品种	符号	公称直径 d/mm	屈服强度标准值 f_{yk}/MPa	极限强度标准值 f_{stk}/MPa
HPB300	Φ	6~22	300	420
HRB335	Φ̲	6~50	335	455
HRB400 HRBF400 RRB400	Φ̳ Φ̳^{F} Φ̳^{R}	6~50	400	540

3. 钢筋的名称和作用

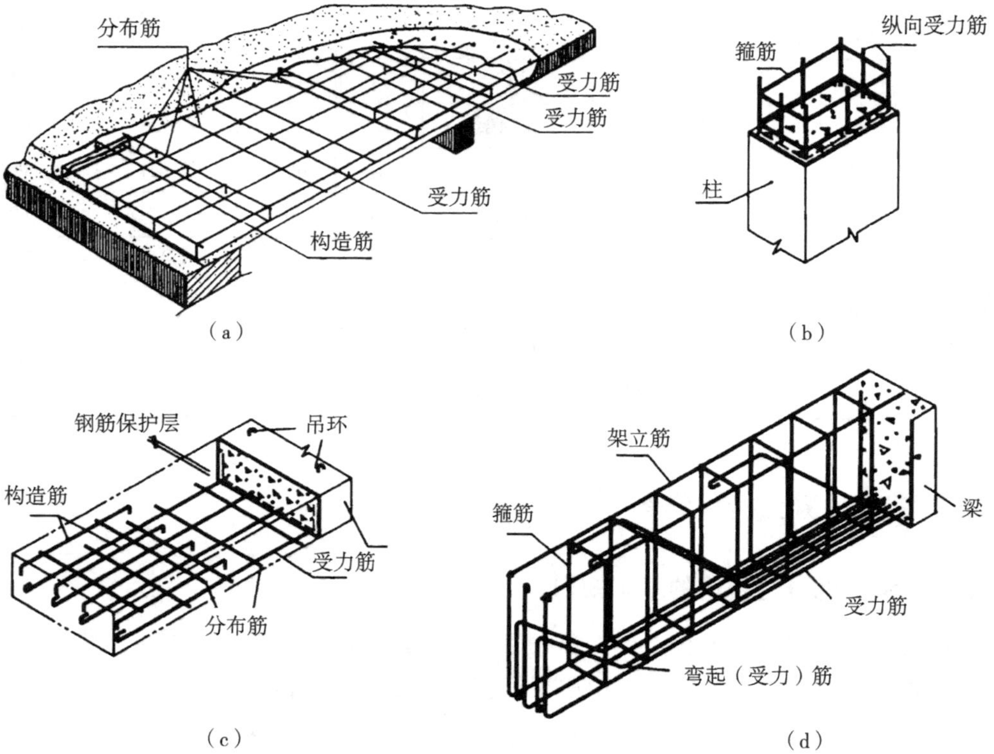

图 5-23　钢筋的名称

如图 5-23 所示，按钢筋在构件中所起的作用不同，可分为：

（1）受力筋——混凝土构件中主要的受力钢筋，承受拉力或压力。

（2）箍筋——混凝土构件中承受剪力或扭矩的钢筋，同时用来固定受力筋的位置。

（3）架立筋——与受力筋、箍筋一起形成钢筋骨架，用以固定钢筋的位置，一般只在梁中使用。

（4）分布筋——一般用在板内，与板内受力筋垂直，与受力筋一起构成钢筋的骨架。

4. 混凝土保护层和钢筋弯钩

为了保护钢筋，防锈、防火、防腐蚀，钢筋的外边缘至构件表面应有一定的厚度，称为保护层。构件中普通钢筋及预应力钢筋的混凝土保护层厚度应满足表 5-10 中要求。

表 5-10　混凝土保护层的最小厚度 c（mm）

环境类别		板、墙、壳	梁、柱、杆
一		15	20
二	a	20	25
二	b	25	35
三	a	30	40
三	b	40	50

为了使钢筋和混凝土具有良好的黏结力，在光圆钢筋两端应做成半圆形弯钩。带肋钢筋与混凝土的黏结力强，两端可不做弯钩，箍筋在交接处也要做成 135°的弯钩。

5. 钢筋的锚固与连接

纵向受力钢筋在混凝土中的锚固长度与下列因素有关：混凝土强度等级、钢筋直径、钢筋类别及钢筋外形。

钢筋的连接可分为两种类型：绑扎搭接、机械连接或焊接。

（二）钢筋混凝土构件图示方法

1. 钢筋的表示方法

假设混凝土为透明体，构件中的钢筋在施工图中便可看见。主要表达构件配筋情况的图样，称为配筋图。在配筋图中，钢筋沿长度方向用单根粗实线表示，断面方向用圆黑点表示，建筑工程中常用钢筋图例见表 5-11。

表 5-11　常用钢筋图例

序号	名称	图例	说明
1	钢筋横断面		—
2	无弯钩的钢筋端面		下图表示长、短钢筋投影重叠时，短钢筋的端部用 45°斜划线表示
3	带半圆形弯钩的钢筋端部		—
4	带直弯钩的钢筋端部		—
5	带丝扣的钢筋端部		—

续表

序号	名称	图例	说明
6	无弯钩的钢筋搭接		—
7	带半圆弯钩的钢筋搭接	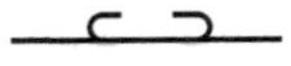	—
8	带直弯钩的钢筋搭接		—
9	花篮螺丝钢筋接头		—
10	机械连接的钢筋接头		用文字说明机械连接的方式（冷挤压或锥螺纹）
11	在平面图中配置双层钢筋时，底层钢筋弯钩应向上或向左，顶层钢筋则向下或向右	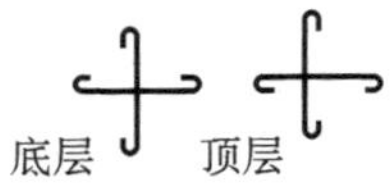	—
12	钢筋混凝土墙体配双层钢筋时，在配筋立面图上，远面钢筋的弯钩应向上或向左，近面钢筋的弯钩应向下或向右（JM 近面；YM 远面）	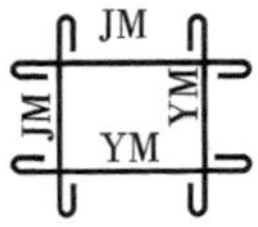	—
16	在断面图中不能表达清楚的钢筋位置，应在断面图外增加钢筋大样图	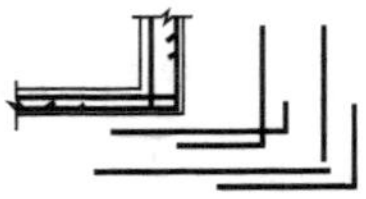	—

2. 钢筋的标注方法

钢筋的标注一般采用引出线方式，通常有两种标注形式，如图 5-24 所示。构件中的各种钢筋，凡等级、直径、形状、长度等要素不同的，一般均应编号，数字写在直径 6 mm 的细实圆中，编号圆宜绘制在引出线的端部。

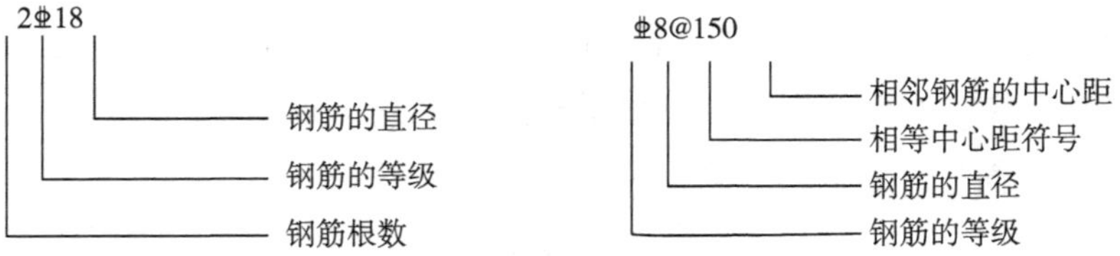

图 5-24　钢筋的标注方法

四、钢筋混凝土结构施工图平面整体表示方法

混凝土结构施工图平面整体表示方法，简称“平法”，是我国对混凝土结构施工图设计方法所作的重大改革，也是目前广泛应用的结构施工图画法。它是把结构构件的尺寸、形状和配筋按照平法制图规则直接表达在各类结构构件的平面布置图上，再与标准构件详图结合，构成一套完整的结构设计图。

平法施工图应根据国家建筑标准设计图集《混凝土结构施工图平面整体表示方法制

图规则和构造详图》中的制图规则绘制，现行图集的编号为 16G101。

平法结构施工图包括：结构总说明、柱平法结构施工图、梁平法结构施工图、剪力墙平法结构施工图、基础平法结构施工图、复杂节点详图。

平法的制图有三种方式：

①平面注写方式（标注梁）。

②列表注写方式（标注柱和剪力墙）。

③截面注写方式（标注梁、柱和剪力墙）。

下面以梁、柱为例，介绍注写方式。

（一）柱的平法施工图

柱的平法施工图，在柱平面布置图上可以采用列表注写方式或截面注写方式表达。

1. 柱的列表注写方式

在柱平面布置图上，分别在同一编号的柱中选择一个（或几个）截面标注几何参数代号，在柱表中注写柱号、柱段起止高度、几何尺寸与配筋情况，并配以各种柱截面形状及其箍筋类型，用来表达柱平法施工图。

柱的列表注写包含柱编号、截面尺寸、起止标高、柱纵筋、柱箍筋等。柱编号由柱类型代号和序号组成，应符合表 5-12 的规定。

表 5-12　柱编号

柱类型	代号	序号
框架柱	KZ	XX
框支柱	KZZ	XX
芯柱	XZ	XX
梁上柱	LZ	XX
剪力墙上柱	QZ	XX

图 5-25 所示为采用列表注写方式表达的柱平法施工图示例，图中显示柱子类型共有三种：KZ1、KZ2 和 KZ3。其中，KZl 为矩形截面，截面尺寸为 500 mm×500 mm；纵向钢筋拐角处配筋为 4⌀22，其余四侧中部配筋分别为 2⌀25；箍筋直径为 8 mm，间距为 200 mm，加密区间距为 100 mm。

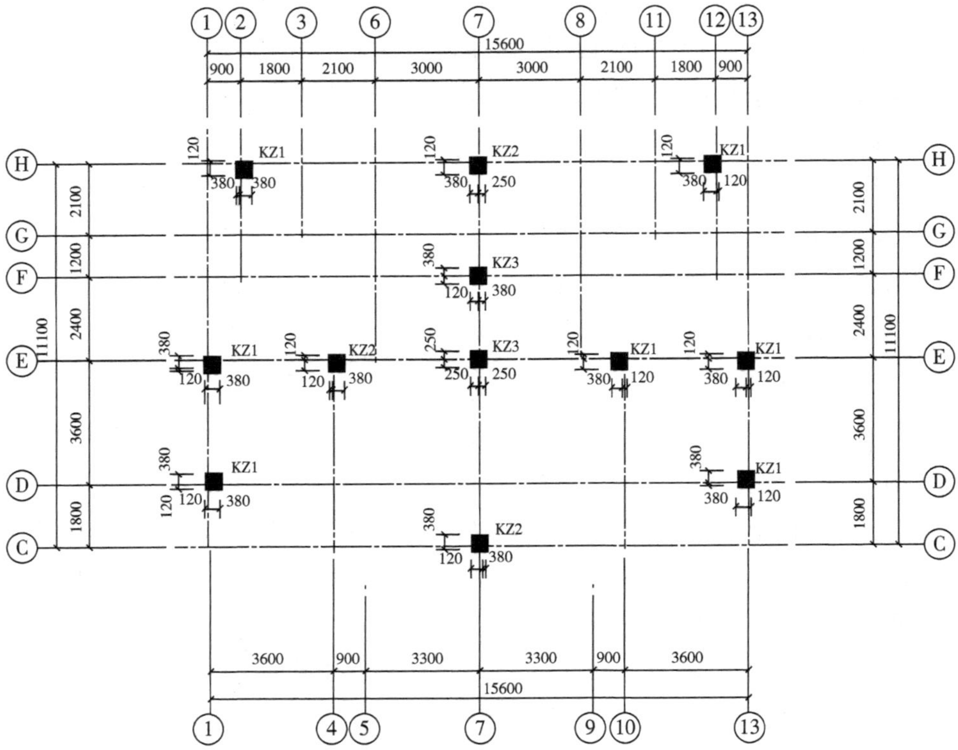

	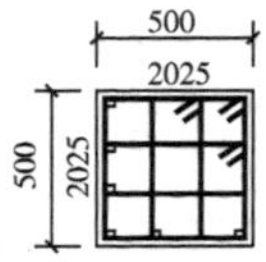	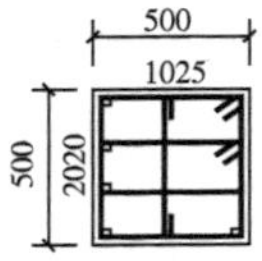	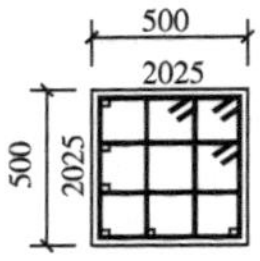
编号	KZ1	KZ2	KZ3
标高	基础承台~3.600m	基础承台~3.600m	基础承台~3.600m
级筋（角部）As1	4⌀25	4⌀25	4⌀25
箍筋及拉筋	⌀8@100/200	⌀8@100/200	⌀8@100/200

图 5-25　柱的平法施工图列表注写方式

2. *柱的截面注写方式*

柱的截面注写方式是在柱平面布置图的柱截面上，分别在同一编号的柱中选择一个截面，以直接注写方式注写截面尺寸和配筋具体数值。

识读图 5-26 所示柱的平法施工图。

分析：

（1）柱的代号为 KZ1、KZ2、KZ3。KZ1 为 1 号框架柱，KZ2 为 2 号框架柱，KZ3 为 3 号框架柱。

（2）500×500 表示柱的截面尺寸。4⌀25、2⌀25 表示柱中纵筋的数量、级别和直径。

（3）KZ1、KZ2、KZ3 的断面形状为矩形，与轴线的关系为偏轴线和柱的中心线与轴线重合两种形式。KZ1 的 b 方向中心线与轴线重合，左右都为 250 mm；KZ1 的 h 方向偏心，h 为 120 mm，hz 为 380 mm。

（4）ф8@100/200 表示柱中箍筋的级别、直径和间距，用“/”区分加密区和非加密区的间距。加密区的箍筋为 ф8@100，非加密区的箍筋为 ф8@200。

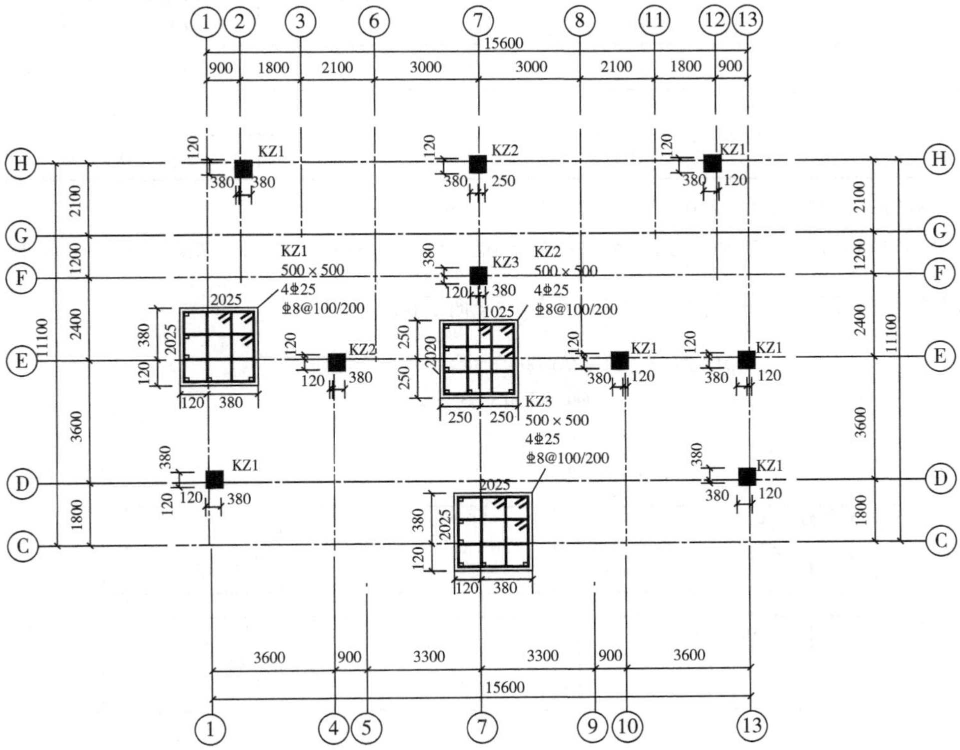

基础项~3.550 m框架柱平法施工图　1:100

图 5-26　柱的平法施工图截面注写方式

（二）梁的平法施工图

梁的平法施工图系在梁平面布置图上采用平面注写方式或截面注写方式表达。

1. 梁的平面注写方式

平面注写方式，是指在梁平面布置图上，分别在不同编号的梁中各选一根梁，在其上注写截面尺寸和配筋具体数值，用来表达梁平法施工图。

平面注写包括集中标注与原位标注，集中标注表达梁的通用数值，原位标注表达梁的特殊数值。当集中标注中的某项数值不适用于梁的某部位时，则将该项数值原位标注。施工时，原位标注取值优先。

梁编号由梁类型代号、序号、跨数及有无悬挑代号几项组成，应符合表 5-13 的规定。

表 5-13 梁编号

梁类型	代号	序号	跨数及是否带有悬挑
楼层框架梁	KL	XX	（xx）、（xxA）或（xxB）
屋面框架梁	WKL	XX	（xx）、（xxA）或（xxB）
框支梁	KZL	XX	（xx）、（xxA）或（xxB）
非框架梁	L	XX	（xx）、（xxA）或（xxB）
悬挑梁	XL	XX	
井字梁	JZL	XX	（xx）、（xxA）或（xxB）

注：（xxA）为一端有悬挑，（xxB）为两端有悬挑，悬挑不计入跨数。

例：KL7（5A）表示第 7 号框架梁，5 跨，一端有悬挑；L9（7B）表示第 9 号非框架梁，7 跨，两端有悬挑。

识读图 5-27 所示梁的平面注写方式平法施工图。

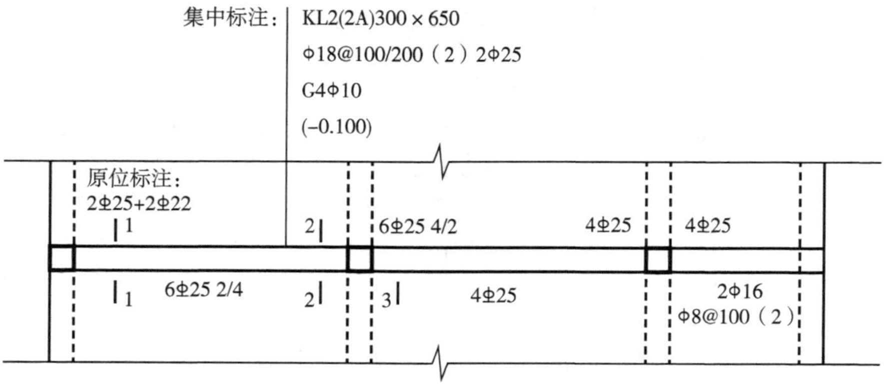

图 5-27 梁的平面注写方式

分析：

（1）KL2（2A）300×650 表示梁的名称及截面尺寸。KL2 表示 2 号框架梁。（2A）表示该梁 2 跨，字母 A 表示一端悬挑（若为 B 则表示两端悬挑）。300×650 表示梁的截面尺寸（若为 300×650/500 则表示变截面梁，高端为 650 mm，矮端为 500 mm；若为 Y500×200 则表示加腋梁，加腋长为 500 mm，加腋高为 200 mm）。

（2）ϕ8@ 100/200（2）2ϕ25，表示箍筋及梁上部通长筋配置情况。ϕ8@ 100/200（2）表示箍筋为 HPB300 级钢筋，直径为 8 mm，加密区间距为 100，非加密区间距为 200，均为双肢箍；2ϕ25 表示梁上部有 2 根直径为 25 mm 的通长筋，通长筋为 HRB335 级钢筋。

（3）G4ϕ10 表示腰筋配置，用于高度≥450 mm 的梁。G 表示按构造要求配置的钢。

（4）（−0. 100）表示梁的顶面标高高差，是指相对于结构层楼面标高比本层楼的结构层楼面标高高出 0. 100 m。

（5）2Φ25+2Φ22 表示该处除放置集中标注注明的 2Φ25 上部贯通钢筋外，还在上部放置了 2Φ22 的端部支座钢筋。

（5）6Φ25 4/2 表示两跨梁的底部配有双排纵筋，第一排为 4Φ25，第二排为 2Φ25。

2. 梁的截面注写方式

梁的截面注写方式是在梁的平面布置图上，分别在不同编号的梁中各选择一根梁用剖切符号引出截面配筋图，并在截面配筋图上注写截面尺寸和配筋的具体数值，如图 5-28 所示。

平面注写方式中的集中注写方式在截面注写方式中用截面图表示。截面图的绘制方法同截面注写方式，与平面注写方式大同小异。

图 5-28 所示为采用截面注写方式表达的梁平法施工图示例。

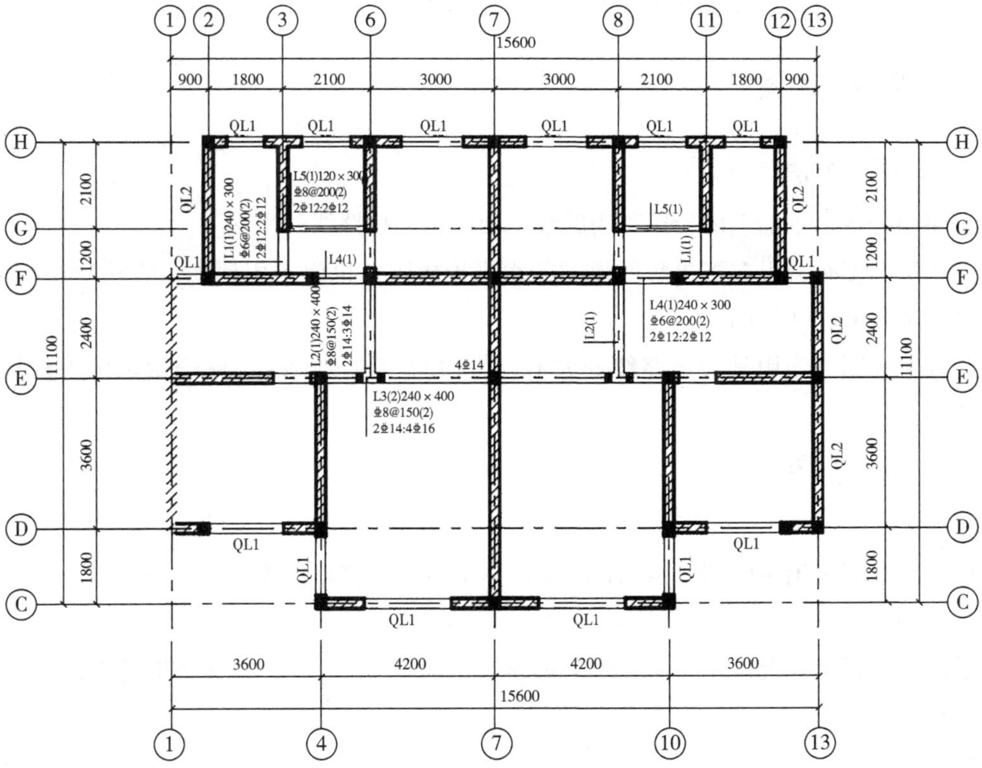

3.260 m梁柱布置图 1:100

图 5-28　梁的截面注写方式

第三节　道路路线工程图

道路是一种供车辆行驶和行人步行的带状结构物，其基本组成包括路基路面、桥梁、涵洞、隧道、防护工程和排水设施等。根据不同的组成和功能特点，道路可分为公路和城市道路两种。位于城市郊区和城市以外的道路称为公路，位于城市范围以内的道路称为城市道路。

道路路线是指道路沿长度方向的行车道中心线。它是一条空间曲线，反映道路路线竖向的高度变化、平面弯曲变化以及沿线两侧一定范围内的地形、地物情况。

道路路线工程图的图示方法与一般的工程图样不完全相同。公路工程图由表达线路整体状况的路线工程图和表达各工程实体构造的桥梁、隧道、涵洞等工程图组合而成。路线工程图主要是用路线平面图、路线纵断面图和路线横断面图来表达的。

一、路线平面图

（一）图示方法

道路中线在水平面上的投影称为路线平面图，简称路线的平面。

路线平面图是从上向下投影所得到的水平投影图，也就是用标高投影法所绘制的道路沿线周围区域的地形图。

路线平面图的作用是表达路线的方向、平面线型以及沿线两侧一定范围内的地形、地物情况。

（二）图示内容

1. 方位

地形图上需画出坐标网或指北针表示地区的方位和路线的走向。

2. 比例

根据地形起伏情况采用相应比例。通常在山岭重丘区采用 1∶2 000，微丘和平原区采用 1∶5 000。

3. 地物

地物和道路附属构筑物是用图例表示的（如表 5-14）。

4. 桩号

路线的长度用里程表示，里程桩号标注在道路中线上。规定从路线的起点至终点由左向右递增。路线前进方向的左侧，设有“◐”标记，表示公里桩。公里桩之间路线前进方向的右侧（或左侧），用垂直于路线的短细线“ | ”表示百米桩，数字写在短细线

端部，字头朝向上方。

5. 平曲线

平曲线是路线平面线形的简称，它由直线、圆弧曲线（简称圆曲线）和缓和曲线组成，这三者称为路线平面线形三要素。

表 5-14 常见地物图例

名称	符号	名称	符号	名称	符号
路中心线		房屋	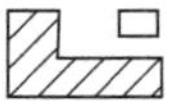	用材林	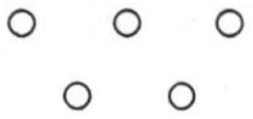
水准点	 BM编号/高程	高压电线 低压电线	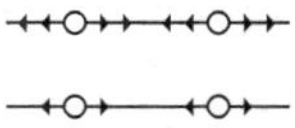	围墙	
导线点	 编号/高程	通信线		路堤	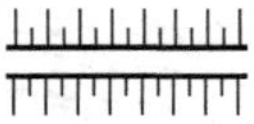
交角点	JD编号 	里程桩号		路堑	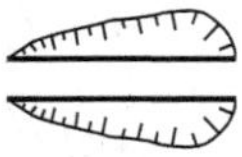
铁路		水田	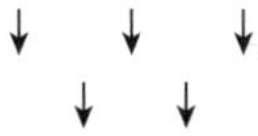	小路	
公路		旱田	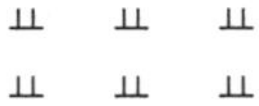	坟地	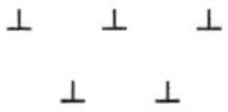
大车道	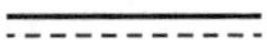	水田		变压器	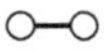
桥梁涵洞	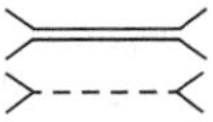	水库鱼塘	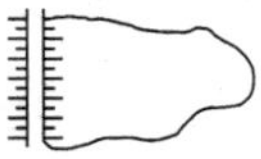	经济林	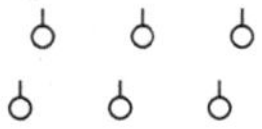
水沟		坎		等高线 冲沟	
河流		晒谷场		石质陡崖	

（三）路线平面图的阅读

图 5-29 为某公路从 K49+700.00 至 K50+400 段的路线平面图。下面分地形和路线两部分来介绍平面图的画法特点和表达内容。

道路路线平面图所用比例一般较小，通常城镇区为 1 : 500 或 1 : 1 000，山岭区为 1 : 2 000，丘陵区和平原区为 1 : 5 000 或 1 : 10 000。

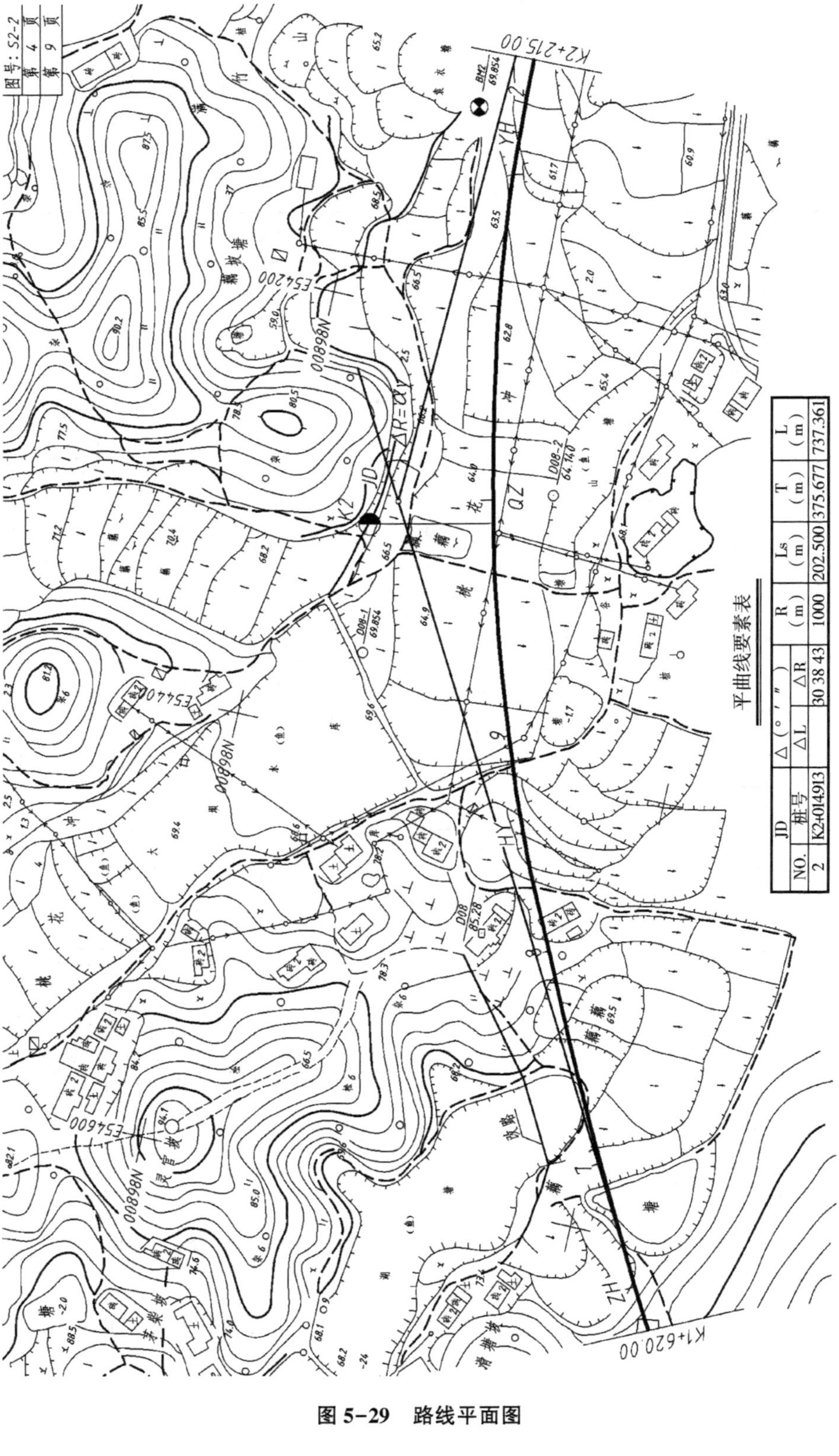
图号：S2-2
K2+215.00
K1+620.00
BM2
69.854
平曲线要素表
JD
NO.
桩号
2
K2+014.913
Δ（° ′ ″）
ΔL
ΔR
30 38 43
R（m）
1000
Ls（m）
202.500
T（m）
375.677
L（m）
737.361

图 5-29　路线平面图

图 5-29 采用指北针的箭头所指为正北方向，指北针宜用细实线绘制。图中“X77400，Y14700”表示两垂直线的交点坐标为距坐标原点北 77400、东 14700 单位 m。

根据图中等高线的疏密可以看出，该地区为丘陵区，东南有局部地区地势较高，中间水塘周边较为低洼。

该地区没有河流，只有几处水塘；平房和两层楼房数量较少且零散分布，周边有小路通达；经济作物有板栗、梨、橘子等。图中道路路线穿越金兰镇和库宗桥乡。

二、路线纵断面图

（一）图示方法

由于道路路线是由直线和曲线组合而成的，所以纵向剖切面既有平面又有曲面，为了清楚表达路线的纵断面情况，需要将此纵断面拉直展开，并绘制在图纸上，这就成了路线纵断面图。

用一曲面沿道路中心线铅垂剖切后，再展开在一个 *V* 面平行面上的投影图称为路线的纵断面图，如图 5-30 所示。

图 5-30　路线纵断面图形成示意图

（二）图示内容

路线纵断面图主要表达道路的纵向设计线形以及沿线地面的高低起伏状况、地质和沿线设置构造物的概况。

1. 比例

竖向（高度方向）比例一般为横向（长度方向）比例的 10 倍。一条公路纵断面图有若干张，应在第一张图的图标内注明竖、横向所采用的比例。图 5-31 所示纵断面图的竖向比例为 1∶200，横向比例为 1∶2 000。

2. 地面

自然地面与经过中线的铅垂剖面的交线称为地面线，用不规则的细折线表示设计中线处的地面线，反映出中线以上或以下的地貌。

3. 设计坡度线

剖切平面与设计道路平面的交线展开在同一 *V* 面平行面后，再向 *V* 面投影所得的道路纵向的中线，称为设计坡度线，简称设计线。它表示道路中线的纵向设计线型，用粗实线表示，由若干条坡度不等的直线段和竖曲线组成。

4. 沿线构造物

当路线上设有桥涵、通道、立体交叉等人工构造物时，应在其相应设计里程和高程处，按图例绘制并注明构造物名称、种类、大小和中心里程桩号。

5. 高程标尺

根据设计线和标尺，用三角板直角边靠于标尺，另一直角边上紧靠竖曲线上要读的各点，再看标尺上的读数，即可知道该点的高程。

（三）路线纵断面图的阅读

图 5-31 为某公路从 K1+620 至 K8+500 段的路线平面图。下面分地形和路线两部分来介绍平面图的画法特点和表达内容。

本图原地面线高程数值集中在 748～768 之间，设计线高程数值集中在 752～764 之间。本路段有一凹形竖曲线（半径 2 200 m，切线长 58.0 m，外距 0.772 m）和一凸形竖曲线（半径 20 000 m，切线长 60.0 m，外距 0.090 m）。

本路段有三处圆管涵，K2+820、K2+920 处管径为 0.75 m，K2+970 处管径为 1.0 m。

资料表与图样应上下竖直对正布置，资料表包含地址概况、路线坡度、坡长、设计高程、地面高程、里程桩号、直线及平曲线（表示该路段的平面线形）等。

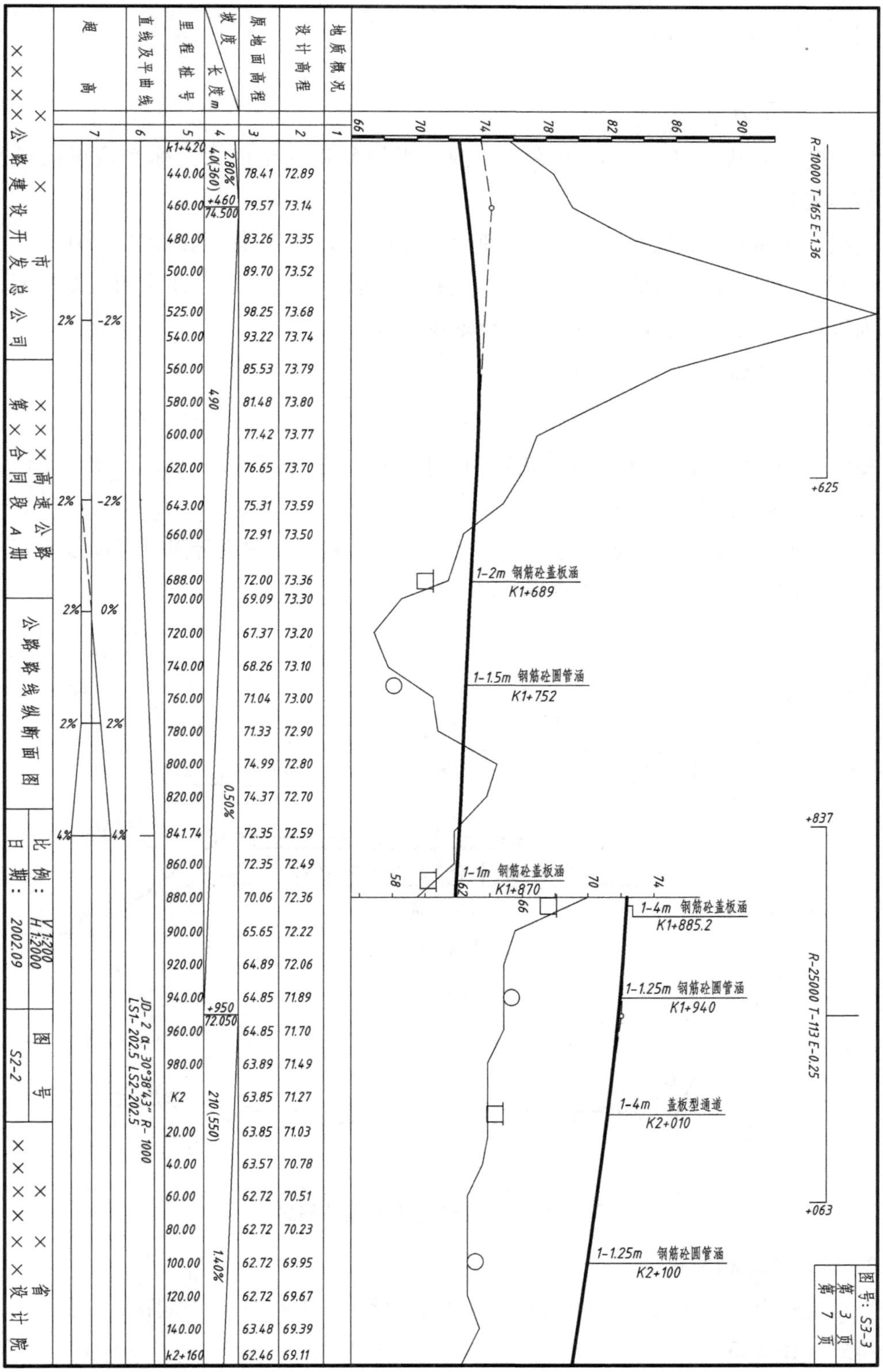
××市
×××公路建设开发总公司
×××高速公路
第×合同段 A册
公路路线纵断面图
比例: V 1:200 H 1:2000
日期: 2002.09
图号 S2-2
××省
×××××设计院
地质概况
设计高程
原地面高程
坡度 长度m
里程桩号
直线及平曲线
超高
R-10000 T-165 E-1.36
R-25000 T-113 E-0.25
JD-2 α-30°38'43" R-1000 LS1-202.5 LS2-202.5
1-2m 钢筋砼盖板涵 K1+689
1-1.5m 钢筋砼圆管涵 K1+752
1-1m 钢筋砼盖板涵 K1+870
1-4m 钢筋砼盖板涵 K1+885.2
1-1.25m 钢筋砼圆管涵 K1+940
1-4m 盖板型通道 K2+010
1-1.25m 钢筋砼圆管涵 K2+100
图号: S3-3
第 3 页
第 7 页

图 5-31 路线纵断面图

三、路线横断面图

（一）图示方法

沿道路中心线上任意一点作的法向剖切平面所得的断面图，称为该点的横断面图，简称横断面。

路线横断面是用假想的剖切平面，垂直于路中心线剖切而得到的图形。在横断面图中，路面线、路肩线、边坡线、护坡线均用粗实线表示，路面厚度用中粗实线表示，原有地面线用细实线表示，路中心线用细点划线表示。

（二）图示内容

1. 比例

横断面图的水平方向和高度方向宜采用相同比例，一般比例为 1∶200、1∶100 或 1∶50。

2. 公路路线横断面组成

在横断面上应表达车行道、路缘带、硬路肩、土路肩和中央分隔带等路线各组成部分的尺寸和横向布置关系（图 5-32）。

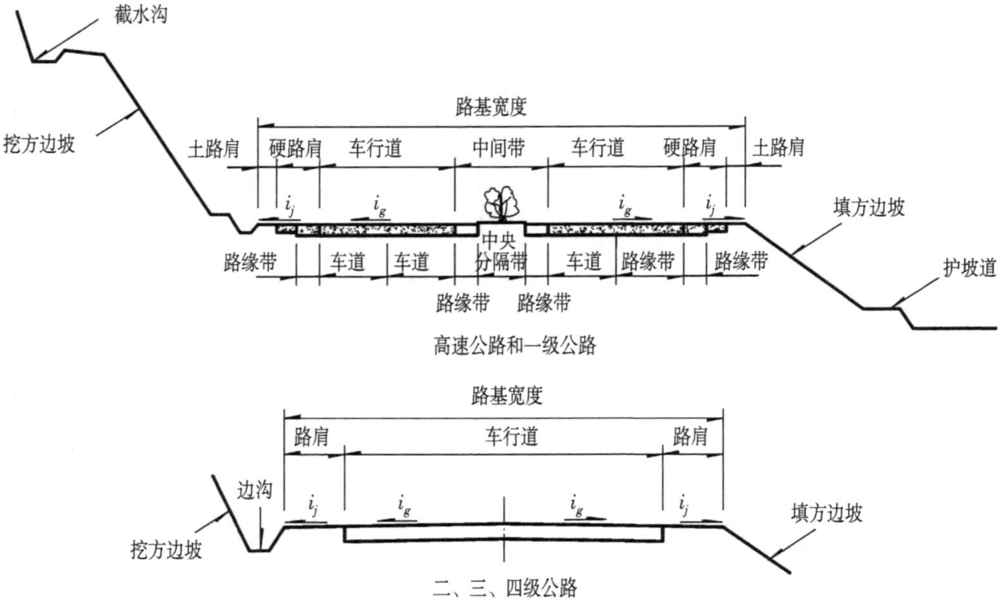

图 5-32　公路路线横断面组成图式

3. 城市道路横断面组成

城市道路设计应在城市规划的红线范围内进行。有单幅路、双幅路、三幅路和四幅路等型式（图 5-33）。

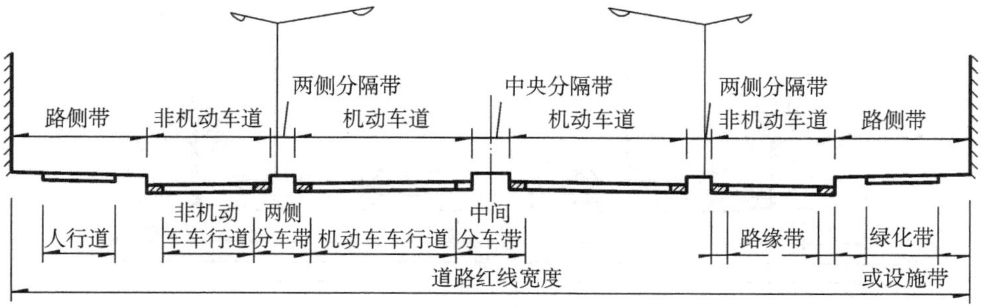

图 5-33　城市道路横断面组成图式

4. 路基横断面图的基本形式

路基横断面图的基本形式有三种：

①填方路基。整个路基全为填土区，称为路堤。填土高度等于设计标高减去路面标高，填方边坡一般为 1∶1.50。在图 5-34（a）下注有该断面的里程桩号、中心线处的填方高度 h_T（m）以及该断面的填方面积 A_T（m^2）。

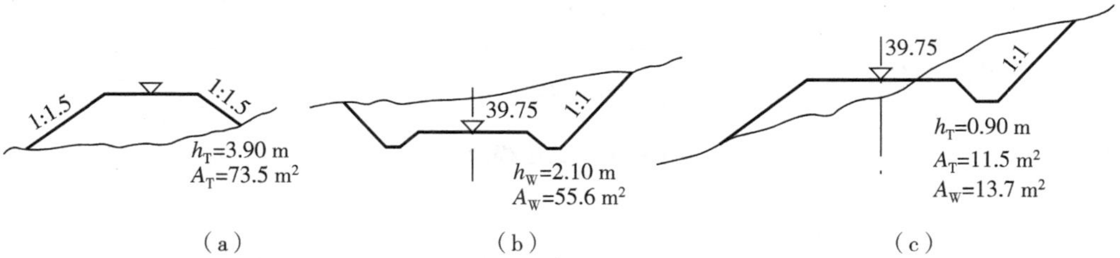

图 5-34　路基横断面的基本形式

②挖方路基。如图 5-34（b）所示，整个路基全为挖土区，称为路堑。挖土深度等于地面标高减去设计标高，挖方边坡一般为 1∶1。图下注有该断面的里程桩号、中心线处挖方高度 h_W（m）以及该断面的挖方面积 A_W（m^2）。

③半填半挖路基。如图 5-34（c）所示，路基断面一部分为填土区，一部分为挖土区，是前两种路基的综合。在图下仍注有该断面的里程桩号、中心线处的填（或挖）高度 h 以及该断面的填方面积 A_T 和挖方面积 A_W。

（三）路线横断面图的阅读

如图 5-35 所示，道路红线宽度 20 m，由中间 14 m 宽车行道和两侧各 3 m 宽人行道组成。

车行道中间高，两侧低，坡度 1.5%，人行道坡度 1%，坡向车行道，人行道内边缘高出车行道 0.18 m。

污水管道设置在道路西侧人行道范围内，距红线 1.5 m，雨水管道设置在道路东侧人行道范围内，距红线 1.5 m。

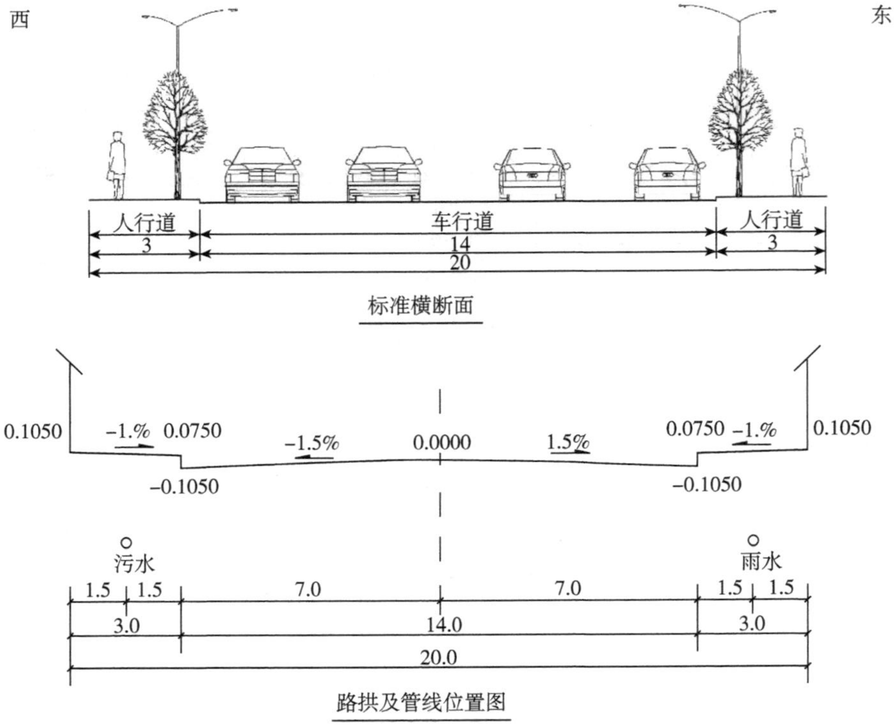

图 5-35　路线横断面

第四节　桥梁、涵洞和隧道工程图

一、桥梁工程图

桥梁是道路工程中跨越江河、山谷和道路立体交叉处必不可少的工程结构物。

(一) 基本组成

由图 5-36 可见，桥梁由上部桥跨结构（主梁或主拱圈和桥面系）、下部结构（桥台、桥墩和基础）及附属结构（栏杆、灯柱、护岸、导流结构物等）三部分组成。

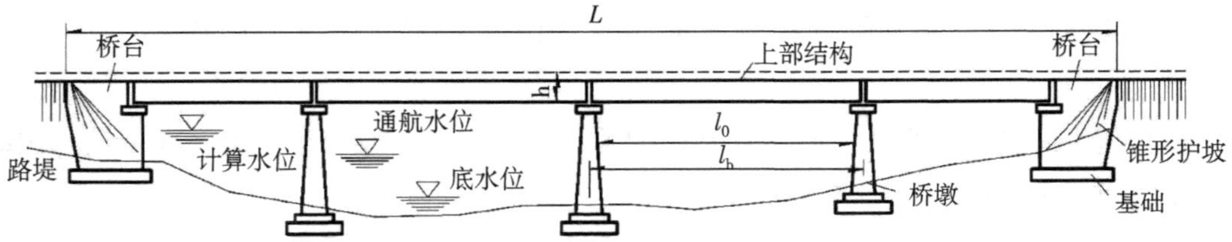

图 5-36　桥梁的基本组成

（二）桥梁的分类

桥梁的形式有很多，常见的分类有：

①按结构形式分为梁桥、拱桥、刚架桥、桁架桥、悬索桥、斜拉桥等。

②按建筑材料分为钢桥、钢筋混凝土桥、石桥、木桥等。其中以钢筋混凝土梁桥应用最为广泛。

③按桥梁全长和跨径分为特大桥、大桥、中桥和小桥。

④按上部结构的行车位置分为上承式桥、下承式桥和中承式桥。

（三）图示方法

桥梁一般分两个阶段设计：第一阶段（初步设计）着重解决桥梁总体规划问题；第二阶段是编制施工图。桥梁工程的图样一般可分为桥位平面图、桥位地质断面图、桥梁总体布置图、构件图、详图等。

（四）图示内容

1. 桥位平面图

桥位平面图主要表示道路路线通过江河、山谷时，建造桥梁的平面位置，采用较小的比例绘制，如图 5-37 所示。它将桥梁和桥梁与路线连接处的地形、地物、河流、水准点、地质探孔等表达清楚，与路线平面图差不多。

2. 桥位地质断面图

桥位地质断面图是根据水文调查和地质钻探所得资料绘制，它包括河床断面图、最高最低水位线和常年水位线。

3. 桥梁总体布置图

桥梁总体布置图由立面图、平面图和横剖面图三部分组成。主要表示桥梁的形式、孔数、跨度、桥长、桥高、各部位标高、各主要构件的相互位置关系、桥面和桥头引道的坡度、桥宽、桥跨截面布置、桥梁线形及其与公路的衔接、桥梁与河流或桥下路线的相交情况以及技术说明等。

如图 5-37 所示，上部结构为 16 m+20 m+16 m 预应力钢筋混凝土三跨连续空心肋板，板宽 16 m+13 m；下部结构为圆柱式桥墩、重力式墩配扩大基础、圆柱式桥台配桩基础。

4. 构件图

为了满足施工和工程监理的需要，必须根据总体布置图采用较大的比例，绘制能完整清晰表达各个构件的形状、大小以及钢筋布置情况的构件图，称为构件结构图。如图 5-38 所示。

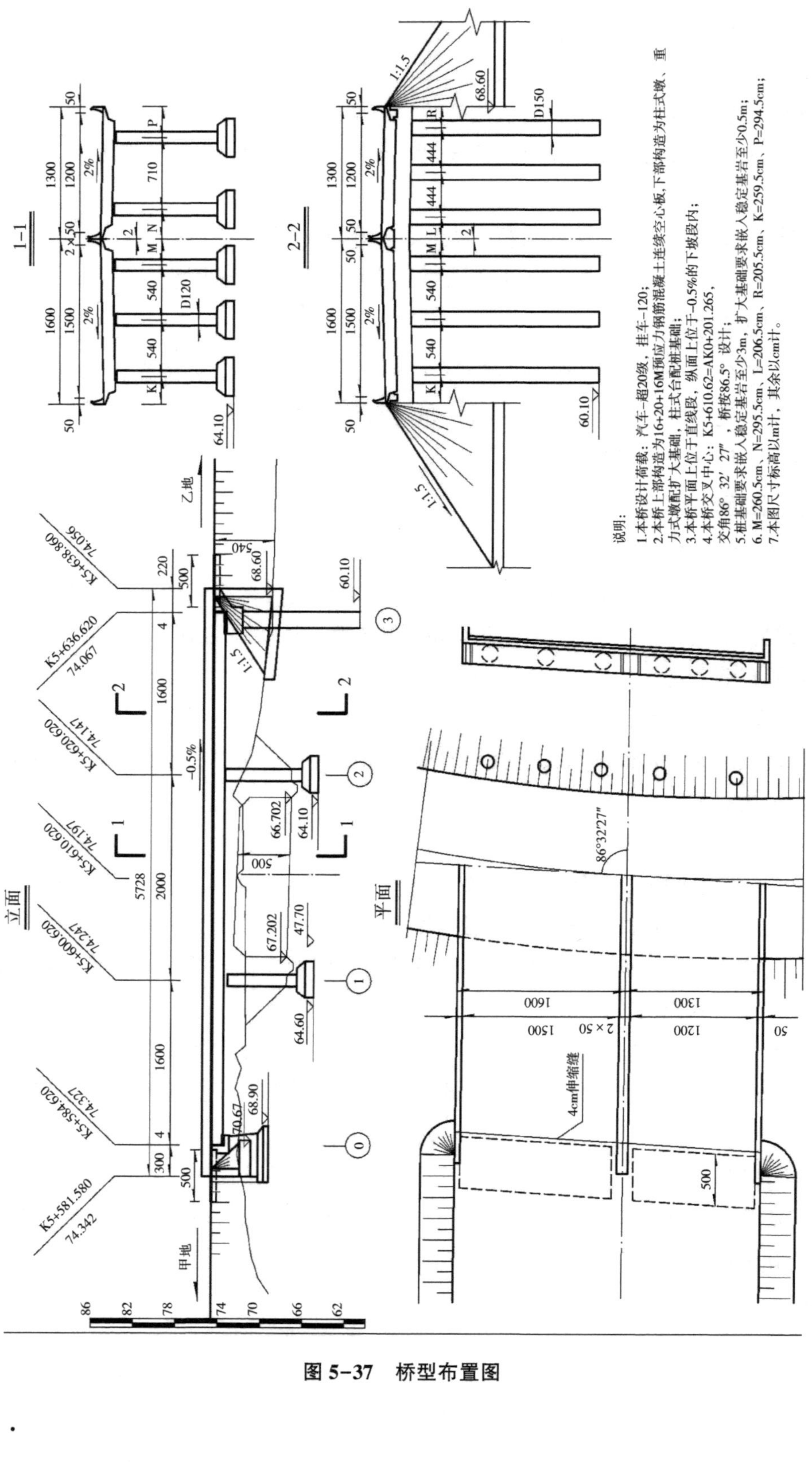
立面
平面
1-1
2-2
甲地
乙地
说明：
1.本桥设计荷载：汽车-超20级，挂车-120；
2.本桥上部构造为16+20+16M预应力钢筋混凝土连续空心板，下部构造为柱式墩、重力式墩配扩大基础，柱式台配桩基础；
3.本桥平面上位于直线段，纵面上位于-0.5%的下坡段内；
4.本桥交叉中心：K5+610.62=AK0+201.265，交角86° 32′ 27″，桥按86.5°设计；
5.桩基础要求嵌入稳定基岩至少3m，扩大基础要求嵌入稳定基岩至少0.5m；
6.M=260.5cm、N=295.5cm、L=206.5cm、R=205.5cm、K=259.5cm、P=294.5cm；
7.本图尺寸标高以m计，其余以cm计。

图 5-37 桥型布置图

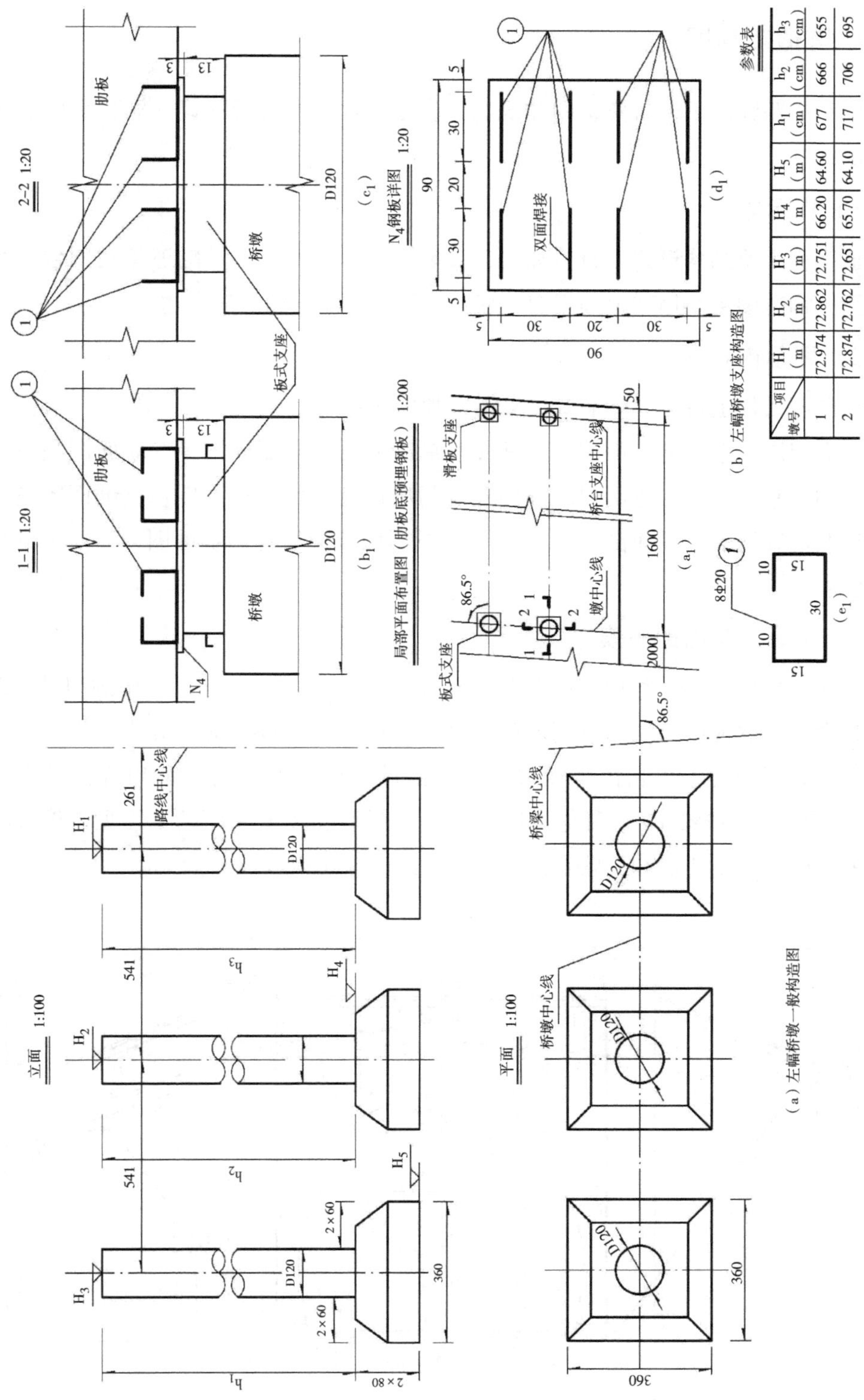

参数表

墩号 \ 项目	H_1 (m)	H_2 (m)	H_3 (m)	H_4 (m)	H_5 (m)	h_1 (cm)	h_2 (cm)	h_3 (cm)
1	72.974	72.862	72.751	66.20	64.60	677	666	655
2	72.874	72.762	72.651	65.70	64.10	717	706	695

图 5-38　左幅桥墩一般构造图

二、隧道工程图

隧道是道路穿越山岭时修筑的建筑物，隧道工程由洞身及衬砌、洞口和附属工程等部分组成。

（一）图示方法

隧道工程无论结构形式和材料如何，其表示方法基本相同。隧道工程图包括平面图和构造图，构造图主要用隧道洞门图、横断面图及避车洞图等来表达。

（二）图示内容

隧道洞门大体上可分为端墙式、翼墙式和柱式。

隧道洞门图一般包含立面图、平面图、纵剖面图、断面详图等。立面图是隧道出口的正立面图；平面图是隧道出口、洞门及洞门出口处的水平投影图；纵剖面图是用沿隧道和隧道洞门轴线的侧平面剖切后，再向 *W* 投影面投影所得的剖面图，只绘出洞口及洞门处一段。

（三）隧道工程图的阅读

如图 5-39 所示，隧道立柱式洞门立面图是洞门的正立面投影，不论洞门是否左右对称均应画全。正立面图反映出洞门墙的式样，洞门墙上面高出的部分为顶帽，同时也表示出洞口衬砌断面类型，它由半径 $R = 455$ cm 的圆弧和两直边墙所组成，拱围厚度为 80 cm，洞口宽为 417×2 cm。其他虚线反映了洞门墙和隧道底面的不可见轮廓线，它们被洞门前面两侧路堑边坡和公路路面遮住，所以用虚线表示。

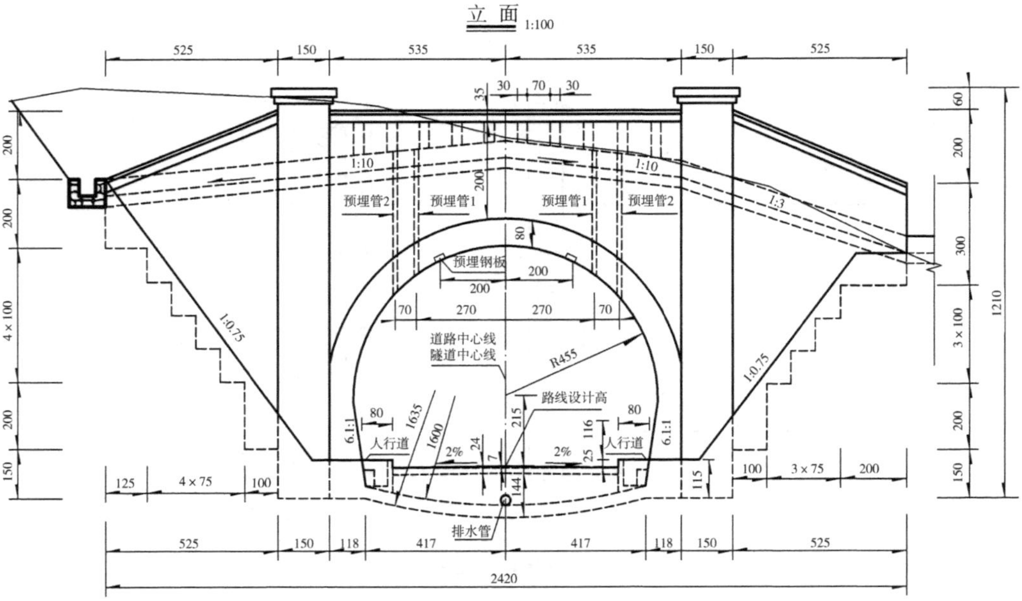

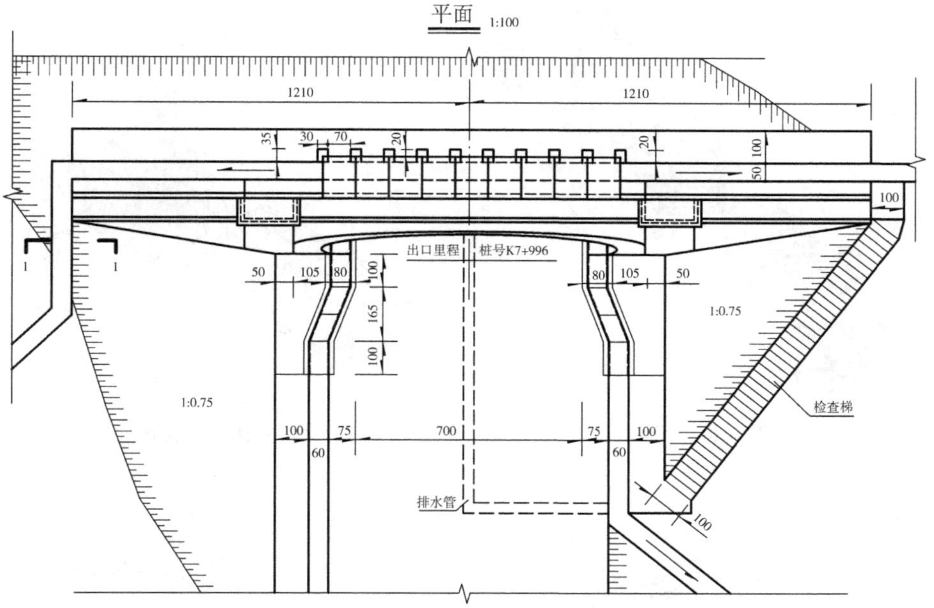

图 5-39　隧道立柱式洞门设计图

平面图仅画出洞门外露部分的投影，立面图表示了洞门墙顶帽的宽度、洞顶排水沟的构造及洞门口外两边沟的位置。

三、涵洞工程图

（一）涵洞的组成

涵洞是公路或铁路与沟渠、道路相交的地方，使水、人流、车流从路下通过的小型构造物。涵洞与桥在技术上是以跨径为划分标准的。一般 5 m（不含）以上称为桥，5 m 以下称为涵洞。

涵洞主要由洞身、基础、洞口三部分组成。

（二）涵洞的分类

涵洞按建筑材料可分为石涵、砖涵、混凝土涵、钢筋混凝土涵；按构造形式可分为圆管函、盖板涵、拱涵、箱涵；按洞顶填土情况可分为洞顶不填土的明涵和洞顶填土厚度大于 50 cm 的暗涵；按断面形状可分为圆形涵、卵形涵、拱形涵、梯形涵、矩形涵；按孔数可分为单孔、双孔和多孔等（图 5-40~图 5-43）。

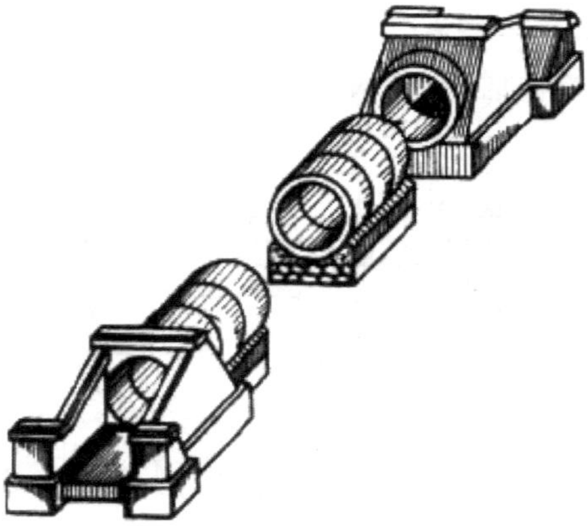

图 5-40　圆涵

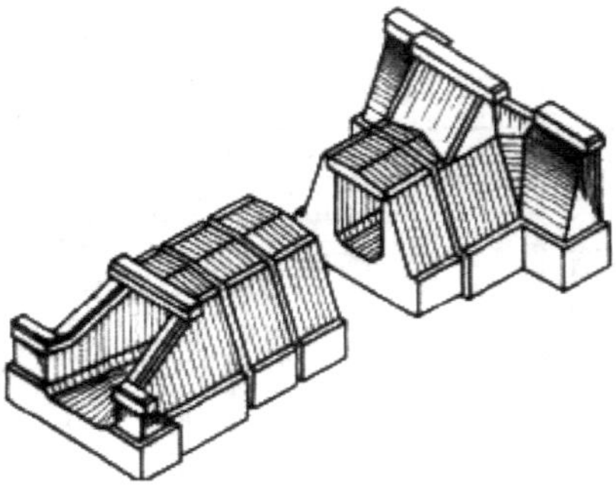

图 5-41　盖板涵

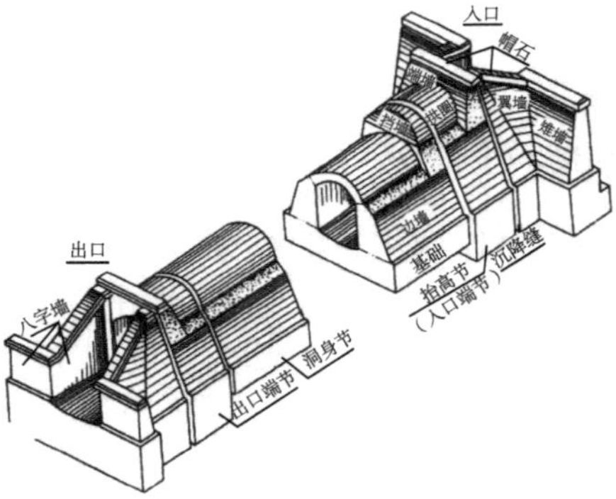

图 5-42　拱涵

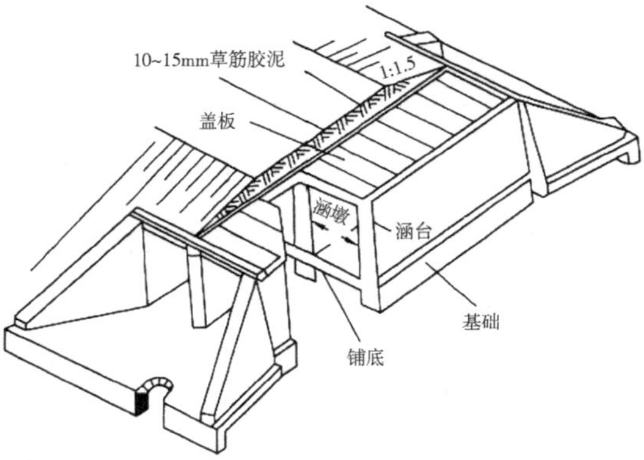

图 5-43　箱涵

（三）图示内容

涵洞是狭长的构造物，一般以流水方向作为纵向剖面，通常采用平面图、立面图、纵剖面图。

1. 翼墙式盖板型通道的施工图

正立面图为沿通道轴线铅垂剖切后向 V 投影面作正投影所得的剖面图，称为纵剖面图，反映通道长度、高度、边坡坡度。平面图为该处公路与通道的水平投影图，公路路线与通道轴线垂直。因公路与土均未掀去，所以通道用虚线表示。侧立面图为洞口立面，反映了翼墙的立面形状和高、宽尺寸。洞身断面图表示了通道的盖板、侧墙和基础的断面形状及详细尺寸（图 5-44）。

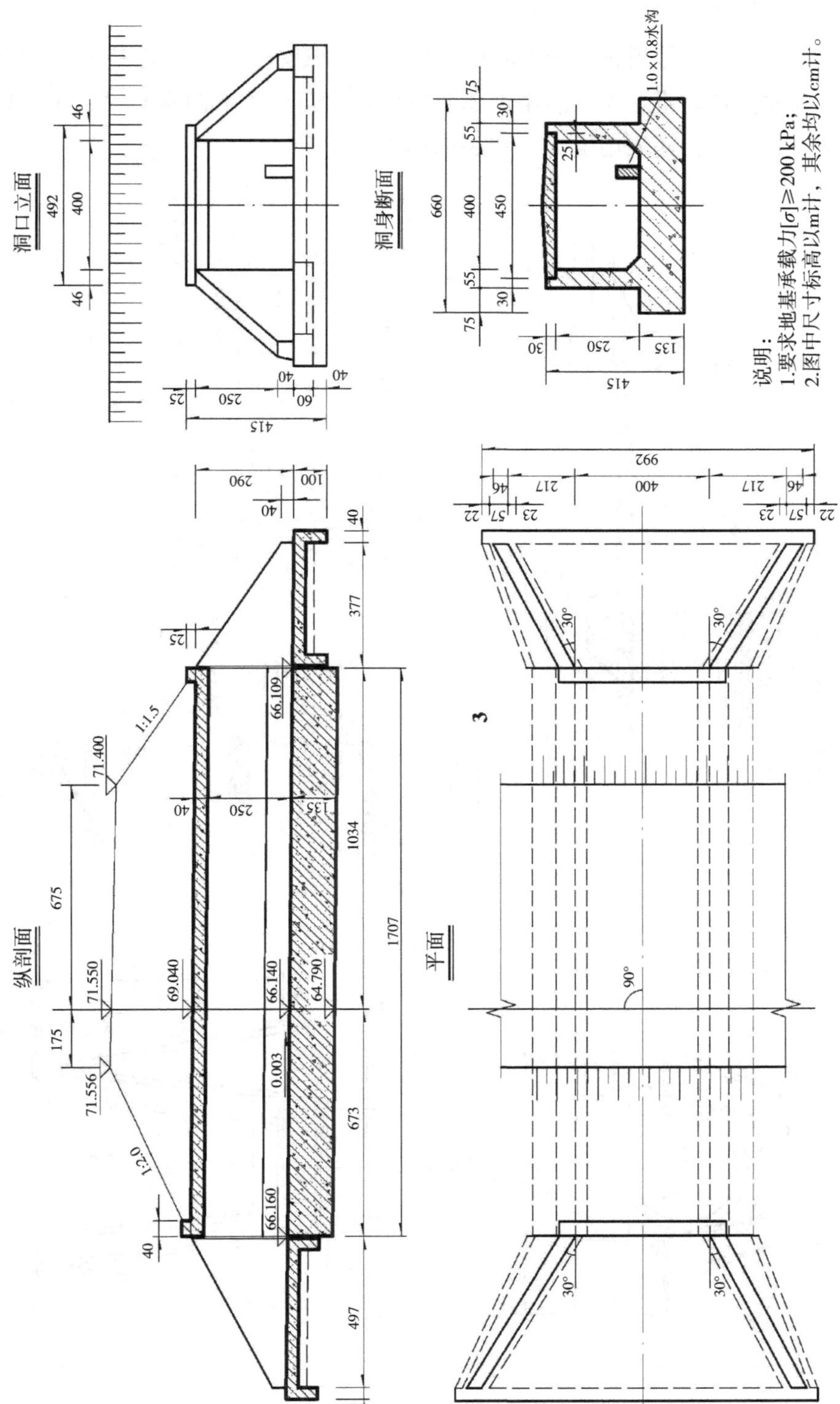

图 5-44　翼墙式盖板型通道的施工图

2. 翼墙式圆管涵出水口施工图

圆管涵出水口用于管道正交排入河道，此时河道坡度较缓。图 5-45 正立面图为洞口立面图，即流水方向垂直于 *V* 面。平面图是洞门及出口处外形的水平投影图。1-1 剖面图为侧立面图，另外，还采用了 2-2 和 3-3 断面图。

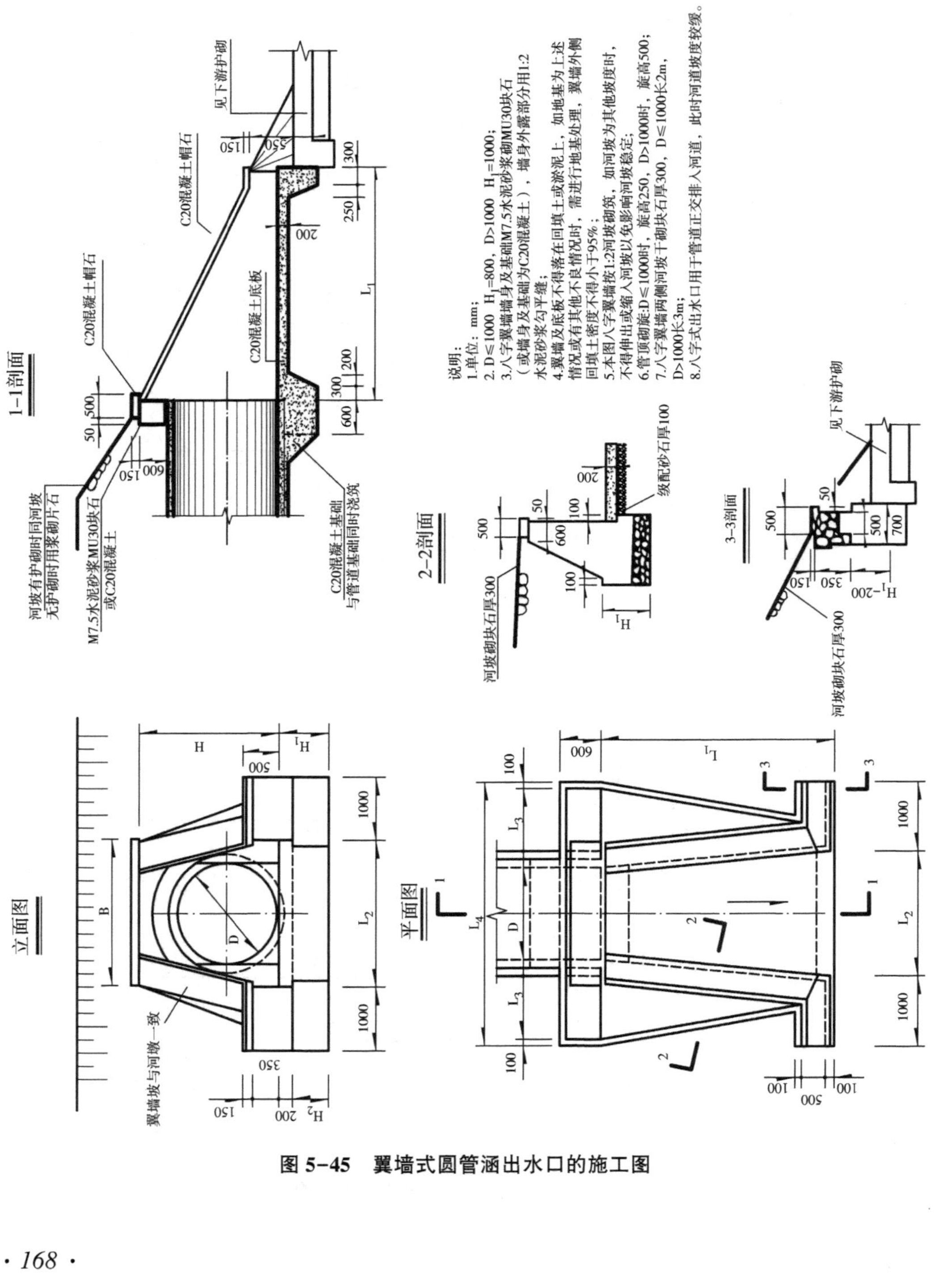

图 5-45　翼墙式圆管涵出水口的施工图

参考文献

[1] 常虹，鲁彩凤，常鸿飞，张风杰，王勇．土木工程制图［M］．徐州：中国矿业大学出版社，2017.

[2] 陈文斌，建筑工程制图［M］．上海：同济大学出版社，2010.

[3] 陈英杰，郭建博，王秋香．画法几何与土木工程制图［M］．天津：天津科学技术出版社，2015.

[4] 崔景，张耀军．土木工程制图［M］．广州：华南理工大学出版社，2016.

[5] 高旭．画法几何及土木工程制图［M］．南京：河海大学出版社，2005.

[6] 何铭新，李怀健．画法几何及土木工程制图［M］．武汉：武汉理工大学出版社，2009.

[7] 黄水生，李国生．画法几何及土木建筑制图［M］．广州：华南理工大学出版社，2003.

[8] 焦鹏寿．建筑制图［M］．北京：中国电力出版社，2004.

[9] 金方．建筑制图［M］．北京：中国建筑工业出版社，2010.

[10] 冷超群，宋军伟，王鳌杰．土木工程制图［M］．北京：中国建材工业出版社，2016.

[11] 李坚，梁东平，张鑫林，房屋建筑制图标准应用手册［M］．北京：知识产权出版社，2005.

[12] 林国华．土木工程制图［M］．北京：人民交通出版社，2012.

[13] 马辉．土木工程制图［M］．青岛：中国海洋大学出版社，2018.

[14] 马希青，何锦云，郭淑媛．画法几何及建筑制图［M］．北京：北京理工大学出版社，2005.

[15] 潘炳玉，李文霞．画法几何与土木工程制图［M］．北京：北京理工大学出版社，2016.

[16] 蒲小琼．画法几何与土木工程制图［M］．武汉：武汉大学出版社，2013.

[17] 邱小林，周亦人，刘觅．画法几何及土木工程制图［M］．武汉：华中科技大学出版社，2015.

[18] 宋军伟，吉中亮．土木工程制图［M］．天津：天津大学出版社，2011.

［19］宋玲．画法几何与土木工程制图［M］．武汉：华中科技大学出版社，2020.

［20］唐广，张会斌，周乔勇．画法几何及土木工程制图［M］．成都：西南交通大学出版社，2018.

［21］王万德，王旭东．土木工程制图［M］．沈阳：东北大学出版社，2011.

［22］魏艳萍．建筑制图与阴影透视［M］．北京：中国电力出版社，2004.

［23］吴运华，高远．建筑制图与识图［M］．武汉：武汉理工大学出版社，2004.

［24］谢步瀛，孙靖立，田希杰．画法几何与土木工程制图［M］．北京：高等教育出版社，2011.

［25］谢平，涂晓斌，周慧芳．土木工程制图［M］．成都：西南交通大学出版社，2015.

［26］于习法，周佶．画法几何与土木工程制图［M］．南京：东南大学出版社，2019.

［27］于习法．土木工程制图［M］．南京：东南大学出版社，2011.

［28］张爽，丁江．土木工程制图［M］．北京：机械工业出版社，2012.

［29］张洵，汪红梅．画法几何及土木工程制图［M］．武汉：武汉大学出版社，2013.

［30］张燕斌，刘海平，马志．土木工程制图［M］．哈尔滨：哈尔滨工业大学出版社，2014.

［31］赵景伟，宋琦．土木工程制图［M］．北京：中国建材工业出版社，2006.

［32］钟训正，孙钟阳，王文卿．建筑制图［M］．南京：东南大学出版社，2005.